Moisés
O ENVIADO DE YAHVEH

A SAGA DOS CAPELINOS

MOISÉS
O ENVIADO DE YAHVEH

Albert Paul Dahoui

VOLUME 5

H
HERESIS

© 1997 by Albert Paul Dahoui

INSTITUTO LACHÂTRE
CAIXA POSTAL 164 – CEP. 12914-970
TEL./FAX (11) 4063-5354
PÁGINA NA INTERNET: WWW.LACHATRE.COM.BR
e-mail: contato@lachatre.org.br

PRODUÇÃO GRÁFICA DA CAPA
ANDREI POLESSI

REVISÃO
CRISTINA DA COSTA PEREIRA
KÁTIA LEIROZ

7ª edição
ASSAHY GRÁFICA E EDITORA LTDA.
SÃO BERNARDO DO CAMPO, SP

A reprodução desta obra, por qualquer meio,
somente será permitida com a autorização por escrito da Editora.
(Lei no 9.610 de 19.02.1998)

Impresso no Brasil
Presita en Brazilo

CIP-Brasil. Catalogação na fonte

D129q   Dahoui, Albert Paul, 1947-2009.
       Moisés, o enviado de Yahveh / Albert Paul Dahoui – 7ª ed. – Bragança
Paulista, SP : Heresis, 2015.
       v. 4   (A saga dos capelinos, 4)
       232 p.

       1.Capela (estrela). 2.Capela (estrela) – evasão de. 3.Ahtilantê (plane-
ta) – civilizações de. 4.Oriente Médio – civilizações antigas. 5.Literatura
esotérica-romance épico. 6.Romance bíblico. I.Título. II.Série: A Saga dos
Capelinos.

CDD   133.9   CDU 133,7
232   232

Prólogo
Capela – 3.700 a.C.

A estrela de Capela fica distante 42 anos-luz da Terra, na constelação do Cocheiro, também chamada de Cabra. Esta bela e gigantesca estrela faz parte da Via Láctea, galáxia que nos abriga. A distância colossal entre Capela e o nosso Sol é apenas um pequeno salto nas dimensões grandiosas do universo. Nossa galáxia faz parte de um grupo local de vinte e poucos aglomerados fantásticos de cem a duzentos bilhões de estrelas, entre as quais o Sol é apenas um pequeno ponto a iluminar o céu. Capela é uma bela estrela, cerca de quatorze vezes maior do que o Sol, com uma emanação de calor levemente abaixo da de nosso astro-rei. É uma estrela dupla, ou seja, são dois sóis, de tamanhos diversos, que gravitam um em torno do outro, formando uma unidade, e, em volta deles, num verdadeiro balé estelar, um cortejo constituído de inúmeros planetas, luas, cometas e asteróides.

Há cerca de 3.700 a.C., num dos planetas que gravitam em torno da estrela dupla Capela, existia uma humanidade muito parecida com a terrestre, à qual pertencemos atualmente, apresentando notável padrão de evolução tecnológica. Naquela época, Ahtilantê, nome desse planeta, o quinto a partir de Capela,

6 | A Saga dos Capelinos

estava numa posição social e econômica global muito parecida com a da Terra do século XX d.C. A humanidade que lá existia apresentava graus de evolução espiritual extremamente heterogêneos, similares aos terrestres do final do século XX, com pessoas desejando o aperfeiçoamento do orbe enquanto outras apenas anelavam seu próprio bem-estar.

Os governadores espirituais do planeta, espíritos que tinham alcançado um grau extraordinário de evolução, constataram que Ahtilantê teria que passar por um extenso expurgo espiritual. Deveriam ser retiradas do planeta, espiritualmente, as almas que não tivessem alcançado um determinado grau de evolução. Elas seriam levadas para outro orbe, deslocando-se através do mundo astral, onde continuariam sua evolução espiritual, pelo processo natural dos renascimentos. No decorrer desse longo processo, que iria durar cerca de oitenta e quatro anos, haveria novas chances de evolução aos espíritos, tanto aos que já estavam jungidos à carne, como aos que estavam no astral – dimensão espiritual mais próxima da material – por meio das magníficas oportunidades do renascimento. Aqueles que demonstrassem endurecimento em suas atitudes negativas perante a humanidade ahtilante seriam retirados, gradativamente, à medida que fossem falecendo fisicamente, para um outro planeta que lhes seria mais propício, para que continuassem sua evolução num plano mais adequado aos seus pendores ainda primitivos e egoísticos.

A última existência em Ahtilantê era, portanto, vital, pois ela demonstraria, pelas atitudes e atos, se o espírito estava pronto para novos voos, ou se teria que passar pela dura provação do recomeço em planeta ainda atrasado. A última existência, sendo a resultante de todas as anteriores, demonstraria se a alma havia alcançado um padrão vibratório suficiente para permanecer num mundo mais evoluído, ou se teria que ser expurgada.

Os governadores espirituais do planeta escolheram para coordenar esse vasto processo um espírito do astral superior cha-

Os Patriarcas de Yahveh | 7

mado Varuna Mandrekhan, que formou uma equipe atuante em muitos setores para apoiá-lo em suas atividades. Um planejamento detalhado foi encetado de tal forma que pudesse abranger de maneira correta todos os aspectos envolvidos nessa grave questão. Diversas visitas ao planeta que abrigaria parte da humanidade de Ahtilantê foram feitas e, em conjunto com os administradores espirituais desse mundo, o expurgo foi adequadamente preparado.

Ahtilantê era um planeta com mais de seis bilhões de habitantes e, além dos que estavam renascidos, ainda existiam mais alguns bilhões de almas em estado de erraticidade. O grande expurgo abrangeria todos, tanto os renascidos como os que estavam no astral inferior, especialmente, aqueles mergulhados nas mais densas trevas. Faziam também parte dos candidatos ao degredo os espíritos profundamente desajustados, além dos assassinos enlouquecidos, os suicidas, os corruptos, os depravados e uma corja imensa de elementos perniciosos.

Varuna, espírito nobilíssimo, que fora político e banqueiro em sua última existência carnal, destacara-se por méritos próprios em todas as suas atividades profissionais e pessoais, tendo sido correto, justo e íntegro. Adquirira tamanho peso moral na vida política do planeta, que era respeitado por todos, inclusive seus inimigos políticos e adversários em geral. Este belo ser, forjado no cadinho das experiências, fora brutalmente assassinado por ordem de um déspota que se apossara do império Hurukyan, um dos maiores daquele mundo.

Ahtilantê era um planeta muito maior do que a Terra e apresentava algumas características bem diferentes das do nosso atual lar. Sua gravidade era bem menor, sua humanidade não era mamífera, mas oriunda dos grandes répteis que predominaram na pré-história ahtilante. A atmosfera de Ahtilantê era bem mais dulcificante do que a agreste e cambiante atmosfera terrestre. Tratava-se de um verdadeiro paraíso, um jardim planetário, complementado por uma elevada tecnologia.

8 | A Saga dos Capelinos

As grandes distâncias eram percorridas por vimanas, aparelhos similares aos nossos aviões, e a telecomunicação avançadíssima permitia contatos tridimensionais em videofones com quase todos os quadrantes do planeta, além de outras invenções fantásticas, especialmente na área da medicina. Os ahtilantes estavam bastante adiantados em termos de viagens espaciais, já tendo colonizado as suas duas luas. Porém, essas viagens ainda estavam na alvorada dos grandes deslocamentos que outras civilizações mais adiantadas, como as de Karion, já eram capazes de realizar.

Karion era um planeta do outro lado da Via Láctea, de onde viria, espiritualmente, uma leva de grandes obreiros que em muito ajudariam Varuna em sua árdua missão. Todavia, espiritualmente, os ahtilantes ficavam muito a desejar. Apresentavam as deficiências comuns à humanidade da categoria média em que se encaixam os seres humanos que superaram as fases preliminares, sem ainda alcançarem as luzes da fraternidade plena.

Havia basicamente quatro raças em Ahtilantê: os azuis, os verdes, os púrpuras e os cinzas. Os azuis e verdes eram profundamente racistas, não tolerando miscigenação entre eles; acreditavam que os cinzas eram de origem inferior, podendo ser utilizados da forma como desejassem. Naquela época, a escravidão já não existia, mas uma forma hedionda de servilismo econômico persistia entre as nações. Por mais que os profetas ahtilantes tivessem enaltecido a origem única de todos os espíritos no seio do Senhor, nosso Pai Amantíssimo, os ahtilantes ainda continuavam a acreditar que a cor da pele, a posição social e o nome ilustre de uma família eram corolários inseparáveis para a superioridade de alguém.

Varuna fora o responsável direto pela criação da Confederação Norte-Ocidental, que veio a gerar novas formas de relacionamento entre os países-membros e as demais nações do globo. A cultura longamente enraizada, originária dos condalinos, raça espiritual que serviu de base para o progresso de Ahtilantê, tinha uma influência decisiva sobre todos. Os governadores espirituais aproveitaram todas as ondas de choque: físicas, como

MOISÉS, O ENVIADO DE YAHVEH | 9

guerras, revoluções e massacres; culturais, como peças teatrais, cinema e livros; e, finalmente, telúricas como catástrofes que levassem as pessoas a modificarem sua forma de agir, de pensar e de ser. Aqueles, cujo sofrimento dos outros e os seus próprios não os levaram a mudanças interiores sérias, foram deportados para um distante planeta azul, que os espíritos administradores daquele jardim ainda selvático chamavam de Terra.

Esse processo, envolvendo quase quarenta milhões de espíritos degredados, que foram trazidos à Terra por volta de 3.700 a.C., foi coordenado por Varuna Mandrekhan e sua equipe multissetorial. Os principais elementos de seu grupo foram: Uriel, uma médica especializada em psiquiatria, a segunda em comando; Gerbrandom, uma alma pura que atingira a maioridade espiritual em outro planeta e viera ajudar no degredo em Ahtilantê; e Vartraghan, chefe dos guardiões astrais que, em grande número, vieram ajudar Varuna a trazer os degredados. Além desses personagens, havia Radzyel, Sandalphon, Sraosa e sua mulher Mkara, espíritos que muito ajudariam os capelinos, e também a belíssima figura de Lachmey, espírito do mundo mental de Karion, que, mais tarde, rebatizada como Phannuil, seria o espírito feminino mais importante para a evolução da Terra, coordenando vastas falanges de obreiros em permanente labuta para a consecução dos desígnios dos administradores espirituais.

Os capelinos foram trazidos em levas que variavam de vinte mil a mais de duzentas mil almas. Vinham em grandes transportadores astrais que venciam facilmente as grandes distâncias siderais, comandados por espíritos especialistas, sob a direção segura e amorosa dos administradores espirituais.

A Terra, naquele tempo, era ocupada por uma plêiade de espíritos primitivos, que serão sempre denominados de terrestres para diferenciá-los dos capelinos, que vieram degredados para aqui evoluírem e fazerem evoluir. Uma das funções dos capelinos, aqui na Terra, era serem aceleradores evolutivos, especialmente no terreno social e técnico. Mesmo sendo a escória de Ahtilantê, eles estavam

10 | A Saga dos Capelinos

à frente dos terrestres em termos de inteligência, aptidão social e intelectual e, naturalmente, sagacidade. Os terrestres, ainda muito embrutecidos, ingênuos e apegados aos rituais tradicionais, que passavam de pai para filho, pouco ou nada criavam de novo. Cada geração repetia o que a anterior lhe ensinara, de forma muito similar à que vemos entre nossos silvícolas que repetem seus modos de vida há milhares de anos, sem nenhuma alteração.

Havia, entre os exilados, um grupo de espíritos intitulados, em Ahtilantê, de 'alambaques', ou seja, 'dragões'. Esses espíritos, muitos deles brilhantes e de inteligência arguta e afiada, eram vítimas de sua própria atitude negativa perante a existência, preferindo ser críticos a atores da vida. Muitos deles se julgavam injustiçados quando em vida e, por causa disso, aferravam-se em atitudes demoníacas. Esses alambaques tinham desenvolvido uma sociedade de desregramentos e abusos, e eram utilizados pela justiça divina como elementos conscientizadores dos seres que cometiam atos cujo grau de vilania seria impossível descrever.

Essa súcia, todavia, era filha do Altíssimo e, mesmo candidata à deportação, deveria ser a artífice do exílio. Como eles dominavam vastas legiões de espíritos embrutecidos na prática do mal, era-lhes mais fácil comandá-los do que aos guardiões astrais, que não existiam em número suficiente para uma expedição expiatória dessa envergadura. Por causa disso, Varuna e seu guardião-mor, Vartraghan, foram até as mais densas trevas, numa viagem inesquecível, para convidar os poderosos alambaques a unirem-se a eles e ajudarem as forças da evolução e da luz triunfarem.

Varuna, por sua atitude de desprendimento, de amor ao próximo e de integridade e justiça, foi acolhido, após algum tempo, pela maioria dos alambaques como o grande mago, o Mykael, nome que passaria a adotar como forma de demonstrar a renovação que ele mesmo se impôs ao vir para a Terra. A grande missão de Mykael era não apenas a de trazer as quase quarenta milhões de almas capelinas para o exílio, mas, também e fundamentalmente, levá-las de volta ao caminho do Senhor totalmente redimidas.

Na grande renovação que Varuna e Lachmey promoveram, muitos foram os que trocaram de nome para esquecerem Ahtilantê e se concentrarem no presente, na Terra. Varuna tornou-se Mykael, o arcanjo dominador dos dragões. Lachmey passou a se chamar Phannuil, a face de Deus. Gerbrandom, Raphael; Vartraghan, também conhecido entre os seus guardiões como Indra, tornou-se Kabryel, o arcanjo; Vayu, seu lugar-tenente, passou a se intitular Samael, que foi muitas vezes confundido com o mítico Lúcifer, o portador do archote, o carregador da luz.

O início da grande operação de redenção na Terra aconteceu na Suméria, quando Nimrud, espírito capelino renascido, conseguiu, entre atos terríveis e maldades tétricas, implantar a primeira civilização em Uruck. Os alambaques, entretanto, que tinham a missão não só de trazer os degredados, como também de guiá-los; estavam excessivamente soltos, o que faria com que Mykael ordenasse a alteração dos padrões de comportamento dos dragões para não só fazê-los guias de lobos – chefes de matilhas –, como também modificarem seu íntimo para se tornarem cordeiros de Deus.

Ficou estabelecido que a Suméria seria o local onde começariam a execução do projeto, devido às enormes facilidades para se desenvolver uma sociedade onde a agricultura seria a pedra angular, devido ao fértil vale criado pelo transbordamento dos dois rios irmãos, o Tigre e o Eufrates. Outros locais também foram programados de forma que a vinda dos capelinos influenciasse várias regiões do globo, tais como a Europa, inicialmente entre os celtas; a Índia, no vale do Hindu; posteriormente, outros povos indo-europeus; e, no Extremo Oriente, a Tailândia e a China.

Uma das regiões que se tornariam de suma importância para o desenvolvimento da cultura, tecnologia e civilização mundiais seria a compreendida pelo Egito, outro local que fora escolhido para a imersão na matéria dos espíritos capelinos. Seriam nessas longínquas plagas que essas almas conturbadas estabeleceriam uma civilização monumental, de proporções absolutamente grandiosas.

12 | A SAGA DOS CAPELINOS

Os maiores decidiram que o Kemet seria coordenado por Kabryel e que os alambaques teriam um papel preponderante no empreendimento. Deste modo, a civilização foi implantada no Kemet depois de muitas lutas, marchas e contramarchas. Muitos capelinos renasceriam para se tornarem deuses como Rá, Ptah, Sakhmet, Tefnu e Osíris, o mais doce dos seres daquele tempo chamado de "A Era dos Deuses". Após terríveis momentos de guerra fratricida, o Kemet, desmembrou-se, tornando-se Duas Terras.

Seria preciso que aparecessem heróis truculentos, como Zekhen, o rei Escorpião, e Nârmer, seu irmão e sucessor, para unificar novamente aquilo que Tajupartak, tenebroso alambaque, na existência de Aha, unira. Aventuras repletas de guerras, combates, traições e ardis finalmente levaram à união do Kemet – o Egito – numa grande nação de monumentos tão portentosos que nem o tempo é capaz de apagar.

Passados mais de dois mil anos desde que os capelinos tinham sido trazidos, a civilização, mais uma vez, estava estagnada. Os administradores espirituais iniciaram, então, uma série de movimentos migratórios na Terra, com o intuito de mesclarem povos, raças e, sobretudo, culturas e tecnologias. Com isto, por volta de 1.800 a.C., iniciou-se um enorme movimento migratório em todo o planeta, tendo alcançado todos os rincões da Terra, inclusive a própria América, ainda não descoberta pelos europeus, mas habitada pelos povos de origem mongol, onde os espíritos superiores construíram grandes civilizações, usando os alambaques capelinos. Foram eles que construíram as pirâmides do novo continente.

Na Eurásia, os povos foram movimentados, utilizando-se espíritos renascidos com grandes missões, como Rhama, na Índia, e vários outros, que a história esqueceu de registrar, guias espirituais que orientavam os povos a seguirem por certos caminhos, frequentemente em função de fenômenos naturais, como secas, terremotos e inundações, que obrigavam os povos a saírem de suas localidades.

Washogan fora um guardião especializado nas hostes de Vayu e lhe deram a incumbência de guiar uma pequena e esfacelada

MOISÉS, O ENVIADO DE YAHVEH | 13

tribo do vale do Kuban, no Cáucaso, até Haran, no norte da Mesopotâmia. Ele o fez e tornou-se conhecido entre os hurritas, os descendentes de Hurri, como Yahveh – Eu sou –, deus da guerra, da vingança, das emboscadas e dos trovões. Com o decorrer do tempo, Washogan renasceu e tornou-se Kalantara, uma sacerdotisa de Shiva, exatamente quando Rhama invadia a decaída região do rio Indu, onde antes florescera a civilização sindhi, de Harapa e Mohenjo-Daro. Alguns séculos depois, tornar-se-ia um guerreiro e político hitita chamado Pusarma, sofendo prematura morte.

Enquanto isto, os espíritos superiores, monitorando a evolução terrestre, encontraram em Avram um seguidor fanático e empedernido de Yahveh. Usando o nome do deus hurrita, os espíritos superiores o transformaram numa divindade única e superior aos demais deuses da região.

Avram, depois chamado de Avraham, deu origem a uma grande quantidade de filhos, que se espalharam pela região de Canaã e localidades vizinhas. Itzhak, seu filho, deu origem a gêmeos, Esaú e Yacob, e este a doze filhos que, junto com os hicsos, foram para o Kemet (Egito). Um dos seus filhos, Yozeph, notabilizou-se como Tsafenat-Paneac, tendo sido tati – primeiro-ministro – do faraó hicso Khian, ajudando a debelar uma terrível seca que assolou a região.

Tendo ido para o Kemet, os descendentes de Yacob, também conhecido como Israel – aquele que luta com Deus –, formaram uma grande tribo, cujos integrantes ficaram conhecidos na história como hebreus.

Havia chegado o tempo de novas e grandes mudanças e os espíritos novamente se reuniram para determinarem mais algumas ações em prol da humanidade.

Prefácio
Astral Superior – 1.280 a.C.

— De nada adianta tergiversarmos. O resultado final é que a experiência de Akhenaton não conseguiu ainda implantar o monoteísmo entre os homens.

O comentário fora feito em tom severo por Mitraton, num plenário onde se congregava uma grande quantidade heterogênea de espíritos, desde guias espirituais até planejadores evolutivos de grupos sociais. A assembleia estava se reunindo setenta e poucos anos depois da morte de Akhenaton, para definir os caminhos a serem trilhados pelos diversos grupos de raças e culturas que compunham a numerosa família humana.

O auditório havia acompanhado, numa imensa tela, a existência de Akhenaton. A imagem havia mostrado o Kemet, quando ainda faltavam cerca de mil e seiscentos anos para Yeshua ben Yohzeph nascer em Beth Lechem, na Judeia. A grande tela mental tridimensional mostrara os últimos estertores do grande faraó. Nefertiti e suas sete filhas, além do genro que iria suceder ao rei herético, o jovem Tutankhamon, ainda chamado de Tutankhaton, estavam em volta dele. Seu rosto macérrimo, pálido e cadavérico, que nunca fora cheio e viril, contorcia-se em dor. O veneno fatalmente estava fazendo efeito. Triste morte para um

16 | A Saga dos Capelinos

rei que revoltou-se contra os desmandos dos monges de Amon-Rá. Akhenaton estava morrendo.

Ipet-Isout, que seria chamada pelos gregos de Karnak, sempre ofendeu a sensibilidade do faraó, um homem de pureza osiriana, evoluído, pudoroso e fiel ao seu único grande amor, Nefertiti, a bela do Iterou – Nilo. O templo de Amon, construído no tempo de Aha e várias vezes ampliado e embelezado, tinha um enorme harém, pretensamente destinado ao insaciável desejo lúbrico do deus, mas, na realidade, servia ao desiderato dos sacerdotes. Além dessa prostituição sagrada, a imolação permanente de carneiros para gáudio divino, a traficância sacerdotal dos amuletos e rezas e o uso do oráculo de Amon, mantendo o povo num obscurantismo religioso absurdo, fizeram com que Amenotep IV, o décimo faraó da décima oitava dinastia, cedo, se revoltasse contra Amon e sua classe sacerdotal corrupta.

Amenotep IV, por seu lado, também se revoltou contra o domínio político dos sacerdotes sobre o Kemet. Os heseps, regiões administrativas criadas por Aha, há mais de dois mil anos, já não eram governados por escribas altamente profissionalizados, e sim por interesses políticos e gostos pessoais, especialmente do alto sacerdócio de Amon-Rá. A indecorosa riqueza do templo, tendo como pano de fundo a miséria dos felás, aliada ao crescente mercenarismo hierárquico da vida egípcia irritava o monarca. Considerando tudo isso intolerável e possuído de grande fervor religioso, Amenotep IV iniciou um movimento de revolta contra o culto oficial, modificando seu próprio nome para Akhenaton – Aton está satisfeito.

Inicialmente, o rei lançou-se ao ataque aos deuses do Kemet e exaltou a existência de um único deus – Aton. Ele diferenciava Aton – o disco solar – de Rá – o espírito do sol. Akhenaton venerava o sol – aspecto físico da estrela. Fundou uma nova religião com a qual desejou destruir a influência dos sacerdotes de Amon-Rá. Para fugir do ambiente sufocante de Ouaset, futuramente conhecida como Tebas pelos gregos, Akhenaton fundou uma nova cidade, denominada de Akhetaton – Cidade do Horizonte de Aton –, na atual Tell-El-Amarna, mais ao norte do que a antiga capital, ainda assim no Alto Kemet.

MOISÉS, O ENVIADO DE YAHVEH | 17

Aton era exaltado de forma extraordinária na poesia do soberano, que proibiu o antigo culto e mandou fechar todos os velhos templos. Todos os cultos foram considerados ilegais, exceto o de Aton. Na sua nova cidade, o monarca festejava a nova vida. Bek, Auta e Nutmés, seus artistas prediletos, foram incentivados a desenvolverem a arte como é a vida, livre das determinações estranhas dos sacerdotes de Amon-Rá. Desse modo, o soberano era pintado, não mais como seus antecessores, com truculência majestática, mas como ele era realmente: uma cabeça dolicocéfala, rosto magro, feminil, de expressão doce, quase etérea.

Aton era um deus-pai solícito e bondoso, ao contrário dos deuses humanos ou bestiais dos orientais. Era um monoteísmo naturalista, que os homens simples de sua época não compreendiam. Se Akhenaton tivesse sido menos radical, mais maduro, teria feito uma transição. Mas não fez uma ruptura brusca que o populacho não entendeu. Ao despojar a opulência dos sacerdotes e mandar raspar de todos os monumentos as sílabas Amon, inclusive no de seu próprio pai, Amenotep III, criou um escândalo jamais visto. Tornou-se herético e odiado.

Não era somente uma situação religiosa. Havia mais aspecos envolvidos na atitude do rei. Uma centena de ofícios e profissões, que dependiam dos antigos cultos, ficou profundamente amuada e saiu prejudicada pelas ordens reais. O monarca, ao proibir o culto aos demais deuses, obstruiu os negócios de milhares de profissionais que dependiam desses cultos. Por outro lado, os sacerdotes de todos os cultos, mais especialmente os de Amon-Rá, não ficaram satisfeitos, passando a conspirar contra o monarca.

O jovem rei vivia em perpétuo idílio com sua bela esposa, que lhe dera sete filhas e nenhum filho. A lei o autorizava a gerar herdeiros em outra esposa, mas ele foi um modelo de fidelidade. Sua vida privada mesclava-se com sua existência real. A rainha segurava sua mão em cerimônias públicas, enquanto suas filhas brincavam aos seus pés.

Os hititas, povo indo-europeu sediado na Ásia Menor, atual Turquia, subitamente invadiram a Síria, a Fenícia e a Palestina,

18 | A Saga dos Capelinos

reinos vassalos do Kemet. Os cofres públicos precisavam, e muito, dos impostos daqueles lugares. Mas o doce Akhenaton não desejou guerrear.

– Com que direito mantemos outros povos sob o nosso talão?

– Mas, kemef, o império...

– Bobagem. O império é uma abstração. Por que devemos escravizar nossos vizinhos? Por que razão devemos mandar nossos filhos, nossos jovens – o futuro do Kemet – lutarem contra os hititas?

Os generais o odiavam. Com sua visão esplendorosa de uma vida espiritual, o monarca estava permitindo que o império degringolasse, o que era insuportável para os homens de armas. Os comandantes militares e os próprios ministros, inclusive o tati, não escondiam seu ódio ao rei e oravam para que morresse. O espiritualista Akhenaton estava deixando o império cair aos pedaços.

Os governadores da Síria e de outras localidades reclamavam por reforços que não vinham e não eram liberados por Akhenaton. Quando viram que o faraó não os ajudaria contra os invasores hititas, aquelas localidades destituíram os governadores do Kemet e proclamaram sua independência. Com isto, em poucos meses, o tesouro nacional, já combalido com a construção da fabulosa cidade de Aton – Akhetaton –, ficou à míngua. O caos reinou.

Sem dinheiro, sem amigos, sem o povo a apoiá-lo, Akhenaton ficou abandonado em sua cidade. Aos trinta anos de idade, cercado de suas filhas, de sua esposa e de seu genro, ainda adolescente, o faraó idealista morreu, tendo sido secretamente envenenado por Horemheb, o general-chefe de suas forças militares, que também mandou matar Menkaré, o tati do reino. Horemheb associou-se aos sacerdotes de Amon-Rá em Ouaset e viria envenenar também o sucessor, Tutankamon, que governou por pouco tempo, de forma obscura e sem importância. Além deste pobre faraó que morreu ainda na adolescência, outro tomaria o poder antes de Horemheb, mas morreria quatro anos depois, tendo sido conhecido como Ay. Horemheb seria o último faraó da brilhante décima oitava dinastia, sendo substituído por Ramassu I, seu afilhado e protegido.

Ramassu seria conhecido pelos gregos como Ramsés, dando origem à dinastia dos Ramsés. Ramassu I assumiu o trono já velho, governou por pouco mais de um ano e foi sucedido por seu filho, Sethi I. Ramassu I foi o fundador da XIX dinastia, que trouxe a hegemonia do Kemet de volta à região.

Após a curta, mas profunda história do infeliz rei kemetense, a assembleia espiritual iniciou uma discussão que obrigou Mitraton, o grande coordenador da evolução terrestre, a restabelecer a ordem.

– Meus amigos, creio que um dos aspectos mais importantes de nossa reunião é definir um projeto que permita que novas culturas possam ser introduzidas. É fundamental que implantemos uma cultura monoteísta, que tenha um efeito agregador sobre a sociedade terrestre.

Todos concordaram com as palavras de Mitraton.

Um dos presentes, guia espiritual de renome no Kemet, coordenador de On, um dos lugares mais santificados da velha terra, arguiu:

– Peço que me perdoem, mas o Kemet não deixa de ser monoteísta. Há uma grande veneração pelo Deus único, Onkh, em alguns lugares, e Ptah, em outros. Entrementes, os demais deuses são venerados como simples coadjuvantes do Altíssimo.

– Concordo com nosso irmão. Porém, o que proponho é algo mais específico. Queremos criar uma cultura monoteísta absolutista, que não tenha outros deuses, ou ídolos, ou neters ou homens santos que concorram com o Deus único. Creio que qualquer desvio do pensamento humano para utilizar intermediários serve apenas para dar ensejo a um comércio aviltante entre a divindade e o próprio homem.

As palavras de Mitraton foram duras. A maioria das religiões existentes, assim como os templos, não estava preocupada com aspectos morais e intelectuais do ser humano. As religiões raciocinavam sobre as melhores formas de obter recursos para se sustentarem.

– Como introduzir o culto ao Deus supremo se todas as religiões são politeístas?

A pergunta fora formulada por um dos espíritos presentes.

– Todas as tentativas de introduzir um único Deus acabaram por sucumbir às pressões das religiões já constituídas.

20 | A Saga dos Capelinos

Houve um princípio de vozerio, todos falavam ao mesmo tempo, uns apoiando e outros apresentando argumentos discordantes. Mitraton levantou o braço e falou calmamente:

– Creio ter o caminho adequado aos nossos propósitos.

O silêncio voltou a reinar. As pessoas olharam para ele, intrigadas. Falou para que todos ouvissem com clareza:

– Existe um grupo de pessoas descendentes de um mesmo varão, que estão localizadas no Kemet e que são, para todos os efeitos práticos, monoteístas. Aceitam, até certo ponto, os demais deuses, tolerando-lhes com reservas. Contudo, para eles, seu deus é o maior de todos, assim como é o único a ser cultuado.

– Isso é um bom começo. Na realidade, eles não são totalmente monoteístas, e sim cultuam o henoteísmo, ou seja, consideram que o seu deus é superior aos demais, repudiando os outros.

O comentário fora feito por um dos espíritos mais respeitados da assembleia, Raphael, o antigo Gerbrandom.

Mitraton meneou positivamente a cabeça, concordando com as reflexões de Raphael, mas aproveitou para complementar o seu pensamento.

– Creio que, se pudéssemos congregá-los e orientá-los adequadamente, poderiam se tornar monoteístas. É mais fácil convencer alguém de que só existe um único Deus, quando ele já acredita que o seu é o maior, do que explicar a uma pessoa que crê em muitos que todos não passam de fantasias e lendas, e que ele está laborando em erro por todos esses anos.

A assembleia pareceu ficar contagiada com a boa ideia e Raphael, então, perguntou-lhe:

– Quem é esse povo, mestre Mitraton?

O espírito respondeu, solícito, à pergunta.

– São os habirus.

Alguns presentes já os conheciam e comentaram entre si sobre esse povo. Uma onda de murmúrios tomou conta do amplo recinto. Mitraton levantou a destra e perguntou a um dos que tinham se mostrado reticentes:

Moisés, o Enviado de Yahveh | 21

– Mestre Montu, o que você tem contra os habirus para reagir desta forma?

O guia espiritual Montu, considerado um deus no Egito, respondeu, humildemente:

– Perdoe minha ousadia em comentar sobre os habirus. Tenho certeza de que o nobre Mitraton há de me perdoar por qualquer comentário menos airoso. Conheço nossos irmãos habirus e, com todo o respeito que me merecem, sou obrigado a dizer que são um grupo com hábitos horríveis e uma cultura geral muito baixa.

Mitraton sorriu, concordando com as palavras de Montu, o coordenador local, e replicou:

– Concordo com meu irmão Montu. Realmente, os habirus, como a maioria dos povos nômades, têm certos hábitos deprimentes. São bastante sujos, não primando pela higiene pessoal. São egotistas; seus rebanhos de carneiros pastoreiam entre as plantações dos nossos irmãos do Kemet, que, com justa razão, os enxotam. Além do que, são rixentos e cruéis. Mas todas essas características podem ser alteradas com educação, conscientização e um trabalho de moralização dos costumes.

O outro meneou a cabeça, apresentando dúvidas quanto à eficácia de se conseguir alterar o comportamento dos habirus, e comentou:

– Sem querer debater com o nobre Mitraton, creio que isso deve ser bastante difícil enquanto permanecerem no Kemet. São tolerados pelo fato de serem pastores e de os kemetenses terem horror a essa atividade, especialmente depois de terem sido dominados pelos héqa-ksasut, mais conhecidos como hicsos, que eram pastores também. Por outro lado, têm sido utilizados como mão de obra barata, totalmente servil, pelos nossos irmãos do delta. Desse modo, enquanto estiverem submetidos ao jugo kemetense, jamais poderão se desenvolver adequadamente.

– Poderemos retirar esse povo do Kemet e levá-lo para outro local, onde poderíamos desenvolver uma nova cultura, com base na atual – comentou Raphael.

22 | A Saga dos Capelinos

– Nobre Raphael, sem querer ofendê-lo e nem redarguir de forma insolente, retirá-los do Kemet é uma missão muito árdua. Os habirus não são sequer um povo, já que são várias tribos e clãs espalhados pelo delta. Muitos foram levados para o sul para trabalharem em construções e na manutenção de comportas, canais e outras obras de contenção do rio. Além disso, mestre Mitraton deve saber desse fato, são divididos em grupelhos que nem sempre se entendem. Já houve muitas rixas e contendas entre as greis, pois cada um deseja ser o mais proeminente e dominante.

Mitraton concordava com o expositor, meneando a cabeça em assentimento.

– Além disso, os habirus iriam para onde? Todos os lugares em volta do Kemet estão de certa forma ocupados. Em direção ao noroeste, teriam que enfrentar os terríveis líbios. Seriam dizimados! Para Canaã, seriam trucidados pelos ferozes cananeus. Creio que o único lugar razoavelmente vago seria o deserto do Sinai, que é inóspito.

Mitraton voltou-se para o coordenador geral do Kemet, o belíssimo Osíris, o mesmo que fora grande rei na era dos deuses, e perguntou-lhe:

– Mestre Osíris, quantos habirus temos hoje?

Osíris pensou um pouco, como se folheasse sua memória, e respondeu, em tom firme:

– Pouco mais de quinhentas mil pessoas.

– É um grande grupo.

Neste instante, o coordenador dos povos arianos, o poderoso Vayu, que mudara seu nome para Samael na época do grande batismo, quando Varuna trocara seu nome para Mykael, entrou na conversa. Samael foi, muitas vezes, confundido com o mítico Lúcifer, o portador de luz, que não passava de uma representação genérica dos alambaques capelinos.

Vayu fora um alambaque que havia se regenerado ainda em Ahtilantê, quatrocentos anos antes do grande exílio. Renascera diversas vezes em Ahtilantê, tornado-se um espírito evoluído. Viera como guardião, tendo trabalhado na Suméria, logo no início dos nascimentos dos capelinos, quando se projetou pela sua firmeza de caráter e disciplina ferrenha.

– E o pior, se me permite comentar – disse Samael –, é que os habirus, pelo que sei, mesmo sendo malvistos no Kemet, são felizes, achando que aquela também é a sua terra. Não desejam partir e, para complicar, os kemetenses não os deixariam ir embora. A utilidade e a força de trabalho desse povo não podem ser desprezadas. Fornecem, além da carne dos rebanhos, mão de obra barata, servil e obediente.

A plateia ficou calada. As discussões não eram incomuns entre os espíritos evoluídos, pois a diversidade de opiniões é salutar. Mitraton, muito calmamente, disse:

– Concordo com as opiniões do irmão Samael. Realmente, há obstáculos difíceis, mas não insuperáveis. Se planejarmos adequadamente, poderemos ter êxito. Eles têm a vantagem de já acreditarem na supremacia de um deus sobre todos os demais. Por causa disso, pouco ou nada se misturaram com outros povos, mantendo pura sua cultura milenar.

Mykael, que até aquele momento não se pronunciara, falou com sua voz grave, melodiosa e clara:

– Creio que os habirus, assim como outros povos, são bons candidatos. Quanto ao fato de serem um grupo cuja cultura deixa muito a desejar, quero lembrar aos amigos presentes que a maioria dos ahtilantes degredados também era o joio que separamos do trigo do planeta e, nem por isso, eles continuaram sendo o que eram, porquanto uma boa parte já conseguiu regenerar-se, retornando ao lar natal. Se os habirus são um grupo cujos hábitos são estranhos e eventualmente degradantes, mais uma razão para envidarmos todos os esforços para transformá-los num povo digno e altaneiro. Contudo, não devemos tomar decisões precipitadas sem antes conhecermos todos os aspectos da questão.

E assim foi feito. Durante algumas horas, desfilaram a história de Avram, Itzchak, Yacob, Yozheph e também do espírito Washogan, que dera origem ao culto de Yahveh, e da equipe de Sansavi,

24 | A Saga dos Capelinos

que dera prosseguimento ao novo e revivido culto a Yahveh. Deste modo, todos chegaram à história dos habirus e de como eles haviam sido influenciados pelos espíritos comandados pelo grande Orofiel.

Mitraton, finalmente, resumiu o quadro atual dos habirus. No primeiro grupo, que se compunha de uma minoria, estavam os financistas e donos de largos rebanhos, dominando grandes porções da economia kemetense. O segundo grupo, mais numeroso do que o primeiro, era composto de pastores que conduziam os rebanhos da elite que se intitulava de Israel. O terceiro grupo, um imenso e largo contingente de mais de quatrocentas mil pessoas, compunha-se de escravos dos kemetenses, ajudando a construir Perramassu e Tjeku, estes eram considerados a escória do Kemet.

Finda a exposição, Mitraton expôs seu plano de forma que todos pudessem participar. E, ao fim da apresentação do projeto, Samael perguntou:

– E quem será o nosso missionário?

Rompendo o silêncio, uma voz que não havia se pronunciado até aquele instante se fez ouvir:

– Se os nossos superiores me permitem, gostaria de propor um candidato.

Todos se voltaram para a bela figura de Orofiel, o braço-direito de Mitraton. Mykael meneou a cabeça em assentimento e o belo arcanjo falou o nome do seu candidato. A assistência ficou estarrecida com a estranha proposta, até que a voz maviosa de Phannuil se fez ouvir.

– A proposta de nosso irmão Orofiel é magnífica. Eu a apoio de forma incondicional. Nenhum outro espírito será capaz de tal façanha.

Mitraton e Mykael concordaram também. O plano de Mitraton ficou completo, obtendo o concurso fraterno de todos. Tudo estava pronto para a formação de uma nação que teria como base de sustentação uma cultura monoteísta que, com o decorrer dos milênios, iria se espalhar pelo mundo.

Capítulo 1

A princesa Thermutis nunca tinha visto um homem tão belo e charmoso como o príncipe Jetur de Sydom. Ela ficou fascinada por aquele homem longilíneo, de cabelo negro encaracolado, nariz levemente adunco, olhos circundados por cílios negros e longos, com a pele azeitonada. Ele era alto – um metro e noventa –, enquanto ela fazia bem o tipo hamita: magra, de pele marrom escura, cabelos anelados, olhos grandes com cílios enormes e de uma beleza exótica. Ela também era alta para os padrões kemetenses, assim como seu pai, Ramassu II. Thermutis tinha quatorze anos, tendo sido não oficialmente destinada a Khaemouast, o primogênito do faraó, seu sucessor direto.

Khaemouast era um fervoroso sacerdote de Ptah, em Menerfert, preferindo os longos estudos da filosofia e da religião aos prazeres da corte. Não havia casado, estando com quase trinta anos. Ramassu já o havia interpelado várias vezes em relação ao casamento, mas ele preferia seu templo à corte, em Ouaset, ou mesmo em Djanet. Ramassu havia decidido que faria o casamento entre Khaemouast e Thermutis, mesmo à revelia do seu herdeiro. As razões de Estado falavam mais alto do que as do coração.

Jetur era filho de um rei de Sydom, um fenício de origem amplamente misturada, tendo sangue semita, indo-europeu e sumério.

26 | A SAGA DOS CAPELINOS

Viera, como tributário que era, pagar os impostos ao grande faraó e passar um tempo como seu convidado. Ramassu II, como os demais reis daquela época, gostavam de ter filhos de seus vassalos como seus hóspedes, como uma forma de mantê-los calmos e sujeitos a sua lei imperial. Jetur acabara de chegar de Sydom para uma estada de dois anos, durante a qual aprenderia as regras do reino e a obediência cega ao faraó.

Thermutis o vira no corredor do palácio do pai, quando o jovem rapaz acabara de chegar de Sydom. Ele não olhava para mais nada a não ser as grandes colunas do palácio, encantado pela oportunidade de passar esse tempo em Ouaset.

Alguns meses depois, antes de Ramassu consagrar a união de Thermutis com Khaemouast, os dois jovens se encontraram numa festa religiosa e a paixão entre os dois foi imediata. Jetur ficou louco pela bela donzela, que o instigava com sorrisos e promessas de felicidade no olhar. Acabaram se encontrando e o inevitável aconteceu. Durante meses, o tórrido romance se desenvolveu sob o beneplácito olhar da aia de Thermutis, que corria risco de vida por esconder e incrementar o amor proibido.

Um dia, a menstruação da moça não veio, e ela descobriu, horrorizada, que aquelas loções e macerações nem sempre davam bons resultados na prevenção da gravidez. Ela estava grávida e só havia uma forma de sobreviver: ser honesta com o pai. Ela sabia que o velho faraó a amava ternamente, muito mais do que as demais filhas e filhos. Teria que contar com a magnanimidade do soberano. Colocou seu nome para uma audiência privada e muniu-se de coragem.

Ramassu estava particularmente de boa vontade naquele final de tarde e recebeu sua filha com alegria e felicidade.

– O que traz a minha adorada Thermutis a minha presença? Deseja mais joias e presentes? Não lhe tenho provado o meu amor?

– Não, meu pai. O que desejo é uma prova que supera os bens materiais. Joias e presentes recebo quase com perfeita constância. No entanto, o amor é algo mais profundo do que simplesmente presentear; é compreender e perdoar.

Ramassu era um velho e sagaz monarca. Os governadores hesepianos tentavam ludibriá-lo com engodos e presentes. Os monarcas estrangeiros o adulavam, enviando-lhe objetos raros e escravas belíssimas, no entanto, a filha, nem a mais velha, nem a mais moça, mas apenas a preferida, andava em terreno perigoso. Ramassu detestava subterfúgios. Seu rosto endureceu-se e ela sentiu que precisava ser mais direta.

– Digo perdoar, pois fiz algo que demanda o seu perdão.

Ramassu olhou-a com severidade.

– Sem mais circunlóquios, irei direto ao assunto. Estou grávida.

Ramassu empalideceu e balbuciou.

– Há quanto tempo?

– Creio que mais de três meses.

– Quem sabe disso? – tartamudeou o soberano.

– Ninguém, nem mesmo o pai.

Ramassu desviou o olhar da menina e pensou durante alguns minutos. Nunca um tempo pareceu tão longo e arrastado para Thermutis. Ele pensou em todas as possibilidades. Matar a filha e o homem que ousara possuí-la seria um grande escândalo que não lhe cairia bem. Matar o recém-nascido seria uma opção, mas ele era, bem ou mal, seu neto.

O rei acalmou-se e começou a pensar de forma clara e distinta. A primeira coisa era proteger o trono de um alvoroço. Sua figura de faraó era sagrada e acima de tudo não deveria ser maculada com impropriedades de uma menina. A segunda coisa era proteger a imagem de sua princesa. Qualquer loucura da moça teria repercussão no próprio soberano.

– Escute o que vou lhe dizer, pois só falarei uma única vez.

A moça, que estava genuflexa perante o pai, levantou a cabeça timidamente e o encarou com os olhos encharcados de lágrimas silentes que lhe corriam pela face.

– Você, sua aia e mais uma dama de companhia de sua extrema confiança irão passar dois anos em Djanet, na casa de um dos meus parentes. Ele já é falecido e não deixou prole, o que me permite considerar sua casa como minha. Vocês irão logo após a grande festa de Rá, que será celebrada em On, dentro de quinze dias. Nesse período, todos nós nos deslocaremos até lá e ninguém notará sua ausência após a festa, a não ser certas pessoas do palácio, como sua mãe e sua irmã. Neste caso, elas irão com você para ajudá-la. Para todos os efeitos, vocês irão para acompanhar sua mãe por motivos de doença. Meus médicos inventarão uma doença de pulmão ou outra qualquer, que exige os ares de nossa terra natal.

A moça acompanhava a descrição do pai e sorria em total aprovação.

– Você terá o seu rebento e fará dele o que desejar. Se nascer morto ou vier a morrer nos primeiros dias, será como se nunca tivesse nascido. Se vingar, nunca poderá ser conhecido como seu filho. Poderá ser criado por algum servo como se fosse filho dele ou, se você preferir, ser educado por você. Neste caso, deverá inventar alguma triste história de que foi abandonado pela família, ou que, nos estertores da morte, uma pobre mãe confiou-lhe o filho para que fosse criado como se fosse seu. No entanto, não deverá ser conhecido como sendo seu filho de fato. Suas damas de companhia e sua mãe responderão com a vida, caso isto venha a ser conhecido.

A menina meneava a cabeça, agradecida.

– Há, contudo, um preço a ser pago. Quero a vida daquele que ousou profaná-la.

O choque do preço a ser pago foi muito forte e a menina desandou a chorar, soluçando alto, enquanto o pai, severamente, dava um comando peremptório:

– Cale-se imediatamente. O que deseja com essas lamúrias? As paredes têm ouvidos e, em breve, todos saberão de seus gritos. Quero saber quem a desonrou, pois amanhã ele poderá alardear que é pai do seu filho bastardo.

– Meu pai, não posso entregar o nome do homem que eu amo. Seria uma infâmia que eu jamais me perdoaria. Neste caso prefiro mentir e dizer qualquer nome, especialmente algum escravo velho para que sua ira seja aplacada e sua sede de sangue seja saciada.

Moisés, o Enviado de Yahveh | 29

– Sua criança estúpida. Não se trata de vingança, e sim de proteger seu nome, sua honra e sua reputação.

– Ele jamais dirá que é o pai do meu filho, pois em breve irá embora e nunca mais nós nos veremos.

– Você não conhece os homens, minha filha. Esse ser repugnante, que ousou conspurcá-la, irá se gabar a todos de que, além de ter partilhado de seu leito, ainda gerou-lhe um filho bastardo.

– Não, nunca esse homem. Ele é um príncipe em tudo.

Ramassu levantou o braço e disse-lhe:

– Basta! Já sei quem é. Meus olheiros haviam me falado de cochichos e murmúrios, mas eu não os levei a sério. Trata-se do príncipe Jetur de Sydom.

O coração de Thermutis gelou de pavor. Seu adorado Jetur seria morto. Ramassu olhou para fora da grande porta que dava vista para o grande rio Iterou ,e depois de alguns segundos de reflexão, enquanto a moça chorava baixinho, disse-lhe:

– Manteremos o plano como tínhamos imaginado. Pouparei Jetur não por causa de suas lágrimas e rogos. O pai dele me é fiel aliado e não desejo causar-lhe mal. No entanto, seu procedimento não ficará impune. Você estava destinada a ser a esposa de meu sucessor, seu irmão Khaemouast. Você ia ser rainha do Kemet e primeira esposa do futuro monarca. Não será mais nada. Continuará sendo minha filha, pois isso os deuses já haviam determinado e nada posso fazer. Porém, irá a Djanet, terá seu bastardo e nunca mais poderá casar-se. Eu a proíbo de casar-se com quem quer que seja. Poderá viver na corte com seu filho ou filha, não me importa. Porém, se seu filho for homem, deverá ser sacerdote; se for mulher, será sacerdotisa. Reze para que seja homem; os sacerdotes até que são felizes e podem se casar e ter quantas mulheres puderem sustentar. No entanto, se for mulher deverá ficar celibatária para sempre, assim como você. Não quero descendências dessa bastardia!

Thermutis saiu da entrevista com o coração parcialmente alegre. Esperava o pior – a morte de Jetur – e obtivera a vida do seu amado. No entanto, saíra com um sentimento de perda es-

30 | A Saga dos Capelinos

pantoso. Nunca mais veria Jetur e teria que passar dois anos em Djanet, esquecendo as alegrias do grande palácio de Ouaset. Que fosse! O filho, que ela jamais poderia dizer que era seu, poderia viver uma vida saudável e cheia de felicidades. Seria ser sacerdote, o que não chegava a ser uma terrível penitência, e, com isso, viveria protegido das agruras do mundo. Não lhe passou pela cabeça que poderia ter uma filha, tamanha a certeza de que iria ter um menino.

As duas semanas passaram-se rápidas. Thermutis, acompanhada da mãe – fula de raiva com o exílio forçado –, da aia – feliz, pelo desfecho razoável – e de mais duas damas de companhia, uma irmã e uma prima – que imaginavam aventuras em Djanet, famosa pela beleza dos seus homens, quase todos descendentes dos hicsos –, desceu o Iterou até a cidade-fortaleza.

A casa era uma mansão enorme, despropositada, que era atendida por um batalhão de servos e escravos pagos pelo faraó. Uma pequena guarda foi enviada para proteger a mansão de eventuais assaltantes e bandoleiros. Um eunuco extremamente afetado, de modos irrepreensíveis, chamado Kya, passou a ser o governante da casa, responsável pelas compras e pela coordenação do trabalho dos escravos, mas, compassivamente, tendo de escutar as longas e intermináveis alocuções da mulher do faraó e das damas de companhia.

As dores da delivrança não foram intoleráveis para a jovem Thermutis, que logo expulsou do gentil útero um belo garoto. O menino nasceu assim que o Iterou baixou suas águas, durante a alvorada, o que era considerado um bom sinal, já que receberia de imediato as bênçãos de Rá. Ela lhe deu o nome de Ahmose – Rá nasceu.

O menino cresceu em saúde e formosura. Era incrivelmente parecido com Jetur, a ponto de arrancar suspiros de saudades de Thermutis, que nunca mais vira o amado, a não ser em seus sonhos, a povoar com emoções a mente da jovem.

Aos dois anos, já andando e falando de forma razoável para sua idade, Armose foi levado a Ouaset para ser apresentado ao grande Ramassu II.

Thermutis ensaiou a triste história de que o menino nascera em sua casa e que sua mãe, uma simples servidora, morrera no parto. Desta forma, a princesa assumira a responsabilidade pela educação do taludo rapazote, por amor e misericórdia.

A história do nascimento do menino na casa de Thermutis não fora levada a sério por ninguém na corte, a não ser na frente do rei, já que não seria prudente se indispor com o monarca. Todos já conheciam a verdade sobre Ahmose, e os contos picantes que corriam na corte eram de tal sorte que Ramassu, ao tomar conhecimento de que seu golpe para esconder a verdade não fora bem-sucedido, arrependeu-se de não ter casado Thermutis com Jetur. Eles teriam formado tão belo par, mas agora era tarde. Jetur voltara a Sydom e estava comprometido para casar com uma princesa local e Thermutis estava desgraçada perante a corte.

Ahmose viveu durante anos no palácio e conheceu de perto Khaemouast, que era uns trinta anos mais velho do que ele. O futuro faraó brincou com o menino e deu boas risadas de suas respostas infantis a respeito das coisas do mundo. Não havia nada que os perturbasse. Khaemouast sabia que era primo de Ahmose, mas o que era um parente quando se tem quase duzentos irmãos e irmãs, seiscentos e tantos primos de primeiro grau e mais de dois mil, de graus variados?

Ramassu tinha uma certa predileção por Ahmose. Era o filho espúrio de sua filha mais querida, aquela que lhe dera mais dores de cabeça. Além disso, havia simpatizado com Jetur, quando estivera em Ouaset. Parecera-lhe honesto e íntegro, mas mudou de opinião depois que soube que abusou de sua confiança, quando possuiu sua virginal filha. Mais tarde, com os anos, acabou voltando a gostar dele, à medida que Ahmose ficava cada dia mais parecido com o pai.

O jovem, ao atingir a maturidade, tinha algo de diferente do doce e meigo Jetur. Seu olhar era gelo puro e parecia ter o controle de todas as ocasiões. Nada alterava sua fleuma. Todavia, isso era apenas o que o exterior demonstrava. O vulcão também parece uma pachorrenta montanha até a sua irrupção.

32 | A Saga dos Capelinos

Aos doze anos, Ahmose foi encaminhado ao grande templo de Ipet-Isout, onde aprendeu sobre os deuses. Ouviu e guardou todos os contos sobre os diversos neters, especialmente sobre aqueles que geraram o grande templo de Ipet-Isout, que tão diligentemente Ramassu aumentava em proporções ciclópicas. Lia e escrevia com grande facilidade. Aprendeu com um estrangeiro o alfabeto dos fenícios, sem saber que era a língua do seu pai.

Ahmose, no entanto, não era o mais religioso dos homens. A religião kemetense, ou pelo menos a mais difundida delas, confirmava a existência de um único Deus, o grande criador, o gerador da vida. Ahmose acreditava na possibilidade de ele existir, só duvidando de que fosse um homem ou tivesse formas materiais. Acreditava que, se realmente existisse – tinha dúvidas –, não teria formas definidas. Deveria ser inexprimível e, como tal, não poderia ter imagens ou símbolos.

A sua situação de bastardo sempre o colocara numa posição dúbia em relação aos demais da corte. Aos poucos, foi-se fechando num mutismo, que seria a sua característica. A partir dos doze anos, com o corpo mais forte do que o dos demais, já não corria para perto de Thermutis chorando, porque as crianças o haviam achincalhado. Agora ele rebatia com a força de seus golpes e pancadas dados com maestria e extrema brutalidade. Em pouco tempo, as brincadeiras dos demais cessaram e eles passaram a ter um certo temor pela sua figura. Até mesmo os meninos mais velhos o respeitavam. Se por um lado o deixaram em paz, por outro o isolaram completamente. Ahmose sentia-se deslocado e odiava a corte e o templo de Ipet-Isout.

Com vinte anos, Ahmose teve um sério entrevero com um dos nobres da corte. O rapaz, filho do general Sahuré, também forte e musculoso, insultou-o sobre o mesmo tema, a sua paternidade, e Ahmose o surrou impiedosamente. O jovem teve o braço quebrado, dois dentes arrancados e uma fratura no nariz, além de escoriações generalizadas por todo o corpo.

O pai era primo de Ramassu e pediu que o velho faraó tomasse enérgicas providências contra o jovem brigão. Ramassu não dese-

MOISÉS, O ENVIADO DE YAHVEH | 33

java magoar o rapaz e muito menos a sua adorada filha Thermutis; no entanto, era preciso fazer algo, pois o rapaz machucara seriamente o filho de um nobre importante da corte. Ramassu o chamou para uma conversa reservada em seus aposentos. O diálogo foi tenso e bastante nervoso.

– Ahmose, como você explica a surra que deu em Khaba?

O jovem fitava o faraó com um olhar severo e respondeu-lhe com certa soberba.

– Se o fiz é porque mereceu.

Ramassu amava esse neto bastardo, mas não tolerava a insolência.

– Quem é você para decidir se alguém merece ou não alguma pena? Você é por acaso algum árbitro para julgar seus semelhantes?

O rapaz calou-se perante a fúria da resposta.

– Tenho observado você todos esses anos e vejo com certa pena que você não soube conquistar amizades, nem se enquadrar na vida da corte. Aliás, nem no templo, pois tenho recebido relatórios de que você tem um sério problema de atitude.

O faraó, amansando sua voz, perguntou-lhe:

– Mas por que você é assim tão agressivo, meu caro Ahmose?

O jovem baixou a cabeça e tartamudeou:

– Não sou agressivo.

– Claro que é. Você se prevalece do seu maior tamanho e, quando é afrontado, contrariado ou insultado, reage com uma violência inaudita. Não pode ser assim, meu jovem.

– Devo o quê: curvar minha cabeça em sinal de submissão e deixar que as pessoas riam de mim?

– Mas por que zombam de você?

– Por causa de meu pai. Chamam-me de bastardo.

A resposta tocou em cheio o velho Ramassu. Ele se penalizara por ter desterrado a filha e impedido o casamento com Jetur. Agora, seu neto era um bastardo de quem todos zombavam e, em parte, a culpa era dele. Ramassu fitou o moço, que estava genuflexo à sua frente e o chamou para perto. O rapaz levantou-se, andou alguns passos e voltou a ficar de joelhos perante o monarca.

34 | A Saga dos Capelinos

— Sei como você deve se sentir. Você não tem ideia de quem seja seu pai?

— Não, meu faraó. Minha mãe de criação, Thermutis, nada me diz. Apenas repete a história de que, quando eu nasci, minha mãe morreu de parto, em sua casa, em Djanet.

Ramassu meneou a cabeça. Deveria dizer a verdade ou deixar que o tempo se encarregasse do fato? Pensou por alguns segundos, levantou-se, andou pela espaçosa sala e, finalmente, olhou o rapaz nos olhos.

— Ahmose, você não pode mais continuar na corte. Desejo que você saía de Ouaset e conheça o mundo. Case-se com quem desejar e finque raízes onde lhe for mais agradável. Mas, antes de partir, quero que saiba da verdade pelos meus próprios lábios e que nunca a revele a ninguém.

Durante quinze minutos, o velho Ramassu, que reinou por sessenta e três anos, contou-lhe que Thermutis era sua mãe de fato, que ele era o seu neto, de sangue real, e, mais importante, pois disto tudo Ahmose já desconfiava, disse-lhe quem era seu pai: o rei de Sydom, Jetur. Terminado o longo parlatório, Ramassu fitou o silente Ahmose e disse-lhe:

— Estou lhe dando a casa onde você nasceu e mais tudo que nela existe, acrescido de rendimentos anuais que o deixarão viver com folga. Use bem estes recursos e entenda as razões de Estado que existiram para que você fosse sacrificado com o apartamento de seu pai. Aprenda a ser calmo e use sua coragem para fins pacíficos. Não se esqueça nunca de que em suas veias corre o nobre sangue dos Ramassu. Você é filho de reis. Comporte-se como tal.

Ahmose saiu da reunião com Ramassu com o coração opresso. Não sabia se odiava Thermutis por não lhe ter falado a verdade, ou se a amava por ser sua verdadeira mãe. Por outro lado, não sabia se matava o velho faraó por ter estragado a sua vida, ou se o agradecia por ter-lhe contado a verdade e por ter sido extremamente generoso, ao dar-lhe uma residência imperial.

Ahmose conversou secamente com sua mãe, sem contar-lhe a conversa que tivera com o faraó, apenas dizendo-lhe que recebera ordens de afastar-se de Ouaset, indo para a casa em que nascera em Djanet. A mãe quis acompanhá-lo e ele deu de ombros: para ele tanto fazia. Estava profundamente amuado.

O velho faraó, num rasgo de generosidade, permitiu que Thermutis pudesse viajar para Djanet com seu filho e, desta forma, governar a casa onde dera à luz Ahmose. Ele mal dirigiu a palavra à mãe. Estava, cada dia que passava, mais magoado por ter sido enganado por tanto tempo.

Ele agora entendia toda a verdade. Sua mãe entregara-se a alguém; mesmo que fosse de um rei, ele não passava de um bastardo, filho de uma meretriz. Não importava que fosse de sangue real ou não, sua mãe era uma libertina. Foi aos poucos afastando-se dela e, por mais doce que fosse, Thermutis não conseguia mais se relacionar com ele.

A casa era maravilhosa e passara por grande reforma alguns anos antes. Estava magnificamente bem-mantida pelo mesmo eunuco, que os recebeu com grande júbilo. Instalaram-se e Ahmose saiu para ver as redondezas.

Djanet era uma bela cidade de frente para um dos braços do Iterou e a vila onde estavam acomodados dava diretamente para as águas do rio, que desembocava no Mediterrâneo a apenas alguns quilômetros. Ele passeou pela cidade. No mercado central observou o vaivém das pessoas e animais. Havia um grande templo destinado a Seth, irmão e assassino de Osíris, adorado como deus dos trovões e da tempestade. Uma grande imagem de um asno do Sinai representava esse deus colérico na entrada do templo e o seu interior, cheio de devotos, não atraiu Ahmose. Tornara-se completamente ateu.

O porto estava cheio de barcos e Ahmose ficou observando, durante um bom tempo, os escravos carregando pesados fardos, enquanto os feitores faziam cantar os chicotes nos lombos dos mais morosos. Escutou uma língua estranha que reconheceu como fenício e acompanhou com o olhar para onde iam os dois homens que conversavam em voz alta. Uma bela nau fenícia estava ancorada e Ahmose aproximou-se da embarcação, para conversar com

36 | A Saga dos Capelinos

um oficial da galé. Fez uma dúzia de perguntas e, finalmente, partiu satisfeito com as respostas.

No cair da tarde, Ahmose voltou à casa que conhecia tão bem, pois vinha passar as férias de verão quando a canícula em Ouaset ficava insuportável. Duas belas escravas o banharam e o massagearam, e um frugal repasto lhe foi servido como jantar, como ele sempre apreciava. Era de comer pouco e seu corpo esguio, longilíneo e de musculatura estriada parecia não se ressentir da pouca alimentação. Quase não bebia vinho ou cerveja. Preferia manter-se sóbrio e atento, bebendo água. Comeu sua refeição no balcão da casa e pôde observar do alto, à medida em que as luzes do dia diminuíam, ao longe, uma outra cidade sendo erguida no meio do deserto.

No outro dia, sua mente se viu tomada por dezenas de afazeres e uma visita de um tio distante o fez esquecer a cidade que Ramassu mandara construir. O parente era um velho amigo de infância que, sempre que eles vinham, refestelava-se no divã e ficava horas ouvindo Thermutis contando suas intermináveis histórias da corte. Ele era filho de um dos irmãos de Ramassu, portanto mais para primo do que para outra coisa. A verdade é que seus negócios o proibiam de sair de Djanet, e raramente ia à corte em Ouaset. Sua idade regulava com a de Thermutis e o carinho que tinha por Ahmose só era superado por um ardente amor por Thermutis. Ele esperava impacientemente que Ramassu morresse para desposar a bela Thermutis. Nesse ínterim, ele a desfrutava no leito com extremo zelo, fazendo disso um segredo de Estado que Ramassu conhecia, mas para o qual fazia vista grossa. Já era por demais perverso impedir que sua filha se casasse, quanto mais não deixar que desfrutasse um pouco de carinho e amor.

– Quanto tempo pretendem ficar desta vez?

– Pelo que sei, o resto de nossas vidas – respondeu Thermutis.

O homem quase teve uma síncope de alegria e encheu o ambiente de perguntas que exigiram longo detalhamento de Thermutis. Ele estava absolutamente radiante. Fazia dois anos que não se viam e ele tivera algumas concubinas que lhe partilharam o leito, enquanto que Thermutis teve que se abster de sexo enquanto morou em Ouaset.

O caminho estava livre para que Uneg pudesse ficar mais tempo com Thermutis. O único inconveniente era a presença de Ahmose. Era preciso afastá-lo; obviamente, sem violências.

– E você, meu caro Ahmose, o que pretende fazer da vida? Por Rá, ele está um verdadeiro homem, minha cara Thermutis.

– Ora, nem tanto, primo Uneg. Creio que é ainda um rapazote inexperiente.

– A melhor coisa para dar experiência a um homem é o mundo. Solte-o nesse mundão e verá como ele vai amadurecer.

– O que é isso, Uneg? Ahmose não passa de uma criança!

O homem riu e olhou para Ahmose que acompanhava a conversa de forma taciturna.

– As mães sempre acham que seus filhos são crianças. O que você devia fazer era visitar nossas grandes cidades. Você já foi a Perouadjet, Zau, Djedu e On?

– Estive em On de passagem.

– No Hetbenben?

– Sim.

– Todos vão lá. On é muito maçante. Tudo muito sisudo e sério. Já em Banebdjedet, você poderia participar das missas do bode de Djedet.

– Por Bastet! Meu filho não irá copular com cabras – exclamou a mãe, horrorizada, lembrando-se de que, em Banebdjedet, as sacerdotisas copulavam com um bode adulto e os sacerdotes penetravam em cabras durante seus ritos sagrados.

Uneg riu-se a não poder mais, enquanto apaziguava a irada mãe.

– Ahmose não precisa copular com cabras, pois encontrará animais muito mais interessantes – falou Uneg, fazendo com as duas mãos gestos do contorno da cintura feminina.

– Prefiro visitar Sydom – interrompeu o jovem, com voz alta e decidida.

38 | A Saga dos Capelinos

A mãe preocupou-se. Agora que ele sabia de toda a verdade, ele iria correr atrás do pai. Ela o perderia. Uneg, conhecedor das preocupações maternas, respondeu-lhe:

– Bobagens, não há nada em Sydom. Apenas uma cidade sem graça incrustada nos flancos dos morros cheios de cedro. Em Perouadjet, eu conheço as sacerdotisas de...

– Partirei para Sydom amanhã.

Discutir com Ahmose, depois que tivesse tomado sua decisão, era o mesmo que falar com um muro; não havia respostas. Uneg, vendo que era inútil perder seu tempo tentando demover o jovem de sua decisão, pois tal fato lhe convinha de sobejo, dedicou o resto da noite a consolar a mãe, explicando-lhe que não iria perder o filho, pois ele voltaria mais maduro e, quem sabe, mais cordato.

Às seis horas da manhã, Ahmose embarcava no navio fenício que o levaria para Sydom.

Se houve alguma coisa mais detestável do que viajar de navio para Ahmose, ele nunca revelou aos seus amigos; porém, o medo que sentia do mar, o enjoo, os seguidos vômitos e as noites insones foram suficientes para que nunca mais quisesse se aventurar mar afora.

Sydom pareceu-lhe uma bênção dos deuses e, ao descer em terra firme, sentiu-se imediatamente revitalizado.

Dormiu numa estalagem que aceitou seu ouro com certa desconfiança. Dormiu tanto que o estalajadeiro pensou que ele tivesse morrido. Acordou dois dias depois e comeu um enorme naco de pernil de carneiro, pagando regiamente pelo repasto. Conseguiu um local adequado para tomar banho e refrescou-se com a água fria.

Saiu para visitar a cidade ridiculamente pequena em comparação com Ouaset, ou mesmo Djanet, mas limpa e muito branca. Uma manhã foi o suficiente para conhecer o lugarejo e, na hora do almoço, sua curiosidade já quase completamente saciada, sentou-se no mercado e passou o tempo escutando as histórias de mercadores. Aos poucos, foi se interessando por longínquas plagas que lhe enchiam os ouvidos e faziam sua mente juvenil excitar-se.

Nínive, Assur, Nimrod, Babilônia, Ur, Haran, Damasco, Lagash, Washukanni eram lugares de que ouvia falar pela primeira vez. No Kemet, com seu xenofobismo exagerado, nada que ficasse fora do vale e do delta do Iterou tinha importância. Descobria agora que existia um mundo fascinante, além de sua terra natal.

No final da tarde, dirigiu-se ao palácio e perguntou ao guarda, com um fenício estropiado, se era possível falar com o rei Jetur. Os soldados riram-se dele e lhe disseram que voltasse algum outro dia. Ahmose, um jovem aparentemente calmo, combustava-se com facilidade quando era tratado com desrespeito. Os soldados escutaram o moço com sua voz de trovão dizer que vinha a mando da princesa Thermutis, filha de Ramassu II.

Ora, Ramassu era um nome muito conhecido, o verdadeiro mandatário da região, e o moço parecia ser importante, com suas roupas caras e seu sotaque kemetense. Um dos soldados foi até o interior do palácio e, após quinze longos e angustiantes minutos, reapareceu com um homem que parecia ser o segundo em comando.

Depois das apresentações, Ahmose foi levado para dentro do palácio e, após andar um pouco por corredores sombrios, foi introduzido na sala do rei Jetur. Era um homem alto, de quarenta anos, que ainda mantinha elegância e máscula beleza. Ele olhou para Ahmose com grande desconfiança e reconheceu-se no filho. De longo tempo sabia que tinha engravidado Thermutis, pois ela mesma o dissera no seu último encontro com a princesa.

Depois de sua saída de Ouaset, ficara sabendo por línguas viperinas que a princesa adotara uma criança nascida de uma serva e dera-lhe o nome de Ahmose. De lá para cá sua vida mudara tanto que a antiga paixão por Thermutis arrefecera e fora substituída por amores mais maduros com mulheres menos perigosas do que a filha de um faraó. Havia casado com uma princesa cananeia, tendo dois filhos varões, ainda infantes.

– Quem é você? – perguntou Jetur, após receber as homenagens de praxe do jovem Ahmose.

40 | A Saga dos Capelinos

– Sou Ahmose, filho de Thermutis com um jovem príncipe que morou na casa do meu avô, o grande Ramassu. Esse príncipe, filho do rei de Sydom, tornou-se um grande rei e, hoje, eu tenho a grande honra de conhecê-lo.

Jetur olhou para Ahmose e sentiu um frio na espinha. O jovem era decidido como um falcão no mergulho atrás da caça e tinha o olhar mais glacial que jamais vira. Suas palavras podiam ser respeitosas, mas seu coração era um bloco de gelo e sua mente, uma fornalha viva.

Jetur não gostou do filho assim que o viu, mas, por deferência a um antigo amor, levantou-se e o abraçou como se estivesse recebendo um importante embaixador plenipotenciário de terras distantes. Fora seco e cortês, convidando o filho a ficar em sua casa pelo tempo que desejasse. Ahmose agradeceu e mudou-se no mesmo dia com seus pertences para o palácio do pai.

Ahmose passou dois meses em companhia de Jetur, e, nesse período, o fosso que os separava só fez se abrir ainda mais. Mal se toleravam. A voz um pouco empostada do rei irritava Ahmose e a frieza do jovem aborrecia o monarca. Nunca discutiram por nada, apenas mantinham um convívio distante.

Jetur apresentou de chofre seus outros filhos, todos mais moços do que Ahmose, e, como se quisesse lhe dizer que não teria direito ao trono, afirmou-lhe que nasceram de casamentos legítimos ordenados por Ramassu.

Ahmose sabia aceitar uma afronta quando lhe era necessário e, nesta hora, reprimiu o ódio que sentiu. Suas faces chegaram a ficar lívidas, mas colocou um belo sorriso nos lábios e abraçou os irmãos menores com aparente fraternidade. Odiou-os assim como aprendera a odiar o pai. Depois disso, cada dia que passava no palácio tornava-se intolerável. Era preciso partir incontinenti.

Resolveu visitar as cidades fabulosas de que ouvira falar pelos mercadores. Durante os dois meses que passara em Sydom, deixara a barba e o cabelo crescerem. Sua cabeça cercilhada encheu-se de cachos anelados, que começaram a nascer em profusão.

MOISÉS, O ENVIADO DE YAHVEH | 41

A despedida de pai e filho não podia ter sido mais tensa. Jetur alegrou-se com a partida do filho bastardo que só complicações familiares lhe havia trazido.

Ahmose tinha algumas riquezas que o permitiriam viver por algum tempo, mas, em breve, deveria ganhar o sustento ou voltar para casa e viver despreocupado. Durante alguns meses, Ahmose viajou pelo Oriente exótico. Conheceu Byblos e foi até Kadesh, na Síria, onde seu avô, Ramassu, havia empatado a batalha com Muwatalu, o imperador hitita, numa memorável batalha de carros de guerra. Cada lado alardeou vitória, mas ninguém saíra vitorioso de Kadesh.

De lá, Ahmose seguiu para Emat, descendo para Ugarit, onde tomou conhecimento do que era trabalho, pela primeira vez na vida. Seus recursos tinham acabado e ele estava faminto. Ofereceu-se numa estalagem. Com seu arameu tosco e incompreensível, conseguiu um prato de sopa rala e uma cama cheia de percevejos e outros insetos, que o incomodaram. Para fazer jus a essas benesses, foi obrigado a varrer o quintal, cortar e empilhar madeira e, finalmente, o mais desgostoso de todos os trabalhos, limpar o chiqueiro dos excrementos dos animais. Nesse momento, Ahmose chegou à conclusão de que, se viajar era bom, sem dinheiro era um desastre.

A melhor opção seria apresentar-se nos templos como monge de Ouaset, o que, em parte, ele era, já que tivera fina educação e, em parte, não, por não ter praticado os santos ofícios e ter assumido os votos sacerdotais. Mas quem o denunciaria a quilômetros de distância?

Saiu de Ugarit em direção a Haran, onde se apresentou num templo, sendo recebido com desconfiança. Deram-lhe comida e abrigo no exterior do templo e, dois dias depois de sua chegada, o sumo sacerdote veio falar com ele. Os dois se entenderam em aramaico com certa dificuldade.

O sumo sacerdote, um homem baixo, levemente curvado pelo peso dos anos, de cabelo branco, desconfiou de Ahmose por não ter o porte de um monge kemetense e disse-lhe que já tinha visitado, quando jovem, a cidade de On, conhecendo o Hetbenben.

42 | A Saga dos Capelinos

Ahmose explicou-lhe que estava viajando em estudos e penitência e que também conhecia o famoso mosteiro. Este fato facilitou a vida de Ahmose, que logo foi levado para dentro do templo e servido de vinho doce com água e pães frescos.

Durante uma semana o sumo sacerdote perguntou a Ahmose todos os detalhes da barca de Rá, dos antigos e da mágica que utilizaram para construir as pirâmides. Ahmose saciou o velho, seja com versões corretas, seja com invenções do momento, que até mesmo o espantavam; ele mesmo não sabia que tinha imaginação tão rica.

Na partida, o novo amigo aconselhou-o a não subir mais em direção ao nordeste; eram terras hititas e um kemetense não seria bem recebid. Em Haran, pela primeira vez, escutou falar de um deus de guerra e vingança, um deus terrível chamado Yahveh. Não lhe prestou a menor atenção, pois conhecia milhares de deuses e todos muito cheios de pecados humanos. Ahmose ainda pensou que até mesmo Seth, o deus da tempestade, não era tão vingativo e terrível como aquele deus de Haran.

Seguindo os conselhos do velho, Ahmose dirigiu-se para Carchemish, na terra dos horreus, e lá ficou tempo suficiente para descer o Eufrates até a Babilônia. Para fazer jus à viagem gratuita, trabalhou carregando sacos de grãos e levando carneiros para dentro da embarcação.

Na Babilônia, desceu do barco e procurou o grande templo de Samash. Só que desta vez tonsurou a cabeça, fez a barba, tirou suas roupas mais ricas e apresentou-se como monge do Hetbenben em viagem de estudo e peregrinação aos lugares santos, entre os quais a Babilônia.

O sumo sacerdote, um amorita de fina estirpe, nobre com acesso ao trono, deslumbrou-se com a figura majestática de Ahmose. Como andara pelos desertos, trabalhara fisicamente de forma árdua e comera pouco, estava esbelto, com seus músculos ainda mais saltados e definidos. Antoramapael ficou encantando em conhecer tão bela figura e logo o levou aos seus aposentos particulares, onde o cumulou com frutas, vinhos de jarras frescas e uma deliciosa papa

Moisés, o Enviado de Yahveh | 43

de aveia com avelãs. A dificuldade linguística foi superada, pois o amorita conhecia de sobejo o copta. Falava com fluência e seu sotaque menos gutural não impedia Ahmose de entendê-lo.

Antoramapael amava os homens belos, de forma quase possessiva, mas não mantinha nenhum contato físico com eles, tendo inclusive ojeriza a qualquer manifestação sexual. Ao ver Ahmose, o sumo sacerdote apaixonou-se perdidamente. O jovem sentiu que agradara em cheio e estava disposto a se aproveitar deste fato. No entanto, em momento algum, Antoramapael fez qualquer avanço em sua direção, contudo fazia todas as vontades do jovem.

Ahmose descobriu, na Babilônia, os mais estranhos ritos de magia negra e de necromancia. Antoramapael era um bruxo extraordinário, tendo poderes psíquicos nunca dantes vistos pelo jovem. No entanto, para surpresa e gáudio de Ahmose, ele aprendeu a lidar com as forças espirituais com rara maestria.

Numa sessão comandada por Antoramapael, Ahmose viu uma nuvem cinza que, com dois ou três pequenos relâmpagos, tornou-se límpida como a luz do dia; um homem de idade madura apareceu no meio da luminosidade e sorriu-lhe satisfeito. Depois dessa primeira visão, Ahmose continuou tendo visões cada vez mais claras, que o deixavam atordoado. Ele tinha uma vidência – capacidade de ver os espíritos – que chocava o sumo sacerdote, assim como ele próprio, seja pela clareza, seja pela precisão das mensagens transmitidas pelas almas. Nunca manifestara esse dom no tempo em que estivera no Kemet. Tal fenômeno iniciou-se na Babilônia, e nunca mais o deixaria.

Os espíritos que se apresentavam durante as cerimônias variavam desde almas de pessoas mortas que voltavam para dar mensagens de consolo aos vivos, até as de demônios abomináveis, que precisavam ser conjurados com grande determinação. Ahmose, no início, se assustara com as visões dos diabos deformados, mas descobrira que, por alguma razão, nenhum o atacava.

Não sentia raiva ou aversão por eles. Em alguns casos, ele até se sentia enredado em suas escabrosas histórias. Sim, porque as al-

44 | A SAGA DOS CAPELINOS

mas falavam com ele, contando os motivos da perseguição a certas pessoas, quase sempre tão iníquas quanto os próprios demônios.

Antoramapael ensinou-o sobre esconjurações e espíritos, magias invocativas e como a natureza era regida por espíritos elementais primitivos, que podiam ser convocados para fazerem certas atividades. Mas só em casos extremos, pois eram como cachorrinhos que podiam se agradar do dono e nunca mais se afastar. Além disso, explicou que atrás desses elementais podiam vir espíritos tenebrosos, que iriam atormentá-lo e levá-lo à loucura, à destruição e à morte.

Durante dois anos, Ahmose viveu em companhia de Antoramapael como seu discípulo e amigo. Falaram de inúmeras coisas e, numa determinada época, o sumo sacerdote, que era muito intuitivo, disse-lhe:

— Tive uma visão sobre você. Você foi feito para ser um monarca e os deuses me dizem que você é filho de reis. Sua passagem por aqui será breve e deverá partir assim que a lua eclipsar o sol. Irá em direção à cidade sagrada de Ur, onde subirá no alto zigurate de Nanna, rezará para os deuses que ainda não renasceram e voltará para sua terra. No caminho, entretanto, deverá passar por uma prova, e somente após tal fato é que poderá retornar à casa. Lá chegando, procure o faraó, que o receberá de braços abertos, pois você chegará na hora certa de livrar sua terra de uma grande perplexidade.

Ahmose há muito não ria mais das profecias de Antoramapael. Se o sacerdote dizia, iria acontecer. Ele estremeceu de um súbito frio, que invadiu a sala onde os dois estavam em meditação. Levantou-se e saiu, indo até os aposentos de um outro sacerdote que tinha como função ler as estrelas, e perguntou-lhe quando seria o próximo eclipse solar. O homem vasculhou vários manuscritos e, com um sorriso de satisfação, encontrou o que queria.

— Dentro de trinta e dois dias haverá um eclipse total do sol, de tamanha intensidade que o dia irá virar noite e as almas dos mortos se levantarão de seus túmulos, os coxos andarão, os cegos voltarão a ver e os loucos ficarão sãos – profetizara o velho monge, cheio de sagrada empáfia.

Realmente, com uma precisão de fazer inveja a qualquer astrônomo, o eclipse se deu no dia e hora marcados pelo velho.

Antoramapael olhou para Ahmose e, com os olhos em lágrimas, disse-lhe:

– Vá. Parta para o seu destino e seja feliz. Você é o bendito dos deuses.

No mesmo dia, na parte da tarde, Ahmose pegava uma barca para Ur, desta vez como passageiro e com recomendações ao sumo sacerdote de Nanna. O único fato interessante que aconteceu foi um ladrão vulgar ter sido pego em flagrante e surrado pela turba enfurecida, perto das docas babilônicas. Ao ver sangue rolar, Ahmose se deu conta de que tivera o seu primeiro contato com a morte. Vivia num mundo hostil, mas nunca vira alguém ser morto ou assassinado.

A viagem foi rápida e segura. Num dado instante, a pequena embarcação saiu do Eufrates, metendo-se por um canal construído há mais de mil anos e mantido por mãos conscienciosas. Durante alguns quilômetros, o barco deslizou pelas águas calmas e escuras do canal até chegar a uma cidade grande, maior do que Djanet, provavelmente mais espalhada do que Ouaset.

Ur era toda murada com ameaçadores torreões e, destacando-se no centro da cidade, ostentava uma construção absolutamente gigantesca: o grande zigurate de Nanna, que se assemelhava à pirâmide de Khufu, em Gizeh.

O navio atracou e Ahmose desceu, atravessando a vasta cidade. Do porto até o templo, teve de cruzar a cidade, que fervilhava das pessoas mais interessantes que jamais vira. Havia mercadores elamitas, guerreiros citas com seus arcos recurvos, medos, parthos, assírios com seus cabelos encaracolados e barbas quadradas, além de hititas, horreus, amoritas e sumérios. Ur era uma cidade cosmopolita por excelência. Cidade portuária, ligava Sumer à Índia dos arianos e dos dravidianos, ao Kemet, pela rota do mar Ver-

46 | A Saga dos Capelinos

melho, e ao resto do mundo por caravanas para todos os lugares. Um kemetense passaria despercebido naquela multidão colorida e ruidosa onde em cada rua podia se encontrar uma infinidade de línguas e de tipos físicos.

O templo de Nanna era uma construção bem diferente da pirâmide kemetense. Era um prédio enquanto que sua contraparte africana era um monumento. No interior, existiam oficinas, depósitos, salas de leitura e espaços para o culto e reuniões. O local de culto era alcançado por uma enorme escadaria e, no topo, existia um templo menor que era o verdadeiro santuário de Nanna, deus da lua.

Ahmose procurou pelo sumo sacerdote e foi encaminhado para um assistente secundário que o escutou educadamente, fazendo grande força para entender o seu tosco amorita, misturado com aramaico e com uma ou outra palavra copta. Finalmente, pediu que esperasse numa antecâmara. A antessala era ventilada, estando a mais de vinte metros de altura, o que permitia descortinar-se toda a cidade e parte da campanha circunvizinha.

O tempo demorou a passar. Seis horas depois, quando o sol começava a cair, Ahmose estava aborrecido, cansado e entediado. Uma voz atrás dele o trouxe de volta do mundo dos sonhos com os olhos abertos.

– Nobre Ahmose, é uma honra tê-lo em nosso templo.

O jovem saltou de sua posição sentada e virou-se para ver uma das mais belas mulheres que jamais tivera a oportunidade de ver em sua vida. Ela tinha cerca de um metro e oitenta, cabelos louros como uma espiga de trigo, de olhos verdes radiantes e uma pele rosada, levemente queimada do sol. Ahmose, aos vinte e três anos, nunca tinha visto tamanha beleza e elegância em alguém. Ela vestia uma túnica justa que lhe desenhava o corpo de forma voluptuosa e mostrava um colo generoso e ancas bem-proporcionadas. A moça deveria ter perto dos trinta anos e exsudava por todos os poros uma energia sexual que deixara Ahmose fascinado.

Ele não foi capaz de articular nenhuma palavra. Fora tomado de surpresa por estar em profundo devaneio quando ela entrou, e depois pela imprevista e fascinante beleza. Nunca vira alguém louro na sua vida. O máximo que já tinha visto eram os citas, com seus cabelos castanhos, e alguns árias. Não havia nórdicos naquela região e Ahmose não sabia de onde ela poderia ter vindo.

Ela sorriu e tomou-o pelo braço, dizendo-lhe:

– Venha. Vamos acomodá-lo melhor. Sou Hyzelda e estou aqui para servi-lo.

Ahmose deixou-se conduzir pelos longos corredores, subindo e descendo intermináveis escadas interiores, até alcançar um conjunto de celas pequenas, onde foi introduzido por Hyzelda.

– Esta será sua cela. Poderá meditar, escrever, ler e fazer outras coisas mais agradáveis.

Hyzelda dissera isso, enfatizando com certa malícia as últimas palavras. Seria uma promessa?

– Aguarde aqui. Iremos providenciar bebida e comida e poderá descansar o dia de hoje.

Descansar? Era só isso que fizera o dia inteiro. Estava cansado de não fazer nada. Desejava ação. A moça saiu e Ahmose se deu conta de que não dissera nada, ficando com aquele olhar de beócio a fitá-la o tempo todo. Que triste figura fizera com a bela Hyzelda! Quanta parvoíce!

Esperou por mais algum tempo até que adormeceu no catre limpo, mas duro. Sua vida em Ur seria realmente monástica, o que ele detestava. Odiava ter que ficar em Ipet-Isout e aprender sobre todos os deuses e sua lendas tolas. Abominava ir a On e ver aquela pantomima do faraó vestir-se de Rá e presidir aquelas assembleias de fanáticos, que se jogavam no chão. No entanto, mudara de ideia depois da Babilônia, pois foi lá, na presença de Antoramapael, que começara a ver os espíritos dos mortos. A vidência o transformara de forma especial.

Duvidara, no início, crendo ser um embuste do sumo sacerdote, mas quando os mortos falavam coisas das quais ele não tinha a menor ideia, e nem mesmo Antoramapael, passou a crer que havia algo mais. Os demônios o assustaram a ponto de vomitar de medo

48 | A SAGA DOS CAPELINOS

no princípio. Com o tempo, viu que suas carantonhas de meter medo eram apenas a exteriorização de suas degradações interiores e não se preocupou mais. Além disso, os diabos pareciam respeitá--lo, não se aproximando demais. Antoramapael dissera-lhe que os espíritos caliginosos respeitavam seu guia espiritual, que ele chamava de o seu deus pessoal. Até conhecer Antoramapael, Ahmose fora ateu; no entanto, depois de ver os espíritos com tamanha nitidez, mudou radicalmente de opinião. Se existiam espíritos, deveriam existir deuses; se eles existiam, deveria existir um que seria o grande criador de tudo. Aos poucos, usando seu raciocínio e sua vidência, Ahmose tornava-se teísta.

No outro dia acordou moído da cama dura e sentiu saudades da Babilônia, onde Antoramapael o vinha acordar com um desjejum completo e com seu carinho de quase esposa. Olhou em volta e saiu da cela para um corredor escuro, quase tropeçando em vários corpos que estavam jogados ali. Eram os escravos do templo que não tinham a mesma regalia de dormir numa cela e num grabato. Dormiam espalhados pelo chão.

Pulando os corpos estendidos e guiando-se por uma claridade no fim do corredor, dirigiu-se para a luz. O sol saía, ainda tímido, por trás do horizonte, lançando seus raios majestosos pelo céu.

Ahmose tinha um bom olfato. Sabendo que os cozinheiros deviam estar preparando pães, deixou-se guiar pelo odor até uma ampla cozinha onde um forno ardia abrasadamente. Havia pão quente sobre uma mesa e dois padeiros entretidos em seu nobre ofício. Ahmose pigarreou para chamar a atenção. Somente um dos dois obreiros virou-se e, vendo uma figura esguia, alta e tonsurada, acreditando estar perante alguma patente sacerdotal desconhecida, curvou-se em humilde prosternação e ofereceu-lhe pão.

Era tudo o que Ahmose, esfaimado, sem nada no estômago por dois dias, desejava. Lançou-se voraz sobre o grande pão circular e, dividindo-o com a mão, levou-o à boca. O servente de cozinha assustou-se com tamanho ímpeto, o que o fez recuar dois passos, esbarrando no outro padeiro, que segurou o golpe e praguejou como

MOISÉS, O ENVIADO DE YAHVEH | 49

uma meretriz. Ahmose aproveitou o ato grotesco para esgueirar-se com o pão inteiro, fartando-se a não mais poder.

No final da manhã, após passear pelo templo e pela praça contígua, Ahmose voltou para o almoço. Entrou no templo e procurou por Hyzelda. Após demorada busca, encontrou a diva sentada em uma sala aparentemente só para mulheres. Com olhar zombeteiro, ela o recriminou por ter se evadido do templo, sem dar-lhe satisfações. As demais mulheres riam-se dele, cochichando sobre seu porte e seus modos diferentes. Finalmente, Hyzelda levantou-se e resolveu mostrar-lhe todas as dependências em que ele podia entrar e as que eram reservadas às mulheres. No fim do dia, levou-o para conhecer o sumo sacerdote, que estivera fora por dois dias, visitando suas quintas e resolvendo pendências pessoais.

Há homens que exsudam virilidade e outros que transpiram paz de espírito. Ninartu, o sumo sacerdote, era o típico segundo caso. Suas feições eram serenas, sua fala mansa e seus modos reservados, porém todos de uma masculinidade inquestionável. Era um homem magro e pequeno. Não devia ter mais do que um metro e sessenta. Estava com um saiote branco de linho, cingido-lhe a cintura, estando preso por um cinto de couro, fino e amarrado como se fosse uma corda. Ele olhou para Ahmose e, num átimo, vislumbrou tudo a respeito do rapaz. Tinha uma intuição tão profunda que os conceitos surgiram na sua mente como um relâmpago. Conheceu Ahmose num único relance e tudo ficou claro em sua mente como se alguém lhe houvesse dito quem era e o que devia fazer.

– O que espera de nós, Ahmose?

– Sabedoria.

Ninartu olhou-o de viés e falou:

– O que você espera é adquirir poder e não sabedoria. O conhecimento não deve ser adquirido por diletantismo ou simples acumulação vã. É fundamental que seja dirigido para a melhoria pessoal e coletiva das pessoas. Para tal, conhecimento é poder. Resta ainda a grande questão: como usá-lo corretamente.

Ahmose intimamente irritou-se com o homem. Ninartu sentiu sua irritação no ar como se fosse um choque elétrico. Respondeu-lhe com calma, propositalmente, para irritá-lo ainda mais.

– Você é um ser que se julga superior aos demais e, por isso, a sua situação de nascimento o deixa extremamente irritado, como se fosse uma nódoa em seu imaculado ser. Isto o frustra e não lhe permite relacionar-se corretamente com as pessoas, tornando-o agressivo e cheio de orgulho. Agora você procura adquirir conhecimentos, especialmente mágicos, que o possibilitem impressionar as pessoas e, com isto, demonstrar seu poder e sua superioridade.

Ahmose tinha duas opções: ir embora ou escutar o homenzinho. Como guiado por mãos invisíveis, resolveu prestar atenção e baixar a guarda, sempre levantada, contra as pessoas. Ninartu não falava de forma agressiva. Existia até um certo tom paternal.

– Ahmose, você aprenderá aqui a se controlar, a cuidar dos doentes e a ser dono dos elementos. Terá que sujeitar-se à dor e à fome. Deverá superar todos os seus maus instintos, como a ganância, a inveja e o despeito. Deverá dedicar-se à construção interior, a qual transformará sua grande frustração em força, para mudar o seu mundo. Você deseja superar seus obstáculos? Quer progredir e ficar acima dos simples mortais? Será fiel e disciplinado, dócil ao comando de seus instrutores e usará esses conhecimentos para o bem da humanidade?

A cada pergunta, Ahmose meneava a cabeça em assentimento e, desta curta e objetiva conversa, foi endereçado ao segundo em comando para seu treinamento.

Durante três anos, Ahmose passou a ter uma rotina estafante no templo. Acordava às cinco horas, quando o sol ainda não havia despontado, e ia até a moenda onde triturava os grãos, empurrando uma pesada roda. Depois disso, levava os grãos, colocava-os em sacos e deixava-os prontos para o próximo dia. Tomava seu desjejum e ia ao atendimento dos doentes.

O sacerdote era um misto de médico, psicólogo, conselheiro matrimonial e confidente. As pessoas vinham e sentavam-se

MOISÉS, O ENVIADO DE YAHVEH | 51

com o cura, que quase sempre estava acompanhado de mais dois ou três ajudantes e escutava as queixas das pessoas. Alguns dos visitantes eram verdadeiros endemoninhados que gritavam, gesticulavam e falavam vitupérios abomináveis, sendo trazidos por familiares que os amarravam ou os seguravam fortemente. Nesse caso, eram tratados com orações e águas benzidas, que não davam grande resultado.

Os doentes eram tratados com ervas e unguentos de procedência altamente duvidosa, o que deixava entrever que animais pestilentos ou nojentos deram a vida para que aquelas pastas malcheirosas pudessem ser confeccionadas. Além dos remédios de baixa eficácia, havia as palavras de encorajamento e de explicação ao doente. Na maioria das vezes, sua doença era procedente de seus pecados, de acordo com as esclarecimentos oficiais. Quando alguém dizia que não era culpado de nenhum pecado, a explicação era de que alguma transgressão oculta, provavelmente inconsciente, devia ter sido praticada para que o infeliz sofresse, ou então de que ele estava carpindo os pecados de uma vida pregressa.

Nos anos que passou em Ur, Ahmose transformou a atração sexual por Hyzelda numa sólida amizade. Ele sabia que ela era a esposa de Ninartu, e ela era fiel ao marido. Com o tempo, ganhou a confiança do sumo sacerdote e a amizade nasceu, proibindo cada vez mais que Ahmose se insinuasse junto à beldade.

Ahmose ficou inicialmente como monge ajudante. Escutava as ladainhas dos monges principais e não acreditava nelas. No entanto, havia algo que começava a se movimentar em seu íntimo. Ahmose sempre fora extremamente orgulhoso e egoísta. O mundo girava em torno dele e, se algo não saísse como queria, ficava possuído de fúria e frustração. Por mais que se controlasse, seu interior borbulhava com raiva, desejo de vingança e morte. Ao escutar os queixumes dos fiéis, ele ia se comovendo.

Era uma velha com dores nas pernas que a impediam de andar; uma mãe com um filho doente que não sarava; um jovem que cuspia sangue e cansava-se à toa; e assim por diante. Era um desfilar de misérias e dores diante das quais Ahmose se deixava comover. Acompanhava cada caso, vendo que a mãe voltara com o cadáver do filho para enterrá-lo de acordo com os preceitos, que o tísico fora encontrado morto nos campos e a velha nunca mais aparecera, tendo sido encontrada morta em algum lugar ermo. A morte era sempre a grande vencedora!

No seu tempo de noviciado, que durou seis meses, Ahmose acompanhou um dos monges, um dos mais velhos e mais aparentemente calmos. Na realidade, o sacerdote era um descrente da vida e das coisas espirituais. Entrara para o templo, pois não tinha aptidão para os combates, e muito menos para arar a terra. O sacerdócio era uma forma de vida, um trabalho como outro qualquer. Ahmose se entediava na presença daquele decrépito cura, que passava o dia a recitar velhas formulas mágicas, que não funcionavam.

A situação mudou quando foi estabelecido que seria o atendente principal. No início, as pessoas queriam consultá-lo por ser kemetense e por terem escutado maravilhas daquela terra estranha. Depois, sua fama ganhou Ur e várias cidades vizinhas, visto que, com sua vidência, além de um insuspeitado poder de expulsar demônios, era capaz de dizer coisas com precisão impressionante.

Todas as vezes em que surgia um doente, uma voz que ele escutava nitidamente em sua cabeça dizia-lhe o que fazer e como fazê-lo. Suas curas eram milagrosas. Intuitivamente, postava as mãos sobre o enfermo para permitir que operadores do astral se utilizassem de seus fluidos espirituais para ajudar as pessoas. Isto pode acontecer com qualquer um, desde que haja um mínimo de interesse pelo ser humano, um pouco de amor fraternal.

Se sua fama crescia, o rancor dos demais monges aumentava enormemente, quanto mais que agora privava da intimidade de Ninartu. O sumo sacerdote o treinava pessoalmente, dando-lhe exercícios de concentração, meditação e domínio da mente. Tudo lhe era testado: frio intenso, calor extremo, fome, sede e dor. Ninartu o obrigava a fazer mais força e o submetia a torturas excruciantes. Tudo isso moldava seu caráter, obrigando-o a superar as necessidades físicas e seu temperamento voluptuoso. Foi-se abrandando e se tornando mais humano.

Ahmose tinha longas conversas com Ninartu, que lhe explicava a sabedoria esotérica dos antigos. A principal era sua apresentação dos mistérios. Falava de terras situadas em outras esferas, de seres que tinham vindo de outros mundos, de como moldaram a Terra à sua feição e da grande divindade. Mesmo que Ninartu fosse o sumo sacerdote de Nanna, ele sabia que este deus era apenas uma pequena parcela do Grande, do Imenso, do Construtor. Falava com tamanha paixão do Inefável que Ahmose, um antigo descrente que se modificara, porque passara a ver espíritos com uma nitidez ímpar, passou a crer no Deus desconhecido que não tinha nome.

Para Ninartu, este Deus era El – O –, aquele que É. O sumo sacerdote temia colocar um nome e desvirtuar o conceito. Só havia uma discrepância entre eles; Ninartu acreditava que Deus era um ser presente, alguém que se preocupava com sua criação, um mantenedor da ordem universal; Ahmose já o via distante, indiferente aos destinos humanos, apático pelo sofrimento, deixando que sua obra desandasse ao bel-prazer. Ninartu falava de vidas passadas e Ahmose desconfiava deste conceito.

No final do terceiro ano, a sua situação no templo ficou insustentável. Tudo acontecera porque o lugal de Ur tinha uma filha que vivia doente e ele mandara chamar especificamente Ahmose para tratá-la. O kemetense cuidou da menina, que tinha sido desenganada pelos outros médicos-sacerdotes, e, em dias, ela voltou a brincar nos jardins do palácio. Com isso, sua fama de grande esculápio cresceu e irritou os monges locais.

Numa noite, tentaram atacá-lo com porretes, mas Ahmose conseguiu fugir, mesmo após levar algumas cacetadas, que o deixaram doído por vários dias. Ninartu ficou preocupado, chamou-o e conversaram longamente, concluindo que deveria partir o mais rápido possível. Destacou dois guardas do templo para vigiá-lo enquanto estivesse em Ur.

Ninartu, preocupado com o jovem discípulo, mantinha-o o mais próximo de si possível, com medo de novos ataques. Mantê-lo-ia próximo até o dia em que um barco zarpasse, levando-o até o Kemet. A rota prevista era que o barco circum-navegaria a Arábia, saindo do golfo Pérsico, passando pelo golfo de Oman e mar Arábico, e, finalmente, ingressaria no mar Vermelho, indo até o Kemet. Por mar, levaria um mês para chegar, enquanto que pelo caminho terrestre levaria mais de três meses, se encontrasse uma caravana que pudesse levá-lo. Ahmose aceitou relutantemente, pois abominava o mar.

Na despedida, Ninartu, sempre com sua intuição exacerbada, disse-lhe:

– Antes de ser rei, deverá aprender a servir. O verdadeiro monarca é o que serve ao seu povo. E, para que isso finalmente aconteça, só lhe falta casar.

"Se o casamento tornasse alguém rei, a humanidade estaria cheias de soberanos", pensou jocosamente Ahmose, enquanto a nau se afastava do protegido cais para entrar no canal que o levaria até o golfo e dali para o Kemet, terra de que estava ausente há quase seis anos.

Capítulo 2

A viagem foi tranquila. Ahmose, aos poucos, foi se tornando imune ao enjoo, provocado pelo balançar da pequena nave. Ele ficava olhando a terra, que não estava tão distante, pois a navegação de então consistia em contornar a praia, sonhando em logo chegar ao seu doce Kemet.

Já havia passado quase um período lunar, quando, perto da ponta do Sinai, onde o mar Vermelho se bifurca, a pequena nau foi atacada por duas outras, que surgiram de escondidas enseadas. A perseguição durou cerca de quarenta minutos e o barco acabou encontrando seu destino, sendo abalroado e tomado de assalto. Dois tripulantes foram feridos e jogados ao mar, que logo se coalhou de tubarões que, vorazmente, exterminaram os infelizes. Dois outros tripulantes e mais o capitão, além de Ahmose, o único passageiro, não resistiram e foram poupados pelos piratas, que reviraram tudo na pequena nau que começava a adernar, e transferiram, às pressas, os homens e objetos para os dois botes. Os barcos rumaram em direção ao golfo de Ácaba, lá chegando após dois dias de viagem beirando a costa.

Os dois botes chegaram a Elat, também conhecido como Asiongaber e que, futuramente, teria seu nome trocado por Ácaba, e desembarcaram seu precioso butim. Ahmose, que não foi

56 | A Saga dos Capelinos

alimentado nesses dois dias, deu graças aos céus por descer em terra firme, já que odiava o mar. Sem grandes delongas, os quatro homens sobreviventes foram arrastados para uma espécie de mercado e enjaulados, à espera de sua venda como escravos.

No outro dia, começaram a aparecer caravaneiros especializados em tráfico de escravos para comprarem os homens. O leilão foi característico, com a pregação dos vendedores, os lances de ofertas e os arremates finais. Os primeiros a serem vendidos foram os tripulantes, a preço razoável, já que eram homens fortes e ainda jovens; o capitão da embarcação foi avaliado a preço mais baixo, pois era mais velho. Finalmente, chegou a vez de Ahmose.

Ele não recebeu boa oferta, pois, mesmo tendo boa aparência, com sua cabeça tonsurada não parecia robusto o suficiente para o trabalho braçal. Muitos diziam que não valia nada e que só serviria como eunuco. Quando o pregoeiro notou que havia algum interesse em fazê-lo eunuco, começou a predizer as qualidades excelsas do produto: sabia ler e escrever, pintar, servir à mesa, conhecia várias línguas. Seria, portanto, excelente serviçal para cuidar de um harém. Alguns redarguiram que ele já era velho demais para a operação e, por isso, não merecia bom preço.

Jetro era um homem de cinquenta e poucos anos, com sete filhas e seis filhos. Anualmente, ia de Tabera, em pleno deserto de Sin, ao sul do Sinai, até Elat, para comprar burros, escravos e outras iguarias, aproveitando para vender seus carneiros, considerados os melhores da região. Naquela manhã, na minúscula aldeia de Elat, Jetro observava, junto com seus filhos adultos, a movimentação da venda dos escravos. Havia arrematado uma escrava jovem e bonita, que fora raptada da casa do pai no país de Edom, que serviria de dama de companhia para suas filhas e para os folguedos sexuais de seus filhos. Observou a venda dos tripulantes, não se interessando por nenhum, e quase foi embora quando seus filhos o chamaram. Queriam partir logo, pois a caravana até Tabera estava prestes a sair e levariam três dias inteiros para chegar em casa.

Jetro era o sumo sacerdote dos madianitas, do deserto de Sin. Havia outros grupos de madianitas que navegavam pelos mares desérticos de areia da grande península arábica. eles se encontravam numa grande festa anual. Em Tabera e Haserot, existiam madianitas suficientes para a realização de um culto aos deuses. Eles tinham algumas centenas de ídolos, djins e deuses; no entanto, o mais importante era Beelfegor, um deus cananeu que eles haviam importado há mais de mil anos e ninguém sabia precisar como.

Quando começou a arenga de que Ahmose era velho demais para sobreviver à extirpação de seus testículos, Jetro interessou-se pelo kemetense, imaginando que seria uma excelente oferenda para o deus Beelfegor, que exigia a vida de virgens, crianças e de prisioneiros de alta estirpe. Quanto mais alta a posição social da oferta, mais valor teria para o sanguinário deus que, ao se locupletar, protegeria os fiéis contra as agruras da existência.

O lance era baixo; ninguém queria se arriscar em comprar alguém que mais parecia um monge do que um trabalhador braçal. Jetro deu o lance mínimo e arrematou Ahmose por uma ninharia. Na escala humana, o famoso esculápio de Ur, o vidente da Babilônia, valia menos do que um simples remador de uma insignificante casca de noz que singrava os mares. Ahmose analisou o fato e sorriu da ironia do destino. Ele, que fora paparicado pelo lugal de Ur, agora era vendido, sordidamente, com arengas de que, sem testículos, ele valia mais do que com seus penduricalhos.

A caravana arrastou-se por três dias até chegar a Tabera, onde Ahmose foi instalado ao lado de um aprisco de carneiros. Um dos filhos queria cortar-lhe o pé para que não fugisse, mas Jetro o queria inteiro para o deus. Ele seria imolado, com toda a pompa e dignidade, nas fogueiras de Beelfegor. Ahmose não sabia deste fato e imaginava que fora adquirido para ser um serviçal qualquer. Em sua mente, não havia um instante sequer em que ele não imaginava fugir. Todavia, atravessar o deserto de Farã e de Etam, sem guia ou conhecimento profundo da região seria suicídio. Havia areias movediças capazes de sumir com homem e camelo simultanea-

58 | A Saga dos Capelinos

mente, assim como animais ferozes – chacais – que o devorariam em bandos. Desejava ardentemente a liberdade e nunca dera verdadeiro valor a ela. Pensava que, se conseguisse fugir ou ser solto, nunca mais teria escravos para servi-lo em sua casa.

Ahmose precisava ser convenientemente alimentado para ser sacrificado inteiro ao deus e estar o mais limpo e saudável possível. A festa seria dentro de dois meses e seria preciso que estivesse em perfeito estado. Jetro mandou chamá-lo e explicou-lhe que executaria funções femininas, tais como varrer a casa, lavar a roupa, lavar e arear os tachos e panelas, tirar o leite das cabras e que, se tentasse fugir, seria morto incontinenti ou devorado vivo pelo deserto de Etam, o qual deveria atravessar para chegar a qualquer lugar.

Ahmose entendeu o madianita; era levemente parecido com o aramaico e lembrava o caldeu que se falava em Ur. Não lhe disse nada, nem o que era, nem de onde vinha. Às perguntas indiscretas, meneava a cabeça tolamente como se não tivesse entendido.

No outro dia, Ahmose começou a trabalhar como empregado doméstico e concluiu que o trabalho braçal de uma dona de casa era fatigante, repetitivo e mortal. Quando terminava uma coisa, já estava na hora de começar outra. Aquilo que fora arrumado há menos de meia hora já estava desarrumado novamente. Ele achara o trabalho tedioso e fisicamente fatigante, visto que trabalhara na cozinha o dia inteiro.

A partir da outra semana, além do trabalho doméstico, deram-lhe alguns porcos para cuidar. Ahmose tomou-se de asco. Detestava retirar as fezes, que cheiravam extremamente mal. Se os porcos fossem convenientemente cuidados não precisariam chafurdar na lama e nos excrementos para se refrescarem da intensa insolação. No entanto, eram mal-cuidados e, por isso, sua carne era motivo de doenças terríveis que os orientais não conheciam. Ahmose, um kemetense de boa cepa, portanto limpo por excelência, tomou a si o encargo de lavar a área, cuidar de novos cochos, enterrar algumas carcaças e melhorar a aparência geral.

Jetro gostou do seu trabalho e começou a exigir mais atividades, especialmente em relação ao gado. Ele perdera muitos terneiros por falta de cuidado. Passou este encargo para Ahmose, que montou, em algumas semanas, uma abegoaria adequada que protegia os recém-nascidos do sol abrasador e do frio cortante da noite. As vacas, pelo fato de se sentirem protegidas contra predadores naturais do lugar, passaram a dar mais leite para as suas crias como também aos humanos.

Faltava uma semana para a festa de Beelfegor e Ahmose continuava a ignorar que seria a *pièce de résistance* da solenidade. Numa das noites que antecedia a cerimônia, Jetro adormeceu e sonhou. Beelfegor, conforme aparecia nas imagens, surgiu em todo o seu esplendor e majestade e, com uma voz que parecia um trovão, disse-lhe:

– Não sacrificarás o filho do Iterou. Ele pertence a outro deus e não o desejo para minha companhia.

Jetro acordou assustado, suando frio e com a impressão de que o tonitruante deus estava em seu quarto. Não iria imolar Ahmose; no seu lugar, sacrificaria um edomita, recém-capturado, um homem ruivo e peludo, que não escondia ter sangue de Esaú.

No dia da solenidade, o edomita pereceu nas chamas perante a imagem de Beelfegor enquanto que Ahmose, horrorizado, o via debater-se e urrar de dor durante mais de dez minutos. A turba ensandecida, embriagada de vinhos, bradava de satisfação, acreditando que, com isso, o deus Beelfegor iria satisfazer-se e, apaziguado, não levaria ninguém da tribo para seu reino de morte.

Jetro ficava cada vez mais feliz com as atividades de Ahmose. Pelo fato de ser lesto e eficiente, o cumulava com mais e mais tarefas de que o kemetense desincumbia-se sem choramingar. Foram quatorze meses de um profundo labor que ocupava mais de doze horas por dia, sete dias por semana. Ahmose fortalecera seu espírito com trabalho edificante e muita meditação sobre o mundo e a vida cambiante do homem.

Uma das filhas de Jetro, com doze anos de idade, começou a ter ataques parecidos com a epilepsia. Era a caçula das meninas e filha temporã de Jetro, que tinha por ela um amor quase doentio. Os ataques da moça eram uma mistura de obsessão espiritual com

60 | A Saga dos Capelinos

uma disritmia cerebral paroxística sintomática. Quando o espírito obsessor aproximava-se dela, sua nefasta vibração desencadeava um processo mórbido inconsciente que emitia vibrações disrítmicas nos neurônios encefálicos e gerava o ataque. Os madianitas não eram como os gregos e romanos que viam na epilepsia uma manifestação de um poder divino, nem a chamavam de 'a doença sagrada', como os kemetenses. Acreditavam que um espírito demoníaco, um djin, havia se apossado dela. Jetro ficara ensandecido com o estado psicótico da filha. Nada havia que a curasse.

No segundo dia em que a moça teve convulsões, Ahmose entrou na casa principal onde repousava a jovem menina Yasmina e, com sua vidência privilegiada, observou a movimentação de alguns espíritos de baixo talão. Era uma súcia de oito indivíduos, cada um mais demente e desvairado do que o outro. Somente dois estavam conscientes de seu estado espiritual; os demais infelizes eram usados pelos dois biltres, que comandavam o espetáculo. O mais arguto dos dois notou que Ahmose era capaz de vê-los e, zombeteiro e desaforado, gritou numa língua que lhe era desconhecida algumas afrontas. No mesmo dia, Yasmina teve três ataques em menos de oito horas e Ahmose pôde ver nitidamente como se processava a obsessão.

Um dos biltres 'colava' um dos infelizes espíritos dementados nas costas da mocinha que, em breves minutos, equiparava sua vibração com a dele. Era como uma chaleira colocada ao lado de um fogaréu. Alguns minutos depois, a moça entrava em convulsões aterradoras, debatendo-se incontrolavelmente. O pai vinha depressa acudi-la e gritava palavras de ordem para os djins que ele imaginava, acertadamente, que deveriam estar presentes, os quais riam-se a não mais poder e incrementavam ainda mais os assaltos à pobre moça.

No terceiro dia, além dos ataques cada vez mais potentes da moça, objetos começaram a se mexer. Ahmose pôde ver como um dos espíritos retirava fluido vital da moça pelos seus vários orifícios – nariz, boca e assim por diante – e envelopava um determinado objeto. Depois desse procedimento, o obsessor mentalizava o movimento que desejava impregnar e o objeto se mexia. No início, eram pequenos movimentos, estalidos, barulhos leves. No decorrer do dia, à medida que foram obtendo maior força energética da menina, os fenômenos foram se intensificando perigosamente. Objetos voavam, fogo era visto surgindo do nada nas roupas e em objetos inflamáveis, enquanto a família, atordoada, corria de um lado para outro.

Num dos ataques, Ahmose aproximou-se para ver melhor e viu o pai, desesperado, tentando segurá-la enquanto que Yasmina se debatia furiosamente. Ele, apiedado com a situação da moça, virou-se para o djin principal e lhe disse com voz firme, sem grande alarde:

– Basta. Retire-se com sua tropa de deformados.

Ahmose, naturalmente, não tinha poderes para fazer com que os espíritos se retirassem. Na realidade, aquelas palavras foram pronunciadas por um guardião astral, que viera a mando dos espíritos superiores acudir a moça e, desta forma, obter benesses para Ahmose.

Na hora em que falou isso, a moça parou de forma instantânea de se estrebuchar. Ahmose, mentalmente conduzido pelo guia espiritual, aproximou-se da moça e passou a mão na fronte molhada de suor. No mesmo momento ela abriu os olhos. Ahmose ajudou-a a se levantar e ela, fitando-o nos olhos, ergueu-se e abraçou-o comovida.

Jetro, estupefato, e mais alguns filhos e filhas presentes imaginaram estar diante de um poderoso feiticeiro. Nesse momento, no plano astral, uma dúzia de guardiões e mais outros obreiros capturavam os dois diabos e sua coorte de aleijões mentais, que seriam levados para instituições socorristas que lhes prestariam todo o auxílio para voltarem ao normal.

Ahmose levantou a moça com facilidade e a levou para seu leito, receitando-lhe uma dieta especial. Falava com autoridade de quem era médico, sacerdote e mago, e todos lhe obedeceram imediatamente. Daquele dia em diante, Jetro passou a vê-lo com outros olhos e, chamando-o, disse:

62 | A Saga dos Capelinos

– Minha crença me obriga a tê-lo como escravo por sete anos. Depois desse prazo, você será livre para ir para onde quiser. No entanto, vi o que você fez com Yasmina e lhe serei grato enquanto viver. Para demonstrar a minha gratidão, dar-lhe-ei liberdade parcial. Para todos os efeitos, você continua sendo meu escravo, submetido à minha vontade. Mas, para os outros, você será considerado como um liberto, um homem livre.

Ahmose curvou-se humildemente, pois conhecia a fúria e a ignomínia daquele povo que sacrificava pessoas vivas a um deus sanguinário. Preferia continuar humilde e subserviente do que desaforado e morto.

– Só posso lhe agradecer, mestre Jetro. Sou-lhe imensamente grato por tudo o que tem feito por mim.

– Ouça, Ahmose, sei que você é um poderoso feiticeiro. Imagino que deve ter caído em desgraça temporariamente com o seu deus, do contrário não seria escravo na casa de ninguém. O meu deus reconheceu em você alguém de grande poder e desejo aliar meu sangue ao seu, e dele retiraremos um varão de grande poder mágico.

A vida não parava de surpreender Ahmose. De escravo passava à condição de semiliberto e, agora, estava prenunciando que Jetro seria seu sogro. Estranho destino! No entanto, Ahmose tinha profunda aversão pelos madianitas em geral. Achava suas mulheres excessivamente lascivas e desbocadas, rindo-se descaradamente de tudo e de todos. Os homens eram sujos, depravados, sanguinários e tinham o olhar fescenino. Aliar-se com uma mulher madianita seria motivo de desonra e nojo para qualquer kemetense bem-nascido. Mas o momento não admitia subterfúgios nem precipitações. Na realidade, se lhe fosse oferecida alguma das filhas, deveria aceitar como se fosse o mais belo dos regalos.

– Tenho uma filha na flor da idade, de ancas largas e seios fartos, tudo indicando que será boa parideira, que lhe cederei pela paga de sete anos adicionais de trabalho, assim que terminar os cinco anos que faltam.

MOISÉS, O ENVIADO DE YAHVEH | 63

"Situação extrema. Se eu recusar, corro o risco de ser morto por esse povo impiedoso; se aceitar, terei que ficar aqui mais doze anos", pensou Ahmose.

– Para que você não diga que não lhe dei nada e o obriguei a tudo, dar-lhe-ei trinta cabeças de ovelhas, doze vacas e seis camelos. Com isso e sua diligência, terá oportunidade de sustentar minha filha, meus futuros netos e ainda me pagar pela mão de Séfora.

Ahmose sorriu como aceitando plenamente a escolha de Jetro, mas sabia o motivo de o velho astuto arranjar-lhe um casamento com Séfora. De todas as filhas de Jetro e dos madianitas, Séfora era de longe a mais afoita e lasciva. Perdera a virgindade para um estrangeiro e, desde então, andara com metade dos homens da tribo. Engravidara e tivera um filho, que Jetro, muito cuidadoso, mandara matar, desaparecendo com a prova da leviandade explícita da moça.

Ahmose conhecia a história e, se exteriormente sorria, interiormente lastimava. Essa era a paga e o castigo por ter saído de sua casa em Djanet e passado todos estes anos em viagens, abandonando uma mãe dedicada e um lar abrigado das intempéries da vida.

O casamento com Séfora foi extremamente complicado. Apesar de achá-lo belo e desejável, não o queria por ser um escravo. Mesmo sob o pretexto de ser libertado, a moça dizia que era um liberto e não um homem livre. Jetro resolveu a situação e convenceu a moça a aceitá-lo, depois de lhe aplicar uma brutal surra com um grosso bastão.

A cidade riu-se dos dois, um por ter sido forçado a casar e o outro por casar com pessoa tão degradante. Neste caso, não importava quem era quem, pois ambos foram forçados ao casamento e ambos eram aviltados, uma por ser leviana, e o outro, um simples escravo.

A obviedade só é característica do passado. Depois que os fatos acontecem, sempre haverá alguém que irá dizer que ele tinha previsto ou que sabia que isto iria acontecer. Séfora e Ahmose foram feitos um para o outro, em detrimento da opinião de todos, inclusive do próprio Jetro. A primeira noite do casal foi magnífica e ambos conseguiram um relacionamento imediato tão perfeito

64 | A Saga dos Capelinos

como se já estivessem juntos há um certo tempo. Ahmose não estava preocupado com os outros homens da vida de Séfora, pois não a amava. Com o tempo, o relacionamento dos dois foi se tornando tão profundo e intimista, que nem Séfora jamais dormiu com outro homem, nem Ahmose preocupou-se com o fato, vindo a desenvolver verdadeiro amor pela bela madianita.

Os anos foram se passando e Séfora demonstrou não ser uma boa parideira, afinal das contas. Só teve um único filho, que Ahmose chamou de Gersão, um garoto robusto. Ahmose, que não conhecia a circuncisão, não permitiu que Séfora a fizesse em seu filho, dizendo-lhe que não era o costume de sua terra.

Ahmose era bom pastor e seu rebanho cresceu de forma normal. Ia junto com os outros homens a Elat para negociar seu rebanho e procurava ficar afastado do mercado onde negociavam escravos, visto que tinha horror a este lamentável espetáculo. Um belo dia, no entanto, foi atraído por um forte alarido na praça e lá chegando viu um dos seus cunhados lutando contra outro homem. A desavença era por causa de um empate no preço. Gamal, seu cunhado, achava que era o vencedor e o estranho achava que era ele.

Ahmose correu para o local e, enquanto todos incrementavam a luta, ele os apartou e os fez conversar. Naquele momento, concluíram que nem um nem outro levaria o escravo. O vendedor de escravos, esbravejando, disse para Ahmose:

– Veja o que você me arranjou. Eu tinha dois compradores e agora não tenho nenhum. Como fico eu nesta história?

Ahmose, irritado com a admoestação pública, gritou:

– Compro eu este escravo e está terminado.

Jogou algumas moedas de ouro, fruto de seu trabalho, e só depois de pago é que foi ver quem ele tinha comprado.

O homem possuía praticamente a sua idade, sendo alto para a época – um metro e oitenta e cinco. Tinha os cabelos castanhos-escuros levemente ondulados com laivos rubros, pele branca com salpicos de ferrugem, denotando ancestrais indo-europeus, e olhos vivos castanhos claros. Era um homem imponente, vestido com roupas estranhas, parecendo vestimentas cerimoniais, com uma barba magistralmente bem-cuidada. Havia uma certa semelhança física entre eles, pois Ahmose também era da mesma altura, porém mais magro e longilíneo. Tinha o cabelo e a barba negra, levemente revolta, mas seus olhos e boca tinham a mesma força e determinação.

Ahmose fez sinal para que o seguisse e ele não titubeou; pulou do estrado e o seguiu de perto.

Ahmose perguntou-lhe qual era seu nome em madianita e ele fez sinal de que não entendeu. Perguntou-lhe, então, em várias línguas até que falou em aramaico e o homem entendeu, respondendo:

– Aharon, este é meu nome. Sou Aharon ben Amrão.

– Você é de onde?

– Sou hebreu. Do Kemet.

– Ah, um habiru! Conheço vocês de Djanet e Tjeku. Seu povo está construindo as cidades para o faraó Ramassu.

Aharon, com ar de desdém, respondeu-lhe:

– Aqueles são a escória. Eu pertenço à nobre classe dos levitas.

– E quem são os levitas?

– Somos os sábios de nosso povo. Somos os descendentes de Levi, filho de Yacob, também chamado de Israel, filho de Itzchak, filho de Avraham. Entre nós, chamamo-nos de benei Israel – filhos de Israel –, descendentes de Avraham.

– Interessante, eu já ouvi falar de Avraham. Os madianitas falam dele, dizendo que descendem dele também.

– É verdade, eles se dizem descendentes de Avraham com Cetura, sendo descendentes de Madian. Tudo são lendas, meu amigo, vá conhecer a verdade dos fatos.

– Realmente. Mas, mudando de assunto, como você veio se meter em Elat?

– É uma longa história que lhe contarei em duas palavras. Fui até a santa terra dos meus antepassados, num lugar chamado Betel, onde Yahveh lutou com Yacob e fê-lo cocho pelo resto dos

66 | A Saga dos Capelinos

seus dias, para colocar óleos santos sobre a estela erigida, naquele lugar. Na volta, passei pela destruída Jericó, que foi arrasada pelos soldados do faraó, e andei às margens do mar Morto. Na volta, pretendia pegar o caminho para Sur, quando a caravana a que eu me associei, para atravessar o deserto, vendeu-me descaradamente para bandidos que me revenderam para os madianitas de Elat, e eis-me aqui em sua nobre companhia.

Ahmose estava montado num camelo e Aharon estava a pé. Logo o kemetense estendeu a mão para o hebreu e guindou-o a bordo do majestoso, mas esdrúxulo animal. A besta suportou o peso adicional e continuou sua andança impassivelmente. Ahmose disse para o homem em tom baixo para que os outros não escutassem.

– Sou Ahmose de Djanet, filho de Thermutis, filha de Usermaatre-Setemperê (Ramassu II). Fui banido da sua corte devido ao meu temperamento explosivo. Andei meio mundo e vim parar aqui em Elat, onde fui vendido como escravo. Sou um liberto que já pagou sua liberdade, mas que ainda tem três anos para pagar pela esposa que me foi imposta, mas que acabou sendo melhor do que a encomenda. Considere-se um homem livre. Você não é meu escravo. De hoje em diante, pode sair deste buraco e voltar para o Kemet. Espero fazer o mesmo dentro de três anos, assim que eu pagar o preço de Séfora, minha mulher.

Era estranho que Ahmose, um homem tão calado e reservado, falasse essas coisas para um total estranho. Mal sabia ele que fora induzido a tal por um guia espiritual. Há muito que os operadores espirituais estavam juntando as peças de um quebra-cabeça gigantesco para montarem um cenário magnífico, onde se desenrolaria mais um drama da existência humana.

Aharon estava boquiaberto. Ele conhecia as bisbilhotices do reino e Ahmose fora protagonista de uma delas. A história de ter nascido de uma serva que falecera no parto não era crível e todos sabiam que era neto bastardo de Ramassu. A sua expulsão e o desaparecimento de Ahmose foram motivo de intrigas e histórias inacreditáveis, nem tanto por causa dele, Ahmose, e sim porque

MOISÉS, O ENVIADO DE YAHVEH | 67

envolvia a figura do poderoso faraó. Se Ahmose fosse filho de um marceneiro, ninguém falaria dele, mas ser neto bastardo de Ramassu era motivo de infindáveis conversas.

Como estavam montados no mesmo camelo, com o rosto encoberto, Ahmose não pôde ver a expressão do rosto de Aharon, que estava deliciado com o encontro de tão ilustre personagem.

– Não entendo, mestre Ahmose. A sua generosidade é espantosa. Ninguém compra um escravo para dar-lhe a liberdade em seguida. É bondade levada ao exagero.

– Não se trata de bondade. Eu mesmo fui escravo do meu sogro Jetro e odiei cada minuto. Jurei comigo mesmo que nunca mais teria um escravo enquanto eu vivesse. Escravizar um ser humano é a maior vilania que se possa fazer.

– Vejo que meu mestre tem um coração compassivo. No entanto, a escravidão não é só possuir um homem; é obrigá-lo a serviços vis com remuneração ínfima, para todo o sempre.

Ahmose riu de Aharon.

– Vejo que comprei um escravo filósofo e por tão poucas moedas! Os dois homens riram. Ahmose, tornando-se mais sério, disse-lhe:

– Não, meu amigo Aharon, não desejo tornar-me a palmatória do mundo. Apenas quero estar em paz com minha consciência.

E mudando para um tom mais intimista, Ahmose confessou a Aharon:

– É interessante como eu, que vivi na atribulação da corte de Usermaatre-Setemperê, nos mosteiros de Ipet-Isout, Babilônia e Ur, só vim encontrar um pouco de paz de espírito neste deserto que nada tem e que tudo tira. Apascento meus rebanhos no pé da montanha de Horeb, e lá vejo quando grandes nuvens se adensam em torno do cume e, subitamente, relâmpagos e raios surgem e riscam o céu, num espetáculo estarrecedor e, ao mesmo tempo, belo e magistral. Parece que falam comigo e dizem: "Ahmose, Ahmose, volte a Ta-Noutri (Terra dos Deuses, o Egito), pois é lá que seu destino o aguarda." No entanto, a calma deste local e o simples vagar sem rumo abrandam a minha alma requeimada.

68 | A SAGA DOS CAPELINOS

Aharon, um filósofo, profético e intuitivo, respondeu-lhe baixinho:

– São os homens que atazanam sua alma pelo sofrimento que você não entende, pela vilania dos sentimentos que você não consegue apreender e pela permanente desconfiança de que será injuriado, atacado e ferido. Aqui no deserto, não há homens, só animais que o temem. Até mesmo o chacal não ataca o homem, a não ser que seja provocado. No entanto, mestre Ahmose, pressinto que todo o seu aprendizado tem como objetivo torná-lo rei.

Ahmose lembrou-se das palavras de Ninartu de Ur: "Antes de ser rei, deverá aprender a servir. O verdadeiro monarca é o que serve ao seu povo. Antes de ser rei, deverá casar-se." "Já me casei e não me tornei rei", pensou Ahmose. "O que será que significa tudo isto? Não sou rei e muito menos tenho um povo para governar." E Ahmose falou, respondendo ao amigo:

– Não sei se desejo ser rei.

– Queira ou não, todos nós somos destinados a nos tornarmos nobres. Alguns com reinados materiais e outros reinando soberanamente sobre si mesmos, o que, convenhamos, já é muito.

Ahmose olhou de relance para o homem que ia na garupa do seu camelo, segurando sua cintura, e comentou:

– Você tem o dom da palavra. Você transforma as expressões em poesias e as ideias esparsas e soltas no vento, em música.

Aharon riu a plenos pulmões. Fora um dia memorável. Acordara escravo e iria dormir dono de sua liberdade; e encontrara um irmão, aquele que pertence à grande família do universo!

Aharon era capelino. Fora um azul, hurukyano, invasor das terras dos verdes. Tomara, com suas tropas, no período feudal do planeta, as terras que viriam a ser o império Hurukyan. Os azuis eram hurukyans em sua maioria, mas os verdes, gigantescos e bravos, colocaram grandes dificuldades em seu caminho de conquistas. Houve batalhas campais tenebrosas que terminaram com a chacina completa dos verdes.

Aharon ainda era um espírito profundamente atrasado, tendo sido trazido de outro planeta para atingir a maioridade espiritual em Ahtilantê. A guerra medieval de conquistas de feudos o fez chefe de tropa e seu desejo de poder o fez guindar a posições elevadas na hierarquia dos hurukyans.

Chamardak, nome de Aharon naquele tempo, e sua tropa receberam a incumbência de tomarem um posto fortificado num dos mais fortes territórios dos verdes. Era uma praça de guerra inexpugnável e Chamardak queria esta honra para ele.

Havia lendas de que havia uma passagem subterrânea que levava ao interior da imensa e murada fortaleza. Não passava de simples boato, pois até os riachos que saiam do interior eram fechados com grades sucessivas, sendo extremamente longos para qualquer pessoa se aventurar a atravessá-los, sem morrer afogada.

Chamardak aprisionou um imenso verde e amarrou-o a um poste. Durante dias o interrogou sobre a passagem subterrânea. Além do homem não saber, ele não desejava falar. Foi surrado, queimado e parte de seu corpo arrancado, durante dias. Finalmente, morreu sem ter revelado o segredo que ninguém conhecia, pelo simples fato de não existir.

Chamardak liderou pessoalmente os ataques à fortaleza até que conseguiu tomá-la de assalto. Todos foram mortos, desde crianças até os velhos. Chamardak tornou-se um chefe importante dos hurukyans.

Após sua morte, seu espírito embrutecido não reconheceu as atrocidades que praticou, e após muitos anos, renasceu. Teve inumeras existências, melhorando quase nada, até ser expurgado para a distante Terra. Renasceu inúmeras vezes e prosseguiu sua evolução de forma gradativa, purgando aos poucos seus pecados. Numa das existências foi prisioneiro dos hurritas, tendo sido sacrificado no altar odorifumante de Yahveh. Este momento representou a grande virada: passou a se esforçar em aprimorar-se como homem e espírito. Renasceu duas vezes antes de se tornar Aharon, o levita.

Naquela noite, em torno da fogueira, os homens madianitas contaram suas histórias indecentes, rindo do tamanho dos órgãos sexuais dos personagens, enquanto que Ahmose, que nunca se dera a essas liberalidades, preferia ficar afastado. Aharon acompanhou-o e disse-lhe, em certa momento do magro repasto que tomavam.

– Sei que você me deu a liberdade e estou imensamente agradecido. Porém, não posso atravessar sozinho os desertos de Sin, Farã e Etam, e chegar até o Kemet. Todos os desertos são terríveis, mas o de Farã e o de Nefud são obras de demônios tenebrosos para aprisionar as almas dos incautos.

– Tem razão. Já pensei em fugir e desisti. Sem um guia beduíno que conheça bem a região é morte certa. Além disso, tem que ser um guia confiável, pois poderemos ser degolados à noite. Até agora não consegui encontrar um madianita confiável. Sei de alguns que vão até Baal-Safon em plena região do Baixo Iterou, perto de On, mas nenhum me levará se Jetro não permitir. Todos conhecem minha condição de marido de Séfora e devedor de Jetro. Terei que esperar completar meu tempo e depois obter o consentimento do meu sogro.

– E se não conseguir?

Ahmose olhou para o céu mais estrelado do mundo e disse em tom melancólico:

– Morrerei aqui, longe de minha pátria.

– Não creio nisso, nobre Ahmose. Tenho a premonição de que você será de grande importância para o meu povo.

Ahmose não fez muita questão de discutir premonições dos orientais. Preocupado com o destino de Aharon, indagou-lhe:

– Como você fará para ir embora?

– Não sei, nobre Ahmose. Creio que irei quando você for, acompanhando meu mestre como um bom escravo.

– Você não é meu escravo.

– Eu sei, eu sei. Só estou brincando. Mas, se eu conseguir um guia de reputação, não só eu poderei ir como você também. Enquanto isso, desejo trabalhar para você, ajudando-o nas lides diárias, para ganhar honestamente meu pão. Sabe, mestre Ahmose, não creio que nada aconteça sem uma determinada razão. Não posso crer que, quando fui a Betel louvar Yahveh, ele me tenha trazido para este lugar ermo e desolado para me fazer morrer. Todos os anos de aprendizado para tornar-me um sacerdote de Yahveh não podem ser desperdiçados num torrão empoeirado e cheio de pedregulhos. Deve haver algo escrito por Yahveh, pois ele é o deus de Avraham, Itzchak e Yacob, e sua aliança com os meus antepassados não pode ter caído em esquecimento.

Ahmose pensou se um deus podia ter lapsos de memória e esquecer-se de promessas feitas há séculos. Pelo que ele conhecia dos habirus, esse deus havia olvidado totalmente este povo ignóbil. Não queria dizer isso para aquele amigo recém-adquirido, mas de forma preconceituosa, já que não havia convivido com os habirus, acreditava que, se este povo estava sob a proteção de um deus, este havia esquecido suas promessas e sua aliança era espúria.

– Se Yahveh me conduziu ao cativeiro, como aliás está a maioria do meu povo, é porque pretende uma grande missão para mim. Sei que terei um papel preponderante no destino de minha gente.

Ahmose nunca havia visto tamanho incendimento de espírito. O homem era um fanático religioso quando falava de seu deus e, por curiosidade, Ahmose quis saber mais desse misterioso ser divino que tanto inflamava a alma de Aharon.

Continuaram conversando sobre a distante terra kemetense. Aharon informou-lhe que seu tio Khaemouast havia morrido de velhice, com mais de sessenta anos, enquanto que seu avô, Ramassu, continuava vivo e cheio de vitalidade, dando ordens em todo o Kemet. Ahmose ficou triste por Khaemouast, que sempre viveu à sombra de Ramassu. Fora, no entanto, feliz porque sempre quis dedicar sua vida ao grande deus Ptah.

Dois longos e cansativos anos se passaram enquanto a amizade de Ahmose e Aharon se solidificava. Esperavam ansiosamente a grande festa de Beelfegor, pois a partir daquela data estaria livre para voltar a sua terra. Aharon contou-lhe tudo sobre Avraham, Itzchak, Yacob, a luta com o anjo e, finalmente, como eles foram parar no Kemet. A história contada e recontada milhares de vezes havia sofrido pequenas interpolações que alteraram a narrativa

72 | A Saga dos Capelinos

verdadeira, mas que não deformaram o espírito da ideia central: a de um deus único.

Discutiram inúmeras vezes sobre o conceito de uma divindade. Aharon ainda via Yahveh como o mais importante e poderoso dos deuses entre os milhares que existiam, enquanto que Ahmose dizia que só havia um único ser que tinha todas as características de Deus. Aharon não entendia que o Deus único, criador de todas as coisas do universo, não era Yahveh.

As controvérsias filosóficas de Aharon e Ahmose sempre terminavam com a discussão dos habirus. O kemetense sabia quem era aquele povo, mas desconhecia sua alma. O que ouvira falar por parte dos kemetenses o instava a crer que era uma raça de preguiçosos, servis, ladrões e depravados. Aharon apenas lhe confirmou que a maioria escrava que trabalhava nas cidades de Perramassu e Tjeku realmente era uma turba de salafrários que tinha perdido totalmente a identidade racial e cultural. E, mais do que isso, já não adorava Yahveh como o deus mais poderoso, o que era, para Aharon, a mais terrível das blasfêmias.

Havia, entretanto, alguns habirus que se intitulavam de filhos de Israel, que constituíam uma classe culta que sabia escrever e ler em fenício e kemetense, comercializava bens de grande importância trazidos de terras distantes, era rica e dona de extensos rebanhos. Estes descendentes dos filhos de Israel mantinham uma certa cultura e só permitiam casamento entre eles, de preferência entre pessoas da mesma família para manter o sangue puro, assim como faziam os kemetenses. "E o dinheiro também", pensou Ahmose, pois essa era uma das principais razões de casamentos entre parentes.

Havia, portanto, uma certa nobreza habiru que se intitulava de Israel e, como tal, estava descontente, em parte, com o tratamento que os kemetenses lhe dava. Seus integrantes não eram convidados para solenidades públicas nem para casas de pessoas ricas. Por outro lado, em parte eram culpados, pois apegavam-se tanto à noção de que seu deus era superior que qualquer outro era motivo de horror. Não havia o mínimo de irenismo – tolerância – entre os

MOISÉS, O ENVIADO DE YAHVEH | 73

hebreus, especialmente aqueles que se intitulavam de Israel. Semeavam ventos de incompreensão junto aos kemetenses que tinham dezenas de deuses e que aceitavam todos com bastante desenvoltura. Por outro lado, controlavam uma quantidade substancial da economia do Baixo Kemet, onde especiarias, ovelhas, tecidos e papiro eram quase monopólio de uma dúzia de famílias israelitas.

Os governadores dos heseps não conflitavam com essas famílias; estavam todos no bolso dos israelistas, recebendo polpudas comissões. No entanto, o clero não os tolerava, porquanto não contribuíam com sacrifícios e donativos para os templos do Baixo Kemet. Por sorte, os templos mais poderosos que tinham acesso imediato ao faraó e, desta forma, poderiam perturbá-lo com nefastas ideias sobre os israelitas, estavam situados no Alto Kemet e tinham pouco ou nenhum contato com os benei Israel.

Ahmose tinha se transformado numa espécie de feiticeiro e todos temiam seu poder, desde que curara Yasmina, que nunca mais tivera nenhum acesso. Vez por outra era chamado por Jetro para curar um doente ou afastar um djin sanguissedento. Aharon o acompanhava e ficara impressionado com as curas, com as expulsões de demônios e com a sinceridade de Ahmose. Sempre que lhe era impossível ajudar alguém, aparecia ao lado da pessoa uma massa escura, indefinida, que Ahmose apelidara de o anjo da morte. Neste caso, ele dizia a Jetro que seus poderes não podiam fazer nada e, nas poucas vezes que insistiram, e ele tentou algo, não conseguiu evitar o falecimento da pessoa. Mesmo com a morte do paciente, sua fama crescera a ponto de virem pessoas de longe, algumas chegavam a atravessar o deserto de Negeb, passando pelas montanhas de Seir e enfurnando-se no deserto abrasador de Sin, só para vê-lo e, muitas vezes, serem desenganadas pelo poderoso esculápio.

Aharon passou a ter veneração por Ahmose. O que aquele homem dizia realizava-se com precisão impressionante. Yahveh devia estar com ele. Será que Yahveh, com seu senso de humor ferino, iria procurar na casa do Kemet alguém que pudesse levantar o nome dele mais alto do que todos os seus seguidores israelitas? Aharon,

74 | A Saga dos Capelinos

um homem de fé, não compreendia como Yahveh pôde eleger um odiado kemetense, ainda mais filho da casa de Ramassu, e dotá-lo de tamanho poder. Ele curava, expulsava demônios e transmitia força aos doentes terminais, fazendo com que tivessem coragem para enfrentar seus últimos alentos com dignidade. Passava a mão e a dor sumia ou cedia infinitamente. As dispneias acalmavam quando Ahmose passava a mão nos pulmões dos doentes e o sangue que era cuspido pelos tuberculosos diminuía enormemente.

Mago, feiticeiro ou o representante de um deus, Ahmose professava seu exercício médico como um sacerdócio ocasional, quase acidental e não remunerado. Não relacionava suas virtudes ao poder de nenhum deus nem muito menos disso se jactava pomposamente, como testemunhara Aharon em homens com menos poderes.

Aharon tentou mostrar-lhe que seus poderes eram fruto do poder de Yahveh. Ahmose sorria, dizendo-lhe que ele mesmo não tinha nenhum poder, pois via como certos espíritos brilhantes como o sol do meio-dia usavam as suas mãos e a sua fala para curar os inválidos. Vira por várias vezes como redemoinhos de luz e força envolviam os dibuks – obsessores – e os djins tresloucados e os levavam embora em turbilhões majestáticos. Sentia que era apenas um instrumento e não a fonte original do poder.

Muitos anos atrás, ele sentira uma pontada de orgulho e a fatuidade quis se instalar em seu coração, mas Antoramapael o prevenira a tempo e ele se policiava desde então, não permitindo que se tornasse soberbo.

No entanto, certa feita, algo lhe aconteceu que o fez mudar de opinião em relação ao Kemet e aos habirus. Ahmose estava apascentando suas ovelhas perto do monte Horeb, e Aharon também fazia parte de sua pequena comitiva. A tarde ia pelo meio quando Ahmose sentiu uma irresistível vontade de subir as encostas do monte. Sem dizer nada a ninguém foi se afastando e subindo lentamente as íngremes encostas. Aharon o viu, mas não quis incomodá-lo com sua presença, pois sentia que Ahmose, que estivera macambúzio todo o dia, precisava ficar só.

MOISÉS, O ENVIADO DE YAHVEH | 75

Ahmose subiu durante duas horas, o que o fez avançar cerca de trezentos metros. O monte Horeb, também chamado de monte Sinai, por estar naquela península, tinha um lado menos íngreme pelo qual Ahmose subia. Quanto mais resfolegava de esforço, mais era invadido de uma sensação de grandeza e onipotência. Estava, em seu sentimento, pisando terra sagrada dos madianitas e realmente parecia haver algo de grandioso no ar.

Ao chegar a um pequeno platô, ele parou para descansar. Olhou para trás e viu o imenso deserto que se perdia de vista, com alguns arbustos e um fio d'água que servia de bebedouro para o gado. O sol começava a cair no horizonte e uma lua bela começava a nascer, acompanhada do planeta Vênus.

Subitamente, Ahmose sentiu uma presença e assustou-se. Quem poderia ser? Ele olhou em volta e no meio dos arbustos, magros e raquíticos, começou a surgir uma pequena luz. Ela aumentou muito rapidamente, tornando-se forte, tão poderosa que Ahmose teve que proteger os olhos. A luz era dourada como o mais velho dos ouros, emitindo chispas de grande intensidade nos tons amarelo, azul e prateado, ocupando agora todo o platô e invandindo o interior de Ahmose, que sentia a energia que emanava daquela fonte. Era de uma beleza plástica, mas Ahmose tinha dificuldade de olhar diretamente para ela.

A luz diminuiu levemente de intensidade, permitindo que Ahmose pudesse vê-la. Naquele instante, Ahmose, recobrando-se da emoção e do susto inicial, já tendo se ajoelhado, escutou uma voz de um profundo grave, mas, ao mesmo tempo, melodiosa e cheia.

– Ahmose, Ahmose, escute minhas palavras, pois por teu intermédio eu cumprirei as promessas feitas ao povo de Israel. Está próxima a tua volta a tua terra. Retorne para tua mãe, pois o Kemet está revolucionado com pestes e pragas jamais vistas. A natureza está revoltada e cobra seu preço. Tu serás guiado pelos meus anjos e farás tudo o que já havia te comprometido a fazer. Farei de ti um rei, mas exigirei de ti um esforço sobre-humano. Prepara-te com preces e confiança em mim.

Ahmose, que já havia vistos espíritos, estava perplexo. Quem era aquele deus que não se mostrava, apenas como se fosse um fogo que arde e que não consome nada, nem sequer a sarça em que inicialmente apareceu?

A luz foi dimuindo até sumir. Ahmose ficou estático e, aos poucos, foi recuperando sua fleugma original. Resolveu que ficaria aquela noite no lugar e meditaria. Assim fez. No meio da noite, no entanto, vencido pelo sono, adormeceu e sonhou.

Viu-se no meio de uma imensa planície. O sol era imenso, bem maior do que o nosso, e vermelho como se fosse a nossa estrela ao fim do dia. Ele tinha uma cor estranha, próxima ao verde. Sua situação era terrível, pois ele estava amarrado a uma estaca, enquanto um ser ainda mais estranho, sem cabelos, azul como o anil, o estava torturando. Seu algoz estava vestido com uma armadura de escamas de um metal que ele não conhecia, mas que parecia feito de ossos, pela cor quase opaca. Ele tinha um artefato que, quando encostava em sua pele, além de arder, lhe dava sensações tão terríveis que o faziam estrebuchar longamente, arrancando gritos e babas de sua boca. O outro falava uma linguagem incompreensivel... até que tudo ficou escuro. Morrera!

Ahmose acordou sobressaltado, com frio, pois no deserto o frio pode ser extremamente intenso. Desceu ao amanhecer, chegando ao acampamento perto do meio da manhã, encontrando um preocupado Aharon, que logo lhe perguntou se estava bem. Ahmose olhou para um lado e para outro para ver se alguém o estava escutando, e contou-lhe em duas palavras da aparição, sem mencionar que a luz ordenara que retirasse seu povo – que povo? – do Kemet. No final do resumo, Aharon, lívido e emocionado, balbuciou:

– Foi Yahveh que apareceu para você.

– Não sei se foi seu deus, ou outro ser iluminado, mas este monte me traz recordações que me excitam a mente. Precisamos partir para o Kemet.

A festa de Beelfegòr aconteceu e mais um infeliz foi sacrificado nas fogueiras da sanguinária divindade. Ahmose não participou e Aharon viu de longe, ficando chocado com a morte da virgem, uma menina de dez anos, que urrou de pavor até o fim. Yahveh não pedia sacrifícios humanos, apenas tenros carneiros e frutas. Ele se contentava com odores e fragrâncias exóticas, um odorifumante fogo sacro.

Já Beelfegor alucinava, entorpecia suas vítimas com vinhos e cervejas ácidas, degustando as carnes tenras de virgens infantis ou sugando a coragem de homens adultos feitos prisioneiros. Tratavam-se de rituais implantados pelos tenebrosos alambaques capelinos em épocas antigas, com o intuito de sugarem fluidos vitais de vítimas indefesas e, com isso, se fortalecerem no terrível embate que mantinham com os guardiões astrais. Foram derrotados, mas o costume sobreviveu.

Como Yahveh permitia que esses fatos acontecessem era um completo mistério para Aharon. Para Ahmose, esta pergunta fora respondida: havia, sem dúvida, um Deus único, mas que estava tão distante dos homens que pouco se importava se sofressem ou não. Criara-os e os esquecera.

Ahmose reuniu seu rebanho, contou as cabeças de gado e separou a parte de Jetro. Era o grande dia. Como Jetro iria reagir?

– Meu sogro, sou-lhe infinitamente grato por ter me dado todas as oportunidades de liberdade e de progresso. Tenho aqui fora de sua tenda, as cabeças que lhe são devidas e, para mostrar a minha gratidão, trouxe-lhe uma metade a mais do que me pediu.

– Ahmose, um homem não poderia querer melhor genro do que você. Casou-se com minha filha, dando-lhe estabilidade e fidelidade. Deu-me um neto de inteligência radiante. Gersão tem enchido meus dias de alegria e amo-o mais do que os outros netos. Sinto em você um homem de superior estofo. Veio como prisioneiro e tornou-se livre pelos seus méritos, ajudou com sua magia todos os seus inimigos, fazendo-os seus amigos e devedores.

– Suas palavras me encorajam a lhe pedir um grande favor.

– Não diga nada. Já sei de tudo. Séfora tem intercedido por você há meses e eu já concordei com tudo. Você anela voltar à sua casa

78 | A Saga dos Capelinos

e rever sua mãe, levando mulher, filho, gado e escravo. E isso, eu, Jetro de Madian, lhe concedo a partir de agora.

Ahmose prostrou-se ao chão e beijou as sandálias do homem que o abençoou, o levantou pelo ombro direito e o abraçou, beijando suas faces com afeto.

Jetro providenciou que um dos homens que melhor conhecia o caminho para o Kemet levasse o grupo de Ahmose. O rapaz, de uns vinte e poucos anos, era cameleiro desde os dez e atravessara aquelas quentes dunas pelo menos umas vinte vezes, conhecendo todos os poços, os oásis ocupados por perigosas tribos e os caminhos por entre os morros e montanhas. Seu nome era Hobab, filho de Raguel, um madianita do Sinai, um dos netos mais velhos de Jetro, mais para beduí do que qualquer outra coisa. Era capaz de comer, dormir, urinar e, até mesmo, defecar sem descer do camelo, enquanto este continuava sua marcha impassível com os acontecimentos fisiológicos que aconteciam em seu dorso.

Hobab demonstrou ser uma pessoa afável e muito risonha. Tudo estava bom para este homem. Ia ganhar dez carneiros por um trabalho que custava muito mais, mas estava satisfeito. Queria agradar o velho Jetro e com isso conseguir casar com uma prima, bela como um dia de sol. Aharon achou-o excessivamente metido e confiado, mas Ahmose tratou-o com distinção, como membro de sua família, que de fato era.

Atravessar o deserto com gado e poucos homens para tangerem o rebanho era inexequível, além do que Ahmose tinha pressa de passar pela região. Se estivesse numa coluna fortalecida com muitos homens poderia aventurar-se em serpentear a região, expondo-se a ataques. No entanto, com um grupo reduzido, a pressa era o meio mais eficiente de ficar vivo. Ahmose, portanto, vendeu todo o seu gado e pagou antecipadamente a Hobab que, imediatamente, falou com Jetro, e ficou acertado o casamento para quando retornasse.

A viagem correria a contento se Ahmose não tivesse contraído uma súbita gripe. Já no próprio primeiro dia da travessia, ele ardia em febre. Estavam perto do monte Horeb e pararam para descansar à noite. A febre subiu perigosamente, ultrapassando os quarenta graus, e Séfora sentiu que seu marido iria morrer de um momento para outro. Sabia que essas febres matavam com a velocidade de um dia. Era Beelfegor que estava enraivecido com Ahmose por não ter deixado que ela circuncidasse Gersão quando nasceu. Agora o deus cobrava o pecado com a vida do marido. Séfora pensava como uma mulher simples com crença estabelecida por décadas pelo pai. Pegou o filho de doze anos, pediu que Aharon e Hobab o segurassem firme e cortou o prepúcio do menino sob os gritos estentóricos do infante. Pegou areia, colocou na glande e no que sobrara do prepúcio do jovem e o abraçou com força, chorando desesperada, rezando para que Beelfegor perdoasse o marido, devolvendo-lhe a vida e também não levasse seu único filho.

A febre que acometera Ahmose era de fundo emocional. A viagem, tão longa e ansiosamente aguardada, fizera-o ter um descontrole emocional tão profundo que, assim que pisou no deserto, ficou tomado da maior excitação de sua vida. Em poucas horas, a terçã dominou-o e, à noite, estava tão pirético que já não mais reconhecia ninguém. Falava uma língua estranha de que Aharon conseguiu decifrar uma ou outra palavra como sendo sumério misturado com hamita arcaico. Hobab, conhecedor destes estados patológicos típicos do deserto, cobriu Ahmose com cobertores, colocando-o mais próximo do fogo e molhou seus lábios com um pano encharcado de água.

Ahmose não estava sofrendo. Enquanto seu corpo tiritava de frio, seu espírito estava desdobrado levemente acima do seu organismo físico. Um espírito, com uma roupa estranha, olhava-o tranquilamente, enquanto duas outras almas aplicavam passes longitudinais no seu corpo. Eles estavam reforçando os sistemas imunológicos de Ahmose, que haviam sido combalidos pelo excesso de emotividade.

A manhã veio radiosa e o orvalho dissipou-se sob os primeiros raios do sol. O silêncio reinava absoluto, enquanto uma brisa suave, ainda levemente gelada, soprava. Ahmose abriu os olhos;

80 | A Saga dos Capelinos

sentia-se muito bem, estava esfomeado e foi o primeiro a acordar. Todos ficaram estarrecidos com sua pronta recuperação. Além da ajuda adicional dos passes dos guias espirituais, ele tinha um organismo muito forte, acostumado às duras lides diárias, às extensas caminhadas tangendo o gado e à subida do monte Horeb, um dos seus lugares favoritos. Não era, portanto, nenhum milagre ter-se recuperado de forma tão célere.

Hobab, muito feliz com a recuperação, pôs todo mundo em marcha. Mas agora era o pequeno Gersão que estava cheio de dores no pênis e com febre alta. Ahmose não quis repreender Séfora por ter cortado o prepúcio do menino com tamanha crueza, já que ela afirmara que o fizera para salvá-lo da vingança de Beelfegor. Ahmose, que já conhecia os madianitas, sabia como esse povo podia ser fanático e cruel, acreditando em sandices e infantilidades. A menção de Beelfegor e do seu estado mórbido da noite anterior o fez lembrar-se de um sonho que tivera enquanto estava com febre alta.

Uma grande luz pairava no firmamento, parecendo um sol brilhante. Dela saíam não só raios como também gotas de uma substância desconhecida. Ahmose aproximou-se da luz e pensou que seria queimado – puro reflexo da febre alta. Subitamente, as gotículas tocavam-no e o refrescavam. Mais do que isso, aquele líquido o fortalecia, fazendo-o sentir-se mais jovem e mais determinado. Uma voz extremamente suave, feminil e maternal – reflexo do complexo de culpa de ter abandonado a mãe por tanto tempo – dizia-lhe para voltar à casa, pois um grande destino o aguardava na corte do avô.

A pequena caravana subiu em direção ao norte-noroeste. Num determinado local beirou o mar Vermelho até chegar ao Kemet. Foram dez dias de calor durante o dia e frio intenso de noite. Gersão, que era forte de compleição, superou a febre, mas ficou se queixando de dores moderadas no pênis durante algum tempo. Hobab os levou para On, já que não conhecia as rotas que os levariam a Djanet. Em On, Ahmose soube que o velho Ramassu havia morrido e que havia um novo faraó na corte imperial de Tebas.

Ele passou diante do templo Hetbenben e lembrou-se das lendas que aprendera sobre a ave benu – a fênix dos gregos. Ele também, como a fênix, ressurgira das suas cinzas e retornara ao Kemet. O Ahmose que partira vinte anos atrás não era mais o mesmo. O sofrimento e o conhecimento o haviam transformado.

O barco que desceu a correnteza do Iterou indo até Djanet levou dois dias, numa viagem segura e tranquila. Foram todos até a casa de Ahmose, menos Hobab que voltara de On, levando algumas peças de ouro adicionais que Ahmose lhe dera.

Bateram no portão principal e, alguns instantes depois, veio um serviçal, que desconfiado abriu apenas a portinhola inserida na porta principal. Ahmose não o conhecia e perguntou pela mãe. O servo perguntou quem desejava falar com ela e ele disse seu nome e quem era. O criado não pareceu estar muito espantado e mandou que esperassem enquanto que ia comunicar o ocorrido no interior.

Thermutis era uma senhora de cinquenta e oito anos, extremamente debilitada e só não havia morrido antes por ser nobre e não estar sujeita aos duros trabalhos domésticos, além de ter uma forte motivação, rever o filho vivo. Ahmose saíra de casa sem dizer aonde ia e quando iria voltar. Durante vinte anos, ela se martirizou, pensando nas piores coisas possíveis, nos mais terríveis acontecimentos que pudessem impedir seu filho de retornar ao seu convívio.

Sonhara com a morte de Ahmose, atormentara-se até a beira da loucura. No momento em que o servo, de forma desleixada, lhe informou que havia dois homens, uma mulher e uma criança na porta principal, e um deles se dizia Ahmose, seu filho, a velha senhora levantou-se num átimo, atravessou átrios e corredores com o coração a lhe sair pela boca, correndo o mais rápido que pôde até a porta. Ao se deparar com um homem de barba começando a encanecer e bastos cabelos negros encaracolados como os de Jetur, Thermutis arriou de emoção. Faltaram-lhe forças devido à pungente emoção. Ahmose amparou-a no meio da queda e, abraçando-se à mãe, beijou-a ternamente, afagando-lhe o rosto. Thermutis conseguiu, a muito custo, levantar-se e, soluçante, falou de sua emoção de rever o filho.

82 | A Saga dos Capelinos

O resto da tarde foi dedicada às apresentações de Gersão, Séfora e Aharon. À noite, após os banhos que revitalizaram todos, um jantar feito às pressas coroou o bendito dia. Thermutis, após se recompor e ter se embelezado para o filho, falou dos acontecimentos desde a sua partida. Ramassu, ainda vivo, permitiu que Thermutis desposasse Uneg, que fora um bom esposo até a sua morte há apenas seis meses. Não tiveram filhos e nunca se ausentaram de Djanet, sempre na esperança de rever a volta de Ahmose.

Séfora, que não falava quase nada de copta, assim como Gersão, comeu rapidamente, recolhendo-se em seu quarto, pois especialmente o menino estava exausto da viagem. Aharon, o hebreu, retirou-se para deixar a mãe e o filho conversarem sozinhos e colocarem em dia os vinte anos de ausência.

Durante mais de quatro horas, Ahmose contou suas peripécias, suas vitórias e também a parte difícil de seu cativeiro. A mãe riu quando o filho contou que, em certo momento de sua vida, ele valia mais sem testículos do que com eles. Chorou de suas agruras e de suas doenças. Ficou preocupada com a sua amizade com um habiru ignoto. Como toda mãe, aconselhou-o como se fosse uma criança e não um adulto de mais de quarenta anos, procurando orientá-lo para o caminho do bem. Entendeu perfeitamente que tivesse sido obrigado a casar-se com alguém tão inferior – em sua concepção – e não o recriminou. Ela mesmo apaixonara-se por um fenício – embora fosse um príncipe e não uma simples pastora – e, portanto, deveria entendê-lo.

Achara o neto o mais belo dos meninos, mesmo que um pouco magro e abatido. Ahmose explicou-lhe sobre sua súbita doença, o desespero de Séfora e a postectomia infligida ao infante a sangue frio. Thermutis ficou horrorizada com a atitude de Séfora, mas entendeu-lhe o gesto tresloucado, devido especialmente a seu raro amor por Ahmose. Ela estava aceita exatamente porque demonstrara de forma cabal e inequívoca que amava mais Ahmose do que qualquer outra coisa. Ahmose foi dormir altas horas da noite e ficaram de continuar a conversa no outro dia.

Na outra manhã, Aharon procurou Ahmose. Conhecendo-o de sobejo, viu pela expressão fisionômica que o hebreu desejava falar-lhe algo que o constrangia. O kemetense antecipou-se e disse-lhe:

– Meu caro Aharon, posso imaginar que você deve estar louco para partir e visitar os seus parentes. Se for isso, quero que saiba que reitero que você é um homem livre e eu jamais voltaria atrás em minha palavra empenhada.

– Só podia imaginar isto de você, meu caro irmão. Se me permite considerá-lo assim. Você é mais do que um amigo; é um verdadeiro irmão. Realmente meu coração se confrange só em pensar em minha família que não vejo há quase três anos.

– Pensando nisso, eu separei alguns presentes para você levar para seus pais, sua esposa e seus filhos.

Surpresa em cima de surpresa para Aharon. Para ele já era bom o suficiente sair livre depois de tantas aventuras. Agora receberia a paga por todos os anos de trabalho junto a Ahmose, em forma de dádivas aos seus parentes.

Ahmose pediu para que um servente fosse buscar no seu quarto uma caixa de prata. Em breves momentos, o escravo voltava com a encomenda. Ahmose pegou a caixa, certificou-se de que estava inviolada e deu de presente a Aharon. O israelita olhou-o com lágrimas nos olhos e, antes que desatasse num choro convulsivo, Ahmose abraçou-o fraternalmente, também com os olhos cheios de lágrimas. Foram até um jardim onde sentaram e Ahmose anotou num papiro onde Aharon morava, pois pretendia fazer-lhe uma visita.

Ele morava em Djanet, na parte ocidental da cidade, tendo uma casa que nada ficava a dever à de Ahmose. A maioria dos habirus ricos morava um perto do outro para poderem se manter informados das novidades.

Aharon partiu logo após o almoço, sendo escoltado por dois guardas destacados por Ahmose e dois servos para levarem seus bens pessoais. A caixa de prata continha todas as riquezas que Ahmose conseguira durante o tempo em que permanecera com Jetro. Uma parte pagara por Séfora; outra, pelos serviços de Hobab

84 | A Saga dos Capelinos

e a grande maioria dera a Aharon. Ele não precisava de nada. Era imensamente rico só com o que o faraó lhe deixara. Com o casamento, a mãe ganhou as propriedades de Uneg que, ao se juntarem com as suas, perfaziam um patrimônio bem vultoso. Ao dar a sua pequena fortuna para Aharon, além de remunerá-lo pelo trabalho, dedicação e fidelidade, Ahmose rompia laços com o passado, como se nada daquilo tivesse existido ou servido para algo. O passado ainda se mantinha vivo com a presença de Séfora e Gersão, mas em alguns anos – acreditava Ahmose – nem mesmo eles se lembrariam do deserto de Sin e dos madianitas. Quanta fatuidade existe no homem de imaginar que é o dono de seu destino quando existem milhares de eventos que se interrelacionam para oferecer-lhe opções as mais variegadas, que podem, umas, levá-lo para o inferno e, outras, para o paraíso, mas a maioria, senão todas, conduzi-lo a um permanente aprendizado!

Ahmose voltou a conversar longamente com a mãe, agora acompanhada de Séfora que, calada, esforçava-se em entender o copta. O chefe de família tomou conhecimento da situação familiar, aprendendo, pela mãe, que o Kemet havia passado por uma crise que durara três anos e arrasara a sua economia, menos a dos ricos, que agora estavam ainda mais opulentos. As crises servem para tirar daquele que tem pouco o que lhe resta e dar ao que tem muito mais ainda.

Uma fome negra grassava por toda a parte, especialmente entre os felás e as raças escravas. No entanto, Uneg fizera excelentes investimentos, trazendo grãos de fora e vendendo-os a preços escorchantes, retirando dessas transações lucros monumentais. Além disso, soubera comercializar com produtos do Kemet, levando o papiro para outros lugares, comprando-o por preço vil e revendendo-o bem. Uneg e muitos outros nobres, inclusive o próprio Estado, tomaram vultosas somas dos financistas estrangeiros – aqueles que se intitulavam de Israel – e recusaram a pagá-los de volta.

Aqueles héqa-ksasut – hicsos (o kemetense não discernia as raças, já que todos eram estrangeiros) – não podiam se queixar. Eles

MOISÉS, O ENVIADO DE YAHVEH | 85

também fizeram bons negócios, comprando e vendendo grãos e carne de carneiro ao seu próprio povo, ganhando muito dinheiro, suficiente para cobrir os rombos que os nobres kemetenses lhes proporcionaram.

Ahmose escutou a história atribulada que sua mãe lhe contara, ficando preocupado com Aharon e sua família. Será que os nobres também lhe haviam achacado? Provavelmente sim. Precisava descobrir com calma a extensão de todas estas histórias mal-reportadas pela mãe, que não era versada em economia e política, apenas repetindo – e mesmo assim mal – as versões do falecido Uneg.

Ahmose desejava fazer algumas alterações profundas em sua vida, visto que não queria tolerar mais a escravidão. A sua situação pessoal era suficientemente estável e boa para que dispensasse todos os escravos – cerca de sessenta – e que os libertasse. Falou isto com sua mãe que, horrorizada, pensou logo que o filho estava com alguma demência, provocada pela insolação do deserto. "Será que esta é uma atitude correta? Quem irá nos servir? Quem irá nos lavar e nos dar de comer? Em breve morreremos de inanição e fome."

Ahmose riu de sua mãe e disse-lhe que ele estava vivendo sem escravos há treze anos e que continuava saudável. Explicou que lhe repugnava ter escravos quando ele mesmo já o fora. Iria dispensá-los e ficaria com um grupo de servos que seriam remunerados à altura para que pudessem manter o ritmo da casa incólume. A mãe cedeu e com um grande suspiro disse-lhe que esperava que ele soubesse o que estava fazendo.

Ahmose planejou cuidadosamente a reunião com os escravos e levantou todos os aspectos da questão com o governante da casa, um escravo ele mesmo. Não era mais o eunuco anterior, que já morrera, mas esse também era de fina procedência, tendo sido capturado ainda bem pequeno, castrado e educado para servir em finas casas. Era um excelente escravo sexual que mantinha relações tanto com homens como com mulheres, pois conseguia manter a ereção sem embargos. Só não podia procriar. A castração não elimina completamente a virilidade. Obviamente, Ahmose não o

86 | A Saga dos Capelinos

usava para tais finalidades e, como não tinha serralho, não havia necessidade de ter alguém para vigiar as mulheres.

Ele juntou os escravos e lhes explicou que, daquele instante em diante, eles eram livres, completamente alforriados. A manumissão atingia todos, sem exceção. O sobressalto foi geral; no entanto, o bondoso mestre explicou com riqueza de detalhes a todos o que iria fazer, sem expor os motivos mais recônditos.

Cada um receberia um determinado quinhão proporcional ao trabalho desempenhado e ao tempo durante o qual labutou na casa. Além disso, a generosidade de Ahmose foi completada com prêmios especiais para alguns devido a ferimentos que sofreram no ato do trabalho. Ahmose ficou com doze servos e propôs uma remuneração acrescida de benesses, tais como folgas mensais, casa e comida. Todos ficaram exultantes com a imensa gentileza do patrão e juraram-lhe eterna afeição e lealdade.

Ahmose já estava há mais de duas semanas em casa e voltara a ganhar o peso que perdera na travessia do deserto de Farã. Começou a achar os dias fastidiosos e demorados. À noite, ele possuía Séfora com intensidade redobrada e, depois, não conseguia dormir, pois faltava-lhe sono. Durante o dia saía com o eunuco e visitava os armazéns onde estavam depositados grãos e víveres de sua propriedade para serem vendidos.

O braço-direito de Uneg era um escravo liberto, proveniente da Líbia. Era um homem branco, estranho, parecido com alguns homens da ilha de Creta, que ele vira em Ebla e em Emat. Fora capturado quando jovem numa incursão que sua tribo de guerreiros tentara fazer no delta do Iterou. Todos foram aprisionados e depois vendidos. Era muito inteligente e arguto; exímio ladrão, roubou Uneg por toda a sua vida.

O falecido proprietário sabia e fazia vista grossa, pois o que Zarkan lhe surrupiava devolvia em quíntuplo em organização, tino comercial e bons negócios. Ahmose simpatizou-se com o jovial e traquino Zarkan e logo os dois homens estabeleceram uma situação muito cômoda: Ahmose continuava rico como fora Uneg e Zarkan continuava a ganhar alguns trocados adicionais, sem que isso fosse motivo de escândalo. Mas se isso era prático, pois os negócios continuavam a correr muito bem, por outro lado, para Ahmose o tempo parecia estar parado, uma vez que não tinha o que fazer.

Durante o tempo em que estava se aborrecendo com sua vida difícil de homem rico, investigou as notícias que a mãe lhe havia contado. Descobriu que a situação era muito pior do que a matrona lhe dissera. Tudo começara com a morte de Ramassu II há cerca de quatro anos.

No ano seguinte à morte do velho rei, a cheia do Iterou falhou. O rio não subiu o suficiente. Transbordou muito pouco e quase não cobriu as terras. Com isto, a lavoura foi fortemente prejudicada. Estava acontecendo o mesmo que ocorrera no tempo do faraó Khian, há mais de quatrocentos anos.

No segundo ano, o rio não encheu. Como consequência, a safra foi muito fraca, obrigando os kemetenses a importarem grãos. Ocorreram saques e tumultos devido à fome. Houve tantas pragas agrícolas que os kemetenses pensaram que tinham sido amaldiçoados pelos deuses. Gafanhotos aos milhares desceram sobre as pobres plantações, transformando-as em desertos. Os ratos saíram de suas tocas e entraram nas cidades. Em alguns lugares em que os gatos eram adorados, os felinos ficaram gordos e cevados com a fartura de roedores. Já nos lugares onde os gatos haviam sido devorados devido à fome, a população se viu cercada de ratos de toda espécie. Além disso, houve infestações de pulgas e percevejos, como resultado da imundície que tomara conta do lugar. Um eclipse solar trouxe noite no meio do dia. A água do Iterou ficou tão barrenta que não podia mais ser consumida. Foi necessário que se furassem poços e se fosse buscar água fresca dos uadis – rios – que desaguavam no Iterou. E para terminar, veio a terrível peste bubônica.

O terceiro ano, em que ainda estavam vivendo, começou muito mal. Houve muitas mortes por fome. Os felás abandonaram os campos, indo viver na cidade. Como não havia empregos para eles, faziam um pouco de tudo. Amontoavam-se em acampamen-

88 | A Saga dos Capelinos

tos abomináveis onde comiam até ratos. A peste surgiu não se sabe de onde e propagou-se com velocidade espantosa. As cidades do Norte foram as primeiras a serem atingidas e milhares morreram na primeira semana. Os cadáveres eram jogados no Iterou, outros ficavam expostos na rua. Algo inimaginável e medonho. A praga logo chegou ao Sul e atacou muitos lugares, mas com menos fúria do que no Norte.

O narrador destes fatos tenebrosos era Zarkan, que acabou confessando que, quando a peste estava em seu auge, ele embarcou numa nau e fugiu para a ilha de Creta, terra dos seus antepassados. Como, ao chegar lá só viu vestígios de uma civilização que desaparecera em caos, voltou para o Kemet para encontrar tudo mais sereno e o mestre Uneg morto.

– Sua mãe Thermutis não fala isso a ninguém, pois tem vergonha – não sei de quê –, mas Uneg morreu de peste negra. E junto com ele, muita gente boa. Sabia que o outro Ramassu, o príncipe herdeiro, filho primogênito de Merneptah, o atual faraó, também morreu da peste? Junto com o príncipe morreram mais de doze filhos e filhas da família real. Com a morte de Khaemouast, o faraó agora é Merneptah, o décimo terceiro filho do falecido Ramassu II, que já assumiu com idade muito avançada. Acho que deve ter agora por volta de sessenta e quatro anos.

Ahmose vasculhou em sua memória e lembrou-se de um homem, provavelmente uns vinte e cinco anos mais velho do que ele, que sempre o tratou com civilidade e gentileza. Rememorou que Thermutis gostava dele e que ele sempre fora gentil com ela.

– Mas a culpa de tudo isso é dos malditos habirus!

Ahmose espantou-se e perguntou o motivo de tal acusação. Zarkan reportou-lhe que foram consultados os videntes dos oráculos de Ipet-Isout e que eles tinham dito que a peste viera do Norte. Além disso, alguns videntes interpretaram os sinais anteriores – gafanhotos, pulgas, percevejos, ratos, eclipse – como obra do maléfico deus dos habirus, um tal de Yahveh.

– Os habirus?!

– Sim, mestre Ahmose, Os videntes de On também viram que o terrível Yahveh dos habirus foi o culpado, devido à imundície em que viviam seus seguidores. O senhor sabia que eles matam seus filhos no rio Iterou quando não os querem mais? Eles colocam seus filhos aleijados em cestas de vime, deixando-os à deriva nas margens do Iterou para que os imensos crocodilos e os gigantescos hipopótamos os devorem. Eles fazem rituais estranhos em que jogam sangue na porta, matam carneiros e pessoas, e assam as partes sexuais para seu estranho deus. Eles são uma raça de víboras, que deveria ser expulsa do reino.

– Você acredita nisso, Zarkan?

– Eu não sei mais em que acreditar. Sou um homem de negócios e vivo de comprar e vender. Nada entendo de sortilégios, deuses e feitiçarias. Creio que o povo quer entender o que aconteceu e os monges dos deuses do Norte encontraram nos habirus uma explicação perfeita.

– E o povo crê nessas sandices?

– O povo, então, é o que mais acredita nisso. Eu mesmo tenho horror a este povo. Você já os viu? Não?! Precisa, meu amigo, precisa. São imundos, vivem em pocilgas infectadas, mantêm sexo com suas mulheres quase na frente de todo mundo. Limpam seus dejetos com a mão esquerda e a sacodem no meio dos outros quando terminam. Uma nojeira sem tamanho! Se quiser, eu o levarei para conhecer as construções da cidade de Perramassu e você verá com seus próprios olhos a nojeira em que vivem. Dali não pode sair nada que preste.

Ahmose ia retrucar quando um dos capatazes que tinha chegado naquele momento intrometeu-se na conversa e complementou:

– Além disso, eles sacrificam crianças defeituosas ao seu deus estranho. Quando têm filhos demais, eles afogam as crianças, especialmente as meninas, no Iterou ou nos uadis do deserto. De noite, invocam seu deus amaldiçoado, fazendo orgias, onde bebem cerveja estragada; muitos morrem nessas festas desregradas. Deviam todos ser expulsos do Kemet. Estaríamos muito melhor sem eles.

90 | A Saga dos Capelinos

Ahmose ficou intrigado com tanta novidade. Queria encontrar-se com Aharon e perguntar o que tinha se passado. Qual a versão dos habirus para tudo aquilo? Será que aquele povo de que Aharon falara tão bem era tão degenerado assim ou existia uma grande dose de exagero?

Chegou à casa e foi banhar-se numa das piscinas para refrescar-se do calor insuportável. Quando terminou, um dos servos lhe disse que sua mãe o procurava com insistência. Ahmose vestiu um saiote simples, cingindo-o nos quadris e foi ver a matrona, que repousava na sala principal, olhando para o lago. Ela o viu entrar e esticou a mão e, com um sorriso nos lábios, disse:

– Seu tio Merneptah quer vê-lo imediatamente. Partimos amanhã para Ouaset. Você será recebido pelo faraó. Anime-se, meu filho, seu exílio da corte terminou. Você agora voltará a ser um dos príncipes do Ta-Noutri.

Capítulo 3

Thermutis, como toda mãe devotada, queria a reintegração de Ahmose na sociedade do Kemet, especialmente junto à corte. Alguns dias após a chegada do filho, enviara à Ouaset um emissário com uma súplica ao seu irmão, o faraó Merneptah. Pedia que ela fosse recebida em audiência privada junto com seu filho Ahmose, recém-chegado de longa peregrinação pelo exterior. Merneptah que amava a irmã acabou cedendo aos rogos, permitindo que fossem os dois à sua presença.

Ahmose ficou surpreso e obedeceu contrariado. Não gostava da corte e preferia viver esquecido. Lembrava-se de quando estivera lá e da quantidade de pessoas que circulavam nos corredores com petições para isto e aquilo, usando de subterfúgios e ardis, conferenciando com intermediários e todos se locupletando com a política local. Mas agora não havia mais meios de evitar o fato teria que ir e cumprir suas obrigações com o monarca.

A viagem a Ouaset foi lenta, pois a nau devia vencer a correnteza do Iterou numa época em que o rio estava bem cheio. O calor sufocante, os mosquitos e a falta do que fazer deixaram Ahmose irritado.

Em Ouaset, foram até uma das alas do palácio, já que Thermutis iria ficar com as mulheres, enquanto Ahmose ficaria em

Ipet-Isout. Ele estava com a aparência totalmente diferente da dos kemetenses comuns. Normalmente, os hamitas tonsuravam a cabeça e eram imberbes; já Ahmose estava com os cabelos compridos e a barba enorme. Ele era peludo como o pai, com o peito cheio de pelos brancos. Os sacerdotes ficaram horrorizados com seu aspecto de nômade, mais parecendo um detestado hicso do que um nobre.

Durante uma semana, Thermutis tentou em vão marcar uma audiência com Ahmose para verem o faraó que, por alguma razão, não os recebia. Thermutis, finalmente, conseguiu ser recebida pelo irmão em uma visita fora de horário, durante um jantar íntimo. Os dois, que não se viam há dois anos, trocaram beijos. Merneptah estava particularmente de bom humor naquele dia. Começaram a comer e Thermutis esperava que o rei entrasse no assunto. Depois de terem se saciado, o monarca perguntou-lhe:

– Thermutis, por que você quer que eu receba Ahmose? Você não sabe que ele é motivo de escândalo aqui na corte? A simples menção do seu nome desenterra mexericos onde o seu nome é citado de forma injuriosa.

– Meu irmão e meu rei, o senhor sabe que o simples fato de ocupar uma posição de destaque já é motivo de risotas e zombarias. Não é Ahmose que suscita este fato, e sim o poder. O que lhe peço é que conheça o novo Ahmose, um homem que pode ser útil ao poder do faraó.

– Como assim?

Thermutis historiou em poucas palavras o curso das viagens do filho, exagerando suas atuações em Babilônia e Ur e minimizando sua passagem pela terra dos madianitas. Não comentou o fato de que fora escravo e só comentou que conhecia os principais povos potencialmente inimigos do Kemet. Os assírios, os babilônicos, os hurritas, os hititas, os cananeus e, finalmente, procurando nomes de raças estrangeiras que ela ouvira Ahmose falar, mencionou os habirus.

Merneptah impertigou-se ao escutar a referência aos habirus, mas, raposa velha, fez cara de desdém.

– Como sua majestade pode ver, Ahmose pode ser útil ao reino com seu conhecimento dos assuntos estrangeiros.

Merneptah riu da ingenuidade da irmã e redarguiu-lhe:

– Ora, Thermutis, tenho todos os conhecimentos do mundo por intermédio dos meus espiões. Eles me enviam regularmente seus relatórios. Não há nada que eu não conheça.

Thermutis não queria se dar por vencida.

– Essas informações são lidas por quem? Será que os seus escribas, que nunca saíram daqui, são capazes de interpretar povos tão diferentes e seus costumes?

O faraó desconcertou-se. Thermutis tinha razão. Uma informação precisa ser entendida e culturas diferentes podiam ter respostas diferentes para um mesmo problema. Ele olhou-a com carinho nos olhos. Era uma leoa, lutando pelo seu filhote. Estava decidido: ele o receberia por causa de sua graciosa irmã.

– Está bem! Mandarei chamá-lo e verei o que posso fazer por ele.

Thermutis saiu radiante do encontro. Só não falou com o filho naquela noite porque estava em Ipet-Isout há seis quilômetros dali e do outro lado do rio. No outro dia, entretanto, mandou um escravo chamá-lo e lhe contou detalhadamente a sua conversa com o rei. Ahmose beijou a mãe pelo esforço que estava fazendo.

Na volta para o templo, Ahmose foi pensando como era interessante a vida. Ele, nascido livre, teve mais liberdade quando fora feito escravo do que agora. Estava praticamente enclausurado, esperando que o monarca o mandasse chamar. Se fosse readmitido na corte – o que não o apetecia –, ficaria prisioneiro do rígido protocolo e das intermináveis sessões do faraó.

Naquela noite Ahmose teve um sonho nítido, como se estivesse acordado. Fora levado de seu leito por dois imensos anjos com feições severas e conduzido para onde uma luz imensa falou-lhe novamente. Era a mesma luz que ele havia visto no monte Horeb.

– Amanhã o faraó, sob minha intuição, te dará uma missão especial e estranha que tu aceitarás sem discutir. No decorrer dos dias, meus anjos te orientarão e tu lhes obedecerás. Vá e cumpra o prometido.

Ahmose acordou, banhado em suor frio. Sempre que via essa luz, seu coração disparava e estranhas recordações apareciam, como se ele tivesse tido uma existência anterior. Os monges falavam que isto era possível, mas ele sempre teve dúvidas quanto a se o homem realmente tínha várias existências, ou se era apenas fruto de uma única vida.

No outro dia, o faraó o chamou após o jantar. Ele teve que entrar no palácio por um dos portões traseiros – o de serviço – e. levado para uma sala escondida da enorme mansão. O faraó o esperava com dois outros homens de idade madura. Um era Sahuré, o general em chefe das forças do Kemet, pai do rapaz que ele surrara há vinte anos. O segundo era Djebiu, o sumo sacerdote de Amon-Rá, que Ahmose vira de relance no templo de Ipet-Isout.

Ele entrou na sala e os três homens não puderam deixar de se entreolhar, confusos e surpresos com a aparência estranha de Ahmose. Não tinha nada de um habitante do Ta-Noutri, mais parecendo um fenício ou um hicso. Ahmose atravessou o pequeno espaço que o separava do soberano e prostrou-se lentamente, seguindo o ritual estabelecido. Os mais simples jogavam-se no chão e enfiavam a cara na areia, não levantando os olhos para verem seu faraó passar. Ahmose fez tudo aquilo com elegância e refinamento. O tempo de deserto não tirara o verniz que recebera de sua mãe.

– Levante-se e sente-se à nossa frente.

Ele obedeceu e sentou-se num banco baixo, o que o obrigava a olhar para cima quando falava com o faraó.

– Então, você peregrinou por muitos países?

– Sim, majestade.

– Viveu algum tempo na Babilônia e em Ur, pelo que me disse sua mãe adotiva, minha irmã Thermutis.

Ahmose entendeu a mensagem. Ele não iria ser reconhecido como primo do faraó sob nenhuma hipótese.

– Sim, hemef (majestade).

– Como será que espera ser-me útil, Ahmose?

MOISÉS, O ENVIADO DE YAHVEH | 95

– Para mim, basta receber os raios de sol de seu olhar complacente, meu soberano e senhor.

Merneptah sorriu. Nada como o tempo e o sofrimento para colocar as pessoas em seu lugar. Ahmose não era mais aquele jovem petulante que ele tivera a oportunidade de ver na corte. Era um homem experimentado e arguto. Mas Merneptah não o queria na corte, visto que não o desejava à vista de todos para lembrá-los da falha de sua irmã Thermutis.

– Ahmose, vou colocá-lo temporariamente numa missão que creio ser de extrema utilidade e pedirei ao general Sahuré que lhe explique com detalhes.

Sahuré olhou-o com superioridade e ambos se detestaram naquele instante.

– Temos um grave problema com os habirus nas cidades de Tjeku e Perramassu. Esse povo estava construindo estas cidades para nosso falecido monarca e já deveria ter terminado há muito tempo. Nos últimos doze anos, começamos a edificar cada vez mais monumentos e muralhas apenas para mantê-los ocupados. Você entende o que seriam quase quinhentos mil homens sem trabalho, sem comida e sem futuro?

Ahmose coçou a barba. Era um grave problema. Merneptah interrompeu e comentou:

– Meu pai foi o maior construtor de todos os tempos. Fez cidades, templos e monumentos. No entanto, as condições atuais são diferentes. Depois da seca que nos atacou nos últimos anos, além das pragas e pestes, ficamos reduzidos a um mínimo disponível. Meu amado pai fez construções em todos os lugares e utilizou a mão de obra habiru em quase todos os locais, especialmente no Norte. Mas, agora, não tenho mais recursos para ficar alimentado uma multidão interminável, que cresce a cada dia.

Obviamente, ele sabia que muitos dos monumentos construídos por Ramassu já tinham sido feitos por outros faraós e que empreiteiros – nobres e sacerdotes da corte – simplesmente embolsaram o dinheiro, usaram os habirus para suas construções pessoais

96 | A Saga dos Capelinos

e, finalmente, rasparam o nome do faraó anterior e colocaram o nome de Ramassu II no lugar do verdadeiro construtor. No entanto, Ramassu entraria para a história do Ta-Noutri como o faraó que mais realizou obras públicas no Kemet.

– Será que não seria interessante doar-lhes terras e ensiná-los a serem agricultores? – perguntou Ahmose.

– Bobagem – disse Djebiu, o hierofante. – Já fizemos uma experiência com eles, dando-lhes um pedaço de terra e eles o abandonaram em menos de um ano.

O clero egípcio não era o que tinha o maior interesse em distribuir terras, pois era o segundo maior latifundiário depois do próprio faraó.

– Realmente, a situação com os habirus é crítica. Em mais dois meses deverão terminar as construções em Perramassu e Tjeku. O que devemos fazer? Mantê-los alimentados e felizes em sua miséria ou inventar uma nova atividade, apenas para mantê-los ocupados?

O comentário de Djebiu era procedente, pois ele pagava parte das despesas com os habirus. Ele complementou:

– Pensamos, algum tempo atrás, em mandá-los embora. Expulsá-los de Ta-Meri – terra amada –, mas eles não querem partir. Desejam ficar. Consideram-se filhos do Kemet.

– Existem alguns habirus ricos que poderiam ajudá-los, mas se negam, pois dizem que, se seu deus Yahveh não ajudou os pobres, não lhes cabe fazer isso. Consideram-se privilegiados e amados do seu deus por serem ricos e poderosos, mas não querem saber dos outros. Chamam-se de Israel e os outros de habirus, como se todos não descendessem de uma mesma árvore.

Merneptah fizera a análise com certo desdém. Ahmose perguntou diretamente ao faraó:

– Em que eu posso ser útil com os habirus?

Merneptah respondeu-lhe prontamente:

– Queremos que você vá até lá e converse com eles. Adquira a confiança deles. Você se apresentará como um sacerdote de Ipet-Isout que veio ensinar-lhes higiene pessoal. Bem que eles preci-

MOISÉS, O ENVIADO DE YAHVEH | 97

sam, aqueles porcos imundos! Ganhe a confiança deles e veja se é possível articular algo para que saiam deste país. Se você conseguisse se tornar um líder entre eles ou influenciar seus chefes, eles poderiam ir para alguma terra distante, o Sinai, Canaã, Líbia ou Madian, qualquer lugar, menos Ta-Meri.

Merneptah tornou-se mais intimista e disse-lhe em tom mais baixo:

– O Kemet não irá tolerar os habirus por muito tempo. Além de não termos mais recursos para continuarmos construindo cidades, templos e monumentos, temos agora outras preocupações. Meus espiões me avisaram que há coligações sendo articuladas contra mim pelos hititas em Canaã e pelos povos do mar situados na Líbia. Em breve, terei que levar meu exército para lutar contra os líbios, os hititas e seus aliados hurritas e mitânios. Não terei gente suficiente para controlar os habirus. Eles têm sido motivo de graves perturbações. Deixe eu lhe contar o que aconteceu no ano passado em Djanet.

Merneptah aproximou-se ainda mais de Ahmose e baixou o tom de voz, como se fosse confidenciar algo de secreto e muito grave.

– Escute o que vou lhe dizer. Trata-se de um segredo, pois escondemos o fato de quase todo mundo. Quando faltaram grãos, eles entraram em Djanet e atacaram os depósitos e armazéns. Tivemos que deslocar o exército e, mesmo assim, foi difícil apaziguá--los. Houve muitas mortes de lado a lado – aliás, mais do nosso do que do deles – e tivemos que triplicar a guarda. Custa-me uma fortuna manter o triplo dos soldados, além de alimentar essa massa enorme de pessoas que não faz nada. E saiba que não foram todos os habirus que atacaram nossos armazéns. Imagine se eles todos resolvessem nos atacar. Eu não tenho exército suficiente para combatê-los. Saiba, meu caro Ahmose, que eles passam de meio milhão de pessoas. Você tem noção do que é uma turba infrene, esfomeada e desesperada? Não há exército que consiga pará-los.

Neste ponto, o faraó empertigou-se na sua cadeira, voltando a sua posição de nobreza absoluta, e, cheio de jactância e empáfia, prosseguiu:

98 | A Saga dos Capelinos

– As cidades de Perramassu e Tjeku estão prontas e não consigo inaugurá-las. Imagine abrir estas cidades à nossa população e ter os habirus na porta mendigando, assaltando, empestando a cidade com seu cheiro asqueroso e suas doenças!

Ahmose não tinha o menor interesse em se meter no meio de bandidos, ladrões e biltres de toda a sorte. Essa missão não lhe traria honra ou glória, e, muito menos, dinheiro. No entanto, como recusar tal incumbência, especialmente vinda do faraó? Recusar era impossível. Se ele não tivesse tido a visão da luz no monte Horeb, na véspera, ele teria declinado com extrema polidez daquela missão que não lhe agradava. Mas como ele poderia efetivamente ser útil? Em sua mente febril, uma pessoa surgiu espontaneamente: Aharon. Somente seu amigo poderia lhe ser de alguma valia. Afinal das contas, ele era um habiru, mesmo que usasse a capa de beni Israel.

O general entrou novamente na conversa, dizendo-lhe:

– Nosso exército tem poucos mais de trinta mil homens espalhados pelo Kemet...

Merneptah interrompeu bruscamente seu general, dizendo com certa angústia na voz:

– Você entende que não posso mandar o exército atacar mais de quinhentas mil pessoas, entre elas mulheres e crianças, e matá-las. Não sou um celerado e não desejo entrar para história como um assassino de massas. Além do mais, receio que aqueles habirus, por serem tão numerosos, possam destruir meu exército. Quero que você descubra uma forma de levá-los por bem para outro lugar. Estou disposto a ajudá-lo no que for necessário. Darei o que for preciso para que não lhe falte nada.

Ahmose pensou num átimo. Será que era isso que Ninartu, o sumo sacerdote de Ur, queria dizer quando dizia que ele iria se tornar rei? Será que iria tornar-se o rei dos habirus? A luz lhe havia dito que o tornaria rei. Será que teria que ser um rei sem terra?

– Então, meu nobre Ahmose, o que acha da missão que lhe confiei? – perguntou Merneptah.

Moisés, o Enviado de Yahveh | 99

– Não sou digno de tamanho encargo, hemef. O faraó me cumula com seus favores e eu só posso abençoar o dia em que coloquei meus olhos em sua radiosa figura, ó filho de Rá.

Ahmose disse as palavras tradicionais de quem aceita uma missão sagrada dada pelo faraó. Merneptah ficou satisfeito e disse-lhe:

– Excelente, meu nobre amigo Ahmose. Vá até lá e se apresente como sacerdote de Amon-Rá, que veio para ajudá-los. Procure dirigi-los e, dentro de um ou dois meses, volte aqui para conversarmos mais um pouco e definirmos uma linha de ação definitiva.

Ahmose levantou-se e retirou-se, dando passos para trás de forma a não ficar de costas para o monarca.

Quando chegou ao corredor, concluiu que Merneptah não entendia nada da cultura daqueles habirus. Adoravam tanto seu deus Yahveh que, se ele se apresentasse como sacerdote de Amon-Rá, um outro deus, um competidor direto de Yahveh, seria considerado um herege intolerável. A sua defenestração seria feita com a rapidez de um raio, se não fosse linchado pela malta enfurecida. Aharon provavelmente saberia como proceder.

Não havia muito o que fazer em Ouaset. Já fora visitar alguns parentes e descobrira que muitos haviam morrido de doenças e velhice e outros da própria peste. Não havia quase ressentimento contra os habirus no Sul, enquanto que no Norte oriental, onde estava concentrada a maioria dos habirus pobres, a intolerância chegara às raias do paroxismo. Se houvesse qualquer fenômeno, natural ou não, provavelmente os habirus seriam inculpados.

Thermutis ficou radiante com a notícia da missão de Ahmose, sem notar, ou fazendo de conta que não reparara, que o faraó arrumara uma missão de polichinelo para seu filho, e extremamente longe da corte. Ahmose, muito mais arguto do que a mãe, sabia que a incumbência o manteria afastado da corte a maior parte do tempo, só podendo ir quando fosse chamado e ser atendido em locais ermos e escondidos das bisbilhotices da corte. Daria seus recados ao governador do hesep de Djanet, que os enviaria por correio normal até Ouaset, onde seria lido pelo ajudante de Merneptah.

100 | A Saga dos Capelinos

A viagem solitária de volta a Djanet, já que sua mãe resolvera ficar mais algum tempo na corte, foi importante para que Ahmose colocasse suas ideias em ordem.

"Vamos imaginar que eu realmente fosse tentar resolver o problema habiru, o que eu deveria fazer? Inicialmente, preciso conhecer a extensão dos problemas e suas raízes. Nada melhor do que misturar-me aos habirus, como se fosse um deles, e descobrir tudo o que puder. Para tal, é fundamental conversar com Aharon. Devo me tornar um Israel. É o que necessito fazer assim que chegar."

Em cinco dias, ele estava em Djanet, abraçando Séfora e o filho Gersão. Ausentara-se por quase um mês e o menino crescera e ficara forte, pensou, surpreso, o satisfeito pai. À noite, levou a mulher ao leito, amando-a com paixão, já que ficara longo tempo em abstinência sexual.

No outro dia, após suas abluções matinais, saiu para encontrar-se com Aharon. Ele teve que atravessar metade da cidade, pois Aharon morava no outro lado. Encontrou a casa após perguntar a direção para meia dúzia de pessoas. Tocou a sineta e um escravo veio atendê-lo. Anunciou-se e, minutos depois de o servo ter desaparecido no interior do casarão, uma intensa barulheira se fez ouvir no interior.

Era uma algazarra feliz em que predominava a voz de Aharon, que apareceu subitamente e, ofegante, jogou-se nos braços de Ahmose, como se não o tivesse visto pelos últimos vinte anos. Chorava de alegria e soluçava como uma criança. Em segundos, ficaram rodeados de mulheres, crianças e outros homens, que falavam ao mesmo tempo numa vozearia atropelante.

Ahmose assustou-se com a recepção um pouco excessivamente calorosa porque não conhecia os costumes habirus. Os costumes do Kemet em relação aos israelitas eram muito severos. Aharon teria que ter sido convidado formalmente a visitá-lo; no convite, seria estabelecido quem deveria comparecer e quais os assuntos a serem conversados. Os kemetenses ricos só chamavam os israelitas para conversar sobre assuntos monetários e negócios em geral. Aharon teria que ficar esperando pelo convite de Ahmose ou nunca mais poderia vê-lo. Por outro lado, Aharon não poderia convidá-lo, visto que corria o risco de ser interpelado pela sua congregação como herético. Ao vir espontaneamente, Ahmose demonstrava uma enorme amizade e que se considerava mais habiru do que kemetense.

Após as extravagantes demonstrações de carinho e apreço, Aharon o fez entrar. Os servos retiraram sua sandália e lavaram seus pés, num ritual que Ahmose desconhecia. Colocaram óleos finos em seus pés e mãos, e passaram perfumes exóticos em seu cabelo e barba. Ahmose recendia a jasmins e rosas, ficando por sua vez feliz com aquela prova de afeição e carinho. Aharon apresentou sua mulher e seus filhos e filhas. Apresentou a mãe e dissera-lhe que o pai havia morrido durante sua viagem a Betel, fazendo cara de sofrimento, sendo seguido de um contrito Ahmose.

Ficaram sozinhos e Ahmose, querendo esquentar o assunto, perguntou-lhe como estava indo:

– Péssimo, não podia ir pior.

– Espero que não seja a sua saúde.

– Claro que não. São os negócios. Esqueça o assunto; não adianta me queixar.

– Ora, Aharon, fale o que o incomoda.

Aharon estava nitidamente sem jeito, mas, devido à insistência do amigo, acabou falando o que lhe ia n'alma.

Aharon contou como os nobres kemetenses extorquiram dinheiro dos israelitas ricos e, na hora de pagar, disseram que não o fariam. Foram procurar os governadores do hesep e escutaram a mesma história; teriam que falar com o faraó. Ora, ele era um dos que mais tomaram dinheiro e não devolveram. Com isso, sua família e amigos tinham perdido enormes somas, que agora dormiam nos tesouros dos nobres.

Estavam ainda razoavelmente bem porque fizeram outros negócios e conseguiram grandes somas de dinheiro. No entanto, tinham medo de que os kemetenses voltassem para pegar mais. Desta forma, acabariam todos pobres e miseráveis como os habirus. Ah! Se tivessem apenas um lugar para onde ir!

102 | A Saga dos Capelinos

– E por que não voltam para a terra de Canaã que lhes foi prometida nos sonhos de Avraham? – perguntou Ahmose, num rompante, para terminar com aquelas intermináveis lamúrias.

– Seria excelente, no entanto aquele lugar está cheio de estrangeiros que ocuparam as melhores terras, as pastagens mais verdejantes e as fontes de água murmurantes. Para irmos para lá teríamos que ter um exército forte para expulsá-los. E mesmo assim, continuaríamos vassalos do faraó.

– Sim, mas o Kemet reconheceria Israel como seu aliado e trataria seu povo como vassalo, e não como escravo, pois é o que faz com vocês agora.

Aharon olhou-o seriamente e disse-lhe:

– E onde iremos conseguir reunir um exército, meu irmão Ahmose? Diga-me onde?

– Quem sabe se vocês utilizassem os habirus.

Aharon explodiu numa gargalhada sardônica, temperada com desgosto e sarcasmo.

– Os habirus, os habirus! Ora, Ahmose, eles não passam de escravos. Além do que o faraó jamais iria permitir que saíssem do Kemet. Afora este fato, os habirus não iriam querer partir. Ali só existem súcios e larápios, uma corja de imundos, malnascidos e pestilentos.

– Será que você não está exagerando? Não são todos filhos de Avraham?

– Sandices! Ter uma origem comum não nos faz iguais.

– Então o que faz?

Aharon respondeu sem pestanejar:

– Termos os mesmos valores. Aquele que pensa como eu é meu amigo, é meu irmão. Quem não pensa igual não é meu igual. Concorda?

– Digamos que sim. Neste caso, os habirus não pensam igual a você? Não têm eles o mesmo deus Yahveh? Não fazem a circuncisão nos recém-nascidos machos no oitavo dia?

– E é só isso. Os madianitas e muitas outras tribos tambem seguem o preceito de Avraham. No resto, são diferentes. Nós não

MOISÉS, O ENVIADO DE YAHVEH | 103

somos escravos dos kemetenses nem construímos suas cidades fortalecidas. Não vivemos jogados no campo como animais nem roubamos e matamos por qualquer coisa.

– Aharon, meu irmão Aharon, você é tão escravo do faraó quanto seus infortunados irmãos que constroem Perramassu. Veja o que os nobres de Ta-Meri lhe fizeram. Tiraram seu dinheiro e nunca hão de devolvê-lo. Você trabalhou de graça, em troca de pão e casa, como fazem os habirus, que não têm nenhuma opção. A pobreza não dá oportunidades a ninguém.

– A pobreza é uma atitude mental. Se realmente desejassem progredir, eles o fariam. Se não o fazem é porque não têm o estofo que nós temos. Por isto somos diferentes. Israel não é habiru.

– Israel é habiru e habiru é beni Israel. Se os pobres não são orientados para se tornarem ricos, continuarão pobres. A religião os usa para que continuem pobres e, desta forma, para que sejam dóceis e obedientes. O pobre é humilde e baixa a cerviz com facilidade. É ignorante e teme os espíritos, os deuses, os demônios e o desconhecido. É impressionável e facilmente manipulável. Então, eu lhe pergunto: por que não usar esta força para nosso proveito?

Aharon, arguto como sempre, deu-se conta de que era a primeira vez que estava tendo uma discussão com Ahmose. O neto de Ramassu II sempre fora indiferente ao destino dos habirus e agora vinha com este discruso a favor daquele povo. Onde queria chegar? Aharon perguntou-lhe, entre desconfiado e irritado:

– Não o entendo, Ahmose. O que pretende com isto tudo?

"Será esta a melhor hora de falar tudo ou de recuar e esperar uma oportunidade melhor? Será que estou sendo rápido demais? Não será melhor que Aharon ache que essas ideias sejam dele?" – pensou Ahmose.

Ele respondeu com o rosto mais angelical possível – e falso – que poderia ter:

– Não sei. Estou apenas conversando com você e respondendo às suas indagações. Você é que se queixou de que os nobres o achacaram, e eu lhe disse, conversando sem maiores preocupa-

104 | A Saga dos Capelinos

ções, que vocês deveriam voltar para a terra de seus antecedentes. Foi quando você disse que precisaria de um exército para tomar Canaã e eu sugeri que usássemos os habirus. É este o ponto que você e eu estamos discutindo.

– É verdade. Só não entendo o seu interesse em tudo isso. Os habirus são a escória de meu povo, e não creio que os israelitas aceitassem consorciar-se com eles.

Ahmose mostrou-se subitamente agastado.

– O que eu tenho com isso? Nada! Não conheço seus habirus e pouco me importo com eles.

Mudando de atitude, Ahmose demonstrou-se cordato e gentil, tocando no antebraço de Aharon, em sinal de amizade.

– Deixe este assunto para lá, Aharon. Eu vim aqui para vê-lo e não para discutir se você é ou não um habiru. Isso não me importa. Senti sua falta e é só.

Aharon, coçando sua barba, pensando rápido, começou a falar quase alto:

– Se nós nos cotizássemos, poderíamos contratar um exército de mercenários.

Ahmose, vendo a oportunidade de continuar o assunto, concluiu:

– Não tenho dúvidas de que vocês tomariam Canaã dos cananeus e, assim que o seu exército de mercenários fosse dissolvido, seus inimigos voltariam e degolariam todos. Teriam, portanto, que mantê-los até que eles tomassem o poder, escravizando vocês.

– Tem razão. É uma situação insolúvel.

– Totalmente indeslindável se não puderem contar com os habirus. Mas, como você os odeia, não há solução. Continuem aqui e sejam explorados pelos nobres do Kemet para sempre.

Aharon ficou olhando para Ahmose profundamente desconfiado. Sabia, e toda Djanet estava a par do fato, que Ahmose fora chamado para conversar com o faraó – Thermutis se encarregara de divulgar o boato – e sabia que passara quase um mês fora, em Ouaset, na corte, em estreito contato com o poder.

Ele voltara de Ouaset e já no segundo dia estava na casa de Aharon. O que aquele homem efetivamente queria dele? Ahmose, muito perceptivo, concluiu que tinha dois caminhos: a negativa ou confessar o interesse. Antes que preferisse a negativa, a esposa de Aharon entrou para anunciar que a comida estava na mesa. Fora salvo por uma circunstância fortuita. E, na próxima, o que aconteceria? Ele tinha que pensar numa estratégia mais objetiva. Não podia ficar nestes circunlóquios eternos.

Almoçaram e, na parte da tarde, quando a canícula estava mais intensa, dormiram para se refazerem da lauta refeição. Acordaram às cinco horas da tarde, quando o sol começava seu curso descendente no céu e beberam um vinho doce, enfraquecido com um pouco de água fresca. Eles se estiraram no chão entre coxins e tapetes orientais, enquanto deliciavam-se com uvas e tâmaras. Falaram um pouco de tudo e não voltaram a conversar sobre o assunto dos habirus. Ahmose considerou que plantara a semente e que, agora, ela precisava germinar por si só.

No início da noitinha, começaram a chegar vários casais israelitas, trazendo pessoas enfermas. Eram crianças, velhos, mulheres e jovens; todos foram conhecer o famoso esculápio e mago, abençoado de Yahveh, que estava na casa de Aharon. Ahmose assustou-se com a procissão de inválidos e enfermos. Não esperava nada parecido.

Aharon, quando voltara de seu exílio forçado, contou a história mais rocambolesca que sua imaginação vivaz pôde inventar. Para não dizer que fora vendido como escravo para um misraim (egípcio) execrado pelos seus próprios familiares, por ser um bastardo, situação essa que iria denegrir Aharon para sempre, disse que conhecera, em Betel, um homem que era um mago fabuloso.

Ele contou que o homem expulsava demônios – o que era verdade –, curava todas as doenças – o que era um exagero – e era capaz de falar com Yahveh como nós falamos uns com os outros – o que era uma deslavada mentira.

No momento em que Ahmose pusera o pé em casa, a mulher de Aharon mandou serviçais avisarem aos primos, sobrinhos, ir-

106 | A Saga dos Capelinos

mãos e irmãs que Ahmose, o homem com quem o grande Yahveh conversava de viva voz, estava em sua casa, aguardando para curas miraculosas e para expulsar os maus espíritos. A comunidade israelita morava num único bairro e era fácil chamá-los. Eles foram em peso, por curiosidade.

Ahmose não podia se furtar de atender aos parentes de Aharon, não depois de toda aquela propaganda e expectativa de cura milagrosa.

Começou atendendo uma menina que apresentava um quadro infeccioso aparentemente crônico e orou para que tivesse forças para curá-la. A menina tinha os olhos cavos e olheiras escuras, mostrando que comia pouco. Deu passes de força em torno do plexo solar e, compenetrado, energizou seu tórax. Neste momento a menina começou a tossir e cuspiu, depois de certo tempo, uma gosma negra.

O próximo paciente era um velho que tinha uma catarata em estado inicial. Foi tratado pelo método normal – o corte da catarata com uma faca e – sem anestesia ou assepsia – Ahmose retirou a obstrução do olho, fazendo o velho voltar a enxergar bem melhor. E assim prosseguiu a noite, sem atropelos e descanso, até que chegou um rapaz que, desde a mais tenra infância, sofria de uma oligopsiquia. Parecia totalmente idiotizado e vez por outra ficava furioso, tornando-se extremamente perigoso, já que era forte como um touro. Ao seu lado, Ahmose pôde ver três obsessores da pior espécie, sendo que um deles era tão deformado que parecia um monstrengo.

Ahmose aprofundou sua visão e observou que fios tênues ligavam os quatro personagens: os três espíritos e o demente. Aos poucos, em torno deles foram aparecendo espíritos luminosos – guardas astrais – e, em minutos, o jovem estava livre da obsessão, mas as consequências continuariam por ainda um bom tempo. Ahmose assistiu a tudo, sem dizer uma palavra, com um braço levantado. Estava extasiado com o poder dos espíritos iluminados. As pessoas que estavam na sala ficaram estáticas, aguardando o desfecho da magia, já que não podiam ver o que se passava. Quando os três elementos perniciosos foram afastados, outros espíritos iluminados voltaram e começaram a trabalhar ativamente no cérebro do jovem. Enquanto isto, o obsidiado estava sentado, amarrado com cordas grossas e não se mexia, olhando fixo para um ponto no alto. Quando a operação espiritual terminou – todo o processo levara pouco mais de cinco minutos –, o jovem subitamente estremeceu e lágrimas começaram, suavemente, a rolar de seu rosto. Ahmose viu quando os espíritos olharam para ele e lhe inspiraram palavras de amor e compaixão.

Ahmose mandou soltar o rapaz e se aproximou dele. Esticou sua mão e afagou a cabeça do jovem, que começou a fazer força para falar. De repente, num hebraico perfeitamente inteligível, ele falou uma única palavra que reúne todas as demais que representam amor, doçura e paz: – Mãe.

A assistência de mais de cinquenta pessoas levantou as mãos para os céus numa algazarra frenética. O rapaz tinha perto de vinte anos e jamais havido falado uma única palavra e vertido uma única lágrima. Era um milagre e todos olhavam para Ahmose como se fosse um grande deus. Ele, sem jeito, pois sabia que não fizera nada, quis dizer que era obra dos espíritos luminosos. Eles não iriam entender nada e por isso ele falou para todos:

– Amigos, não me olhem como se eu tivesse o poder. O verdadeiro poder pertence a Deus.

E, lembrando-se do deus dos israelitas, disse:

– O poder pertence a Yahveh.

Os israelitas entraram em total enlevo. Então, o deus de Avraham, Itzchak e Yacob não os esquecera? Durante quatrocentos anos não houve registro de nenhum prodígio feito diretamente por Yahveh. Agora havia. Yahveh enviara um mensageiro com grandes poderes e, melhor do que isso, não se esquecera de seu povo e do pacto que fizera com Avraham e seus descendentes.

Aharon olhou-o mais uma vez, atônito. Vira o amigo fazer curas e afastar demônios de gente que era a escória do mundo – em sua opinião –, mas agora era diferente: ele demonstrara o verdadeiro poder curador de Yahveh.

108 | A Saga dos Capelinos

No outro dia, Ahmose voltou para sua casa e esperou que as sementes plantadas germinassem. A comunidade israelita difundiu os feitos fabulosos de Ahmose e Aharon foi chamado para expor quem era aquele homem. Com sua proverbial loquacidade, contou uma história que ele vinha desenvolvendo há tempos. Tratava-se de um enviado de Yahveh, que recebera sua missão no monte Sinai, por uma aparição fantástica, que Aharon lembrou-se de que Ahmose lhe contara, acrescentando detalhes para impressionar sua plateia.

Os mais jovens estavam maravilhados. Yahveh havia mandado um anjo para guiá-los. No entanto, os mais experientes perguntavam: "Qual é o plano de Yahveh para nós? Se ficarmos no Kemet, seremos explorados eternamente; entretanto, se partirmos para a Líbia, as tribos de homens brancos, de olhar feroz, irão nos matar. Se formos para Canaã, os hurritas, os maobitas, os madianitas, os cananeus, os hititas, os fenícios irão nos devorar. Sairemos de um agradável cativeiro para um terrível destino, a morte, ou pior, a escravidão formal." Aharon e os mais sábios da congregação discutiram dias e noites sem saberem aonde deveriam chegar, até que Aharon disse:

— Vamos à casa de Ahmose, convidá-lo para que venha até nós e cure nossos filhos e, quando a glória de Yahveh estiver entre nós, perguntaremos ao seu emissário e ele nós dirá o que queremos saber.

Todos concordaram com Aharon e ele foi até a casa de Ahmose, junto com um servo, o qual mandou que batesse na porta, levando a mensagem de que Aharon estava ali perto para vê-lo. Ahmose mandou que trouxessem seu 'irmão' e foi recebê-lo pessoalmente, retribuindo os abraços efusivos, oferecendo doces e vinhos. Séfora veio abraçá-lo e o mesmo fez Gersão, que se lançou no pescoço do forte Aharon, beijando-o e chamando-o de tio, o que arrancou lágrimas dos olhos do comovido israelita.

Os dois homens conversaram longamente. Aharon contou-lhe tudo o que sucedera e as histórias fabulosas que desenvolvera sobre ser efetivamente filho de Amrão, portanto meio-irmão dele. Aharon justificou-se plenamente e Ahmose, mesmo não sendo adepto da mentira, achou mais prudente ser recebido pelos israelitas e habirus como meio-irmão de Aharon do que grande sacerdote de Amon-Rá, como sugerira Merneptah. Aceitaria passar-se por meio-irmão, já que seria melhor ser visto como um israelita repudiado do que um kemetense bastardo. Aharon contou-lhe as conversas dos anciãos e suas dúvidas e lhe fez uma pergunta direta:

– Ahmose, seja honesto comigo. Você acredita em Yahveh?

Ahmose viu em Aharon um homem cheio de dúvidas quanto ao futuro de sua espécie, de sua vida e da existência de seus filhos. Era preciso ser cuidadoso nas respostas para não melindrar o homem.

– Antigamente, eu não acreditava em Deus. A minha visão espiritual, no entanto, abriu-se e tenho visto coisas tão espantosas e fabulosas que, se lhe contasse, me chamaria de mentiroso. Portanto, hoje creio que só existe um único Deus, e tenho até pejo em chamá-lo disto ou aquilo. Tenho medo de nomeá-lo e ofendê-lo com a pequenez de qualquer nome. Se você o chama de Yahveh, que assim o seja. Prefiro chamá-lo de O Grande Senhor, pois sinto que lhe pertenço completamente e a única coisa que eu desejo é servi-Lo com a maior humildade possível.

– Chame-o de Adonai, que significa 'O Grande Senhor' e estará chamando um dos dez nomes de Yahveh.

– Que então seja assim. Eu o chamarei de Adonai.

Aharon pediu que Ahmose voltasse a sua casa para curar outras pessoas, que esperavam desesperadamente por sua graça. Ahmose marcou para o outro dia, no final da tarde, e apenas limitou o número a dez pessoas, pois mais do que isso o exauria. Para que ninguém saísse sem atendimento, outros dias seriam marcados.

Na hora azada, Ahmose chegou acompanhado de um servo. Na parte externa da casa já existia uma pequena multidão a esperá-lo. Eram israelitas e também alguns habirus, que haviam ouvido falar de Ahmose. Tinham vindo na esperança de serem atendidos. Os israelitas os haviam enxotado, mas eles ficaram por perto para ver Ahmose passar. Não passavam de cinco infelizes, sendo um deles aleijado devido a um acidente de trabalho. Perdera a mão e sofria de dores atrozes no membro decepado.

110 | A Saga dos Capelinos

Ahmose vinha pelo caminho quando viu a multidão – uns quinhentos homens – e continuou sua marcha. Logo alguém alertou para o fato de ele estar se aproximando. Um frenesi tomou conta da população composta por israelitas e alguns descendentes de tribos semitas, que apascentavam suas ovelhas no delta do Iterou, e os cinco habirus. Ahmose acelerou o passo quando, de repente, uma luz forte o fez estancar.

Ele parou e a luz dirigiu-se para os cinco humildes, que estavam perdidos na multidão, e uma intuição o fez ver que estava perante alguns representantes dos habirus.

– Acompanhem-me – comandou Ahmose.

A voz grave, em tom de comando, não permitiu dúvidas, e os cinco homens o acompanharam. A multidão viu o fato e não se deu conta do inusitado da situação, no entanto Aharon e dois anciãos que estavam a trinta metros tomaram consciência plena do que Ahmose fizera. Estava trazendo aqueles que haviam sido enxotados há pouco. Os habirus, os israelitas não reconhecidos pelos próprios irmãos de sangue, deviam fazer parte da resposta que Yahveh tinha para eles.

Naquela noite, Ahmose assistiu, quase passivamente, com sua vidência fabulosa, aos espíritos curarem as dores de reumatismo de um, retirarem um tumor do fígado de outro, curarem a dor da mão-fantasma do habiru e, finalmente, controlarem um encolerizado, que estava a ponto de destruir tudo. No final da sessão, durante a qual o esculápio atendera mais de trinta pessoas, foi servida uma refeição e, logo depois, ele se reuniu com mais de quarenta anciãos, que desejavam respostas às suas perguntas.

Ahmose chamara os habirus e conseguira um prato de sopa para eles. Ficaram gratos, e o que sofria de dores avantesmas confirmou-lhe que não sofria mais, mostrando o braço cotó. Naquele momento, Ahmose, com sua visão espiritual, viu que por baixo do braço físico decepado, havia um membro espiritual completo. A dor era real, pois doía no braço espiritual; por isso, quando os espíritos deram passes e aplacaram a dor espiritual, a aflição sumira. Não era magia; era apenas ciência espiritual.

MOISÉS, O ENVIADO DE YAHVEH | 111

– Digo-lhe, meu amigo, que você entrará no reino de Adonai completo, sem faltar um pedaço de seu ser.

O homem sorriu feliz e partiram todos para contarem as maravilhas do mensageiro, que Yahveh havia mandado para curá-los.

Os anciãos, homens que a vida havia macerado, não tinham meias palavras nem queriam ouvir sermões. Ahmose teria que se precaver, pois a astúcia havia feito morada no coração daqueles homens.

Após lhe darem um prato de sopa, levaram-no para uma conversa reservada com a assembleia, num grande pátio ajardinado que permitia que se acomodassem várias pessoas sentadas. Ahmose, carinhosamente conduzido por Aharon, sentou-se num dos bancos enquanto um dos anciãos fez-lhe uma pergunta direta e objetiva:

– Você faz estas maravilhas a mando de quem? Qual é o deus que o norteia?

Havia, na época, muitos feiticeiros e magos que usavam encantamentos, bruxarias e ritos para curarem, atingirem pessoas a distância e toda sorte de coisas tenebrosas ou maravilhosas. Cada um desses feiticeiros dizia representar um deus, sendo os mais famosos os do templo de Amon-Rá, o Hetbenben, o de Banebdjedet e o da deusa Uadjit, de Perouadjet. A pergunta era, portanto, procedente.

– Só há um único Deus. Os demais são apenas pálidas imagens deste único.

– Neste caso, mestre Ahmose, você confirma que se trata de Yahveh – Eu Sou?

– O que são nomes para Aquele que é o inefável! Chamá-lo disto ou daquilo não lhe define a essência infinita. Chame-o de Yahveh se lhe agrada, ou de Adonai, pouco importa.

– Como é que você faz estas maravilhas? – perguntou outro ancião.

– Só Ele sabe. As coisas acontecem sem a minha vontade. Sou um simples servo do Senhor.

Ahmose dizia estas palavras humildes com certa altivez. Não se tratava de um homem sendo questionado, e sim de alguém já respeitado, que era inquirido pelos curiosos da época.

112 | A Saga dos Capelinos

Os anciãos comentaram entre si que não podia haver dúvida de que era um homem mandado por Yahveh. Ao enviado deve-se o mesmo respeito do que ao próprio. Neste ponto, Ahmose foi inquirido por um dos participantes sobre o que deviam fazer.

– Mestre Ahmose, como lhe deve ser de pleno conhecimento, estamos numa situação estranha e contraditória. Estamos sendo espoliados pelos nobres de Misraim e nada podemos fazer, pois suas leis os protegem. Vivemos em casas confortáveis e conseguimos criar nossos filhos. Nossos extensos rebanhos engordam nas pastagens excelentes do Iterou, mas há o medo. Vivemos esperando, a qualquer momento, sermos chamados para emprestar – melhor dizer, dar – nossos tesouros para os nobres. A minha pergunta é dirigida a Yahveh, e sei que o senhor, sendo seu mensageiro, seu enviado, poderá nos responder: o que devemos fazer? Devemos permanecer aqui e pagarmos, ou devemos recusar-nos a emprestar dinheiro sem uma garantia, ou, então, devemos partir e, se for este o caso, para onde?

Ahmose já esperava esta pergunta e passara considerável tempo pensando no problema dos habirus e dos israelitas. A resposta veio em tom tranquilo.

– Minha resposta irá desagradá-los. Ouçam o que digo: querendo ou não, este é o destino que Yahveh traçou para vocês. Misraim nunca foi sua terra. Estão em situação estranha e contraditória, como vocês mesmos afirmaram, pois, em vez de se tornarem unos com as pessoas daqui, formando uma cultura única, preferiram manter a sua própria, não as aceitando. Como contraparte, geraram ódio, já que acreditam ser superiores aos locais. Se tivessem se misturado, hoje vocês seriam parte do reino e, como tal, subordinados às leis do faraó. Teriam recebido a proteção do monarca e ninguém os espoliaria sem o devido castigo. Porém, se isso tivesse acontecido, teriam esquecido Yahveh, adorando neters estranhos.

Ahmose observava o efeito de suas palavras duras ditas em tom meigo. A assembleia estava aturdida. Não esperavam que fossem recriminados pelo mensageiro de Yahveh.

– É uma estranha condição de quem não tem um chão próprio. Falta-lhes uma terra em que possam sentir-se em casa, fincando estacas, construindo cidades e gerando filhos. No entanto, vocês esqueceram as promessas de Yahveh ao patriarca Avraham. Ele disse que lhes daria Canaã. Deste modo, só lhes resta partir desta para a terra prometida a Avraham, e lá estabelecerem a sua própria civilização, a sua cultura e seus preceitos, sem que ninguém os incomode.

A assembleia ficou em polvorosa e um dos integrantes, mais agressivo, dirigindo a palavra a Ahmose, lhe perguntou:

– Como espera que menos de cinquenta mil pessoas, incluindo mulheres, crianças e velhos, possam conquistar Canaã e derrotar todos os que moram lá?

Ahmose levantou-se de sua cadeira e sua figura parecia iluminada. Sua voz era grave e ele estava sério.

– Vocês são um povo de pouca fé. Batem no peito dizendo que Yahveh é o seu deus, mas não confiam em que ele possa levá-los para a terra prometida. Será, então, que a palavra dada por Yahveh a Avraham não vale de nada?

A assembleia ficou em verdadeiro tumulto. Alguns concordavam e outros não. Aharon, vendo o distúrbio e a figura impoluta de Ahmose dominando o auditório, interveio para apaziguar os exaltados ânimos. Após bradar duas vezes, pedindo silêncio, finalmente, a assembleia parou de gritar e discutir entre si e escutou a voz de Aharon.

– Ouçam, meus amigos. Meu irmão Ahmose está aqui em sagrada missão dada por Yahveh em pessoa. Vocês viram as curas e maravilhas que fez, e ele mesmo confirmou que é o porta-voz de Yahveh. Ouçam-no com atenção, pois ele tem um plano.

A congregação parou para escutar. Ahmose, mais calmo, disse:

– Quando Yahveh fez o pacto com Avraham, ele disse que daria à sua descendência, fosse ela rica, ou pobre, filha de Israel ou qualquer um que se unisse ao pacto através da circuncisão, as terras que vão da torrente do Kemet até o deserto da Síria. Nisso se incluem também os habirus pobres, aqueles que são os construtores das ci-

114 | A Saga dos Capelinos

dades de Tjeku e Perramassu. Eles também têm direito a Canaã. Eles formarão o exército de Israel, marchando e lutando para que vocês, ricos, possam usufruir com mais calma de seus tesouros.

Ter falado nos habirus, os miseráveis, foi a gota d'água para estourarem as mais violentas discussões. Mais da metade dos participantes era definitivamente contra os habirus, considerados gentalha, corja e não israelitas. Eram uma raça de escravos, ladrões, servis e embusteiros. Uma minoria, mesmo reconhecendo que eram a escória da humanidade – um exagero flagrante –, dizia que Ahmose tinha razão, pois eram efetivamente descendentes dos filhos de Israel.

Ahmose retirou-se, majestoso, acompanhado por um apreensivo Aharon, que o levou até o portão, dando ordens para que dois servos o acompanhassem até sua casa. Ahmose, na saída, vendo a preocupação do amigo, disse-lhe:

– Nem sempre o terreno está pronto para o plantio. Muitas vezes é preciso revolver a terra, arrancar tocos e pedras para aplainar o terreno. Hoje foi o primeiro dia de uma longa série de discussões. Amanhã, desejo visitar os habirus. Quero a sua companhia, pois falo mal o hebraico, confundindo-o ainda com o copta e o caldeu. Você irá comigo, meu irmão Aharon?

– Irei, irmão Ahmose.

Os olhos de Aharon estavam marejados de lágrimas. Intuitivo como era, Aharon sentia que grandes eventos estavam sendo entabulados por Yahveh e que ele era parte importante deste processo. Abraçaram-se e Ahmose sumiu na noite.

A discussão sobre as ideias de Ahmose consumiram parte da madrugada e ninguém mudou de ideia. Havia grupos radicais que achavam que deviam ficar em Misraim e continuarem sua existência sem se preocuparem com os nobres, e outros, também inflexíveis, achavam que a palavra de Yahveh devia ser cumprida até a última letra. Se ele lhes dera Canaã, então, aquela terra era deles, e ponto final.

Houve inúmeras discussões sobre incluir ou não os habirus. Um dos mais velhos disse que Ahmose tinha razão quanto ao fato de os habirus serem descendentes de Avraham e que todos ainda manti-

MOISÉS, O ENVIADO DE YAHVEH | 115

nham o preceito da circuncisão. Outros gritaram que tal preceito não era exclusividade de Israel, já que outros povos, como os madianitas, os edomitas e várias outras tribos que não estavam ligadas a Israel, o adotavam. Os exegetas discutiram por longo tempo, lembrando que os madianitas eram filhos de Madian, filho de Avraham com Cetura; os edomitas eram descendentes de Esaú, o peludo ruivo, filho de Itzchak e irmão de Israel, portanto descendentes de Avraham.

Logo, as discussões partiram para a constatação de que, se eram também descendentes de Avraham, teriam direito à terra prometida. Claro que não, diziam os mais radicais, pois Yahveh havia reafirmado sua promessa somente com Israel quando lutou com ele durante toda a noite e, não podendo derrotá-lo, aleijou-o, tocando em sua perna e transformando-o num coxo. As discussões eram intermináveis e cada um ia buscar em suas lendas, contadas de boca a boca por mais de quinhentos anos, os motivos de ser ou não ser descendente de Avraham e, depois, mais importante do que isto, ser descendente de um dos filhos de Israel, sem o que não teria direito a Canaã.

O dia amanheceu em torno das cinco e meia e Aharon, que não dormira devido à excitação, já estava no portão de Ahmose. Os servos o deixaram entrar e, alguns minutos depois, Ahmose apareceu. O kemetense, sabendo que Aharon não dormira, sugeriu que tomasse um banho para se refrescar e avisou que um desjejum apetitoso estaria pronto em minutos. Aharon assustou-se com a proposta e recusou o banho, mas aceitou o desjejum. Ahmose notou, então, que aqueles homens não eram como os kemetenses ricos e bem-nascidos, que tomavam banhos diários. A higiene seria uma preocupação de Ahmose, já que, como médico, sabia que a sujeira era um depositário de terríveis doenças, mesmo que não entendesse ainda os processos e os motivos científicos.

Chegaram ao acampamento dos habirus em pleno horário de trabalho. O acampamento estava repleto de mulheres, velhos, crianças e alguns aleijados. Os homens estavam a uma centena de metros, no interior das muralhas de Perramassu. Ahmose pôde sentir o cheiro nauseabundo do local. As fezes eram feitas à beira

116 | A Saga dos Capelinos

dos caminhos e lá ficavam, tornando-se uma massa escura e malcheirosa, coberta de moscas. Urinavam na beira do caminho e o cheiro infestava o local. O interior das tendas não era muito melhor. Trapos sujos jogados pelo chão, restos de comida e odores de quem nunca tomou banho em sua vida formavam uma tenebrosa mistura que desconcertava qualquer olfato mais apurado.

Ahmose viu crianças nuas ou seminuas correndo e brincando; e muitos desses infantes de tenra idade tinham o estômago tão dilatado que pareciam estar grávidos. As mulheres falavam alto, de forma esganiçada, gesticulando com exagero e só paravam para ver aquelas duas figuras passarem. Aharon estava com seu traje cerimonial de sacerdote e Ahmose com roupas simples, rústicas e grosseiras, mas coloridas e alegres.

À medida que passavam, algumas mulheres mais jovens vinham oferecer seus préstimos sexuais, recusados com gentileza por Ahmose. Aharon estava visivelmente contrariado com aquele cenário. Ele sentia vergonha daquele povo que, no fundo, era o mesmo que o dele.

À proporção que entravam cada vez mais no acampamento, puderam observar que ele se estendia por vários quilômetros. Praticamente circundava toda a nova cidade de Ramassu. Ahmose, vendo a extensão, entendeu por que Merneptah queria os habirus fora daquele lugar. Se não os mandasse embora, ele teria uma pestilenta favela às portas de sua bela cidade. Além do mais, quando acabasse o trabalho, terminaria também a comida e aquela matula poderia tornar-se iracunda e destruir tudo o que havia construído. Naquele local, devia haver perto de duzentas mil pessoas, mais do que em qualquer cidade daquela época.

Eles continuaram andando e entravam, cada vez mais, na cidade-acampamento, sentindo todo tipo de cheiros e náuseas, vendo como a comida era preparada de forma abominável, pobre em variedade e rica em sujeiras. De um modo geral, as pessoas eram magras, macilentas, encurvadas e com ar de cansaço. Mesmo as mulheres mais jovens, que se prostituíam em Djanet, eram descarnadas, com olhar mortiço. Esses eram os habirus.

Capítulo 4

Ahmose tinha imaginado uma situação ruim, porém o que estava vendo era muito pior. O povo se ressentia tremendamente das condições insalubres. As doenças, a velhice precoce e os aleijões diversos grassavam no acampamento.

Eles foram se aproximando de um dos portões colossais incrustado na muralha, por onde passavam inúmeros trabalhadores carregando tijolos e pedras para terminarem a construção. Ahmose observou que havia poucos soldados kemetenses. A maioria era composta de habirus, sob uma estrita vigilância dos contramestres hebreus. Os chicotes colocados na cintura, vez por outra, eram usados pelos contramestres em seu próprios povo. Os kemetenses olhavam com tranquilidade aquele espetáculo. Se alguém quisesse fugir, poderia sair com facilidade. Ninguém iria correr atrás fugitivo. Para onde, afinal, ele iria? Morrer no deserto?

No portão, Ahmose falou com o guarda, que apontou para o interior e ele foi conversar com o chefe das obras, um kemetense magro, levemente curvado, bastante alto, com os olhos encovados. Chamava-se Teti. Era o quinto a assumir a responsabilidade pela construção da cidade, que levou quase quarenta anos para

118 | A Saga dos Capelinos

ser concluída. Estava em Perramassu há doze anos e parecia ansioso em partir. Ahmose apresentou-se como enviado do faraó e foi muito bem atendido por ele. Realmente, Merneptah mandara informar que Ahmose iria e que era para dar toda assistência ao nobre.

Ahmose, antes de entrar na sala de Teti, pediu para que Aharon fosse se informar se havia chefes ou responsáveis pelos hebreus no gigantesco acampamento, pois desejava encontrar-se com eles assim que fosse possível. Enquanto isto, conversou longamente com Teti, que lhe prestou informações de suma importância.

Inicialmente, afirmou que a cidade já poderia estar pronta se não fosse pelos habirus. O que fazer com tanta gente, após a inauguração do local? Ele disse que Merneptah sugerira usá-los para construir canais e reparar acéquias. No entanto, até mesmo estas obras de contenção do rio não absorveriam tanta gente.

Teti explicou que tinha catalogado todos os homens adultos e adolescentes com mais de quatorze anos e que pagava aos contramestres por empreitada. Cada trabalhador ficava filiado a um determinado contramestre e eles tinham uma espécie de associação, que controlava tudo dentro do campo. Havia metas de produção estabelecidas por semana: um determinado número de tijolos para um determinado número de metros de construção, e assim por diante. Quem não atingisse a meta receberia menos, até um determinado limite. Se fizessem menos da metade do estipulado, não receberiam nada. Os pagamentos eram feitos semanalmente. Confidenciou que havia guardas que, junto com os contramestres, vendiam parte dos alimentos no mercado de Djanet e de outras cidades vizinhas, dando para os operários em torno da metade do que deveriam receber.

Teti disse que o faraó destinava verdadeira fortuna para a construção de Perramassu e Tjeku, mas os desvios de verbas eram escandalosos. A maioria dos roubos era feita pelos contramestres habirus, por alguns nobres associados aos escribas responsáveis pelas compras e alguns israelitas, estes os grandes financistas de toda a fraude. Ahmose espantou-se com este fato e quis saber detalhes, os quais Teti, sem pejo e meias palavras, foi descrevendo.

MOISÉS, O ENVIADO DE YAHVEH | 119

As requisições de materiais, alimentares ou não, eram liberadas e as compras eram efetuadas pelo governador do hesep. Para efetuar a compra à vista, o dinheiro era retirado dos cofres dos israelitas e depois pago com juros aviltantes. A compra era sempre feita a menor, mas constava a quantidade requisitada, devidamente anotada pelos escribas. Deste modo, não havia como suspeitar de nada. Por outro lado, os contramestres, que moravam perto do acampamento, em confortáveis casas, assinavam, dizendo que tinham recebido a totalidade, e destinavam a metade do que recebiam para a venda, de volta ao mercado, que os recomprava por preços baixos, obtendo ainda mais lucro.

Ahmose começou a notar que eram os próprios habirus e os israelitas que esmagavam a maioria do povo hebreu. Teti disse que se sentia enojado com toda aquela situação, mas que não havia nada a ser feito. Confidenciou-lhe que quem coordenava toda a fraude, lucrando enormemente, era o próprio general Sahuré.

Ahmose quis saber a índole do povo e Teti lhe disse que quase não se misturava com eles. Preferia dizer que não havia diferenças significativas entre os habirus e os felás, só que os estrangeiros eram fanáticos por um único deus, afirmando que ele velava por eles, dando-lhes força e inspiração. Teti sorriu, um sorriso de mofa, de quem não acreditava em nenhum deus que deixava seu povo em tamanha miséria. Era um homem desiludido com o mundo e, especialmente, consigo mesmo.

Ahmose agradeceu a gentileza e saiu da sala, indo ao encontro de Aharon. Encontrou-o no portão, falando com um grupo de homens, quando um dos contramestres aproximou-se e com alguns gritos enxotou os trabalhadores de volta ao trabalho. Irado, o homem com o chicote enrolado na mão aproximou-se de Aharon, que lhe falou algo de forma imponente, fazendo-o derreter-se em desculpas e apologias. Aharon fez um gesto e o homem saiu portão afora, atrás de seus trabalhadores. Ahmose aproximou-se e perguntou o que descobrira e o que era aquilo tudo.

– Falei com os homens e eles nos esperam hoje à noite num determinado lugar do acampamento. Eu disse que você era um grande mago de Yahveh e viria para curá-los de suas doenças e afastá-los da desgraça Por mais inacreditável que possa parecer, um dos homens estava ontem na minha casa e você curou a dor na mão que ele sentia. Ele falou maravilhas de você e contou tantas bazófias a seu respeito que até eu, que costumo incrementar um pouco os fatos, fiquei envergonhado. Os homens ficaram loucos para vê-lo e estarão todos hoje à noite.

– E aquele contramestre?

– Um biltre que, quando soube com quem estava falando, desmanchou-se em rapapés.

– E o que você falou para ele?

– Ora, eu disse que era sacerdote de Yahveh, como de fato sou.

Ahmose, depois de ouvir de Teti que vários ricos israelitas estavam por trás da miséria habiru, começou a desconfiar de todos, inclusive de Aharon. Como não era de ficar com a pulga atrás da orelha, virou-se para Aharon e perguntou-lhe de chofre:

– Você sabia que existem israelitas que vivem da miséria dos habirus?

Aharon respondeu tão rápido quanto foi perguntado.

– Sabia e confesso que cheguei a ganhar dinheiro com a miséria dos meus irmãos. Depois que passei algum tempo prisioneiro, vi que era uma coisa terrível e, desde que voltei, juro, pela ira de Yahveh, que não mais negociei com mercadorias dos habirus. No entanto, a maioria dos israelitas ganha algum dinheiro com os habirus e, por isso, creio que eles tenham uma certa resistência em aceitá-los como irmãos.

Aharon, fazendo uma cara de safardana, com um sorriso sarcástico nos lábios, complementou:

– É sempre mais fácil roubar de alguém com quem nós não temos nenhum laço pessoal. Você sabe: roubar de um irmão pesa mais na consciência do que fraudar um desconhecido.

Ahmose olhou-o com seriedade e não fez nenhum comentário. De que adiantava criticar? Era preciso esperar que as pessoas encontrassem seu próprio caminho. Aharon encontrara quando

MOISÉS, O ENVIADO DE YAHVEH | 121

ficara prisioneiro e fora vendido como escravo. Ahmose também. Era importante saber tirar proveito dos desastres.

– A que hora devemos nos encontrar com os habirus?

– Duas, depois que o sol se puser.

Ainda tinham tempo e aproveitaram para conhecer a magnífica cidade que Ramassu mandara construir. Tinha capacidade para umas vinte mil pessoas, com casas amplas e ruas completamente cobertas de pedras cortadas para se encaixarem perfeitamente. Era a mais bela cidade-fantasma que existia no mundo. Os seus muros altos circundavam também a cidade de Djanet. Perramassu, como era conhecida, era quase um subúrbio de Djanet, e não propriamente uma cidade isolada das demais. Não há dúvida de que Merneptah queria inaugurá-la, pois havia uma forte demanda de boas residências e, para tanto, precisava levar os habirus para outro lugar.

Pode-se pensar que bastaria uma ordem e os exércitos do faraó poriam todos a correr. Não era bem assim. As tropas territoriais, as que podiam ser chamadas para defender o Kemet, não possuíam mais de oito mil guerreiros, estacionados em doze lugares diferentes. O resto do exército estava defendendo as possessões da Núbia, da Líbia, de Canaã e outros lugares.

Se os habirus se revoltassem e criassem problemas, Merneptah teria duzentas mil pessoas assaltando e depredando novamente Djanet e vizinhanças. Era preciso ser calmo e não provocá-los.

Na hora marcada, depois de muitas perguntas, encontraram uma espécie de praça em que um fogaréu matara uma criança alguns anos atrás e ninguém quis colocar sua tenda nas proximidades, pois diziam que o espírito do menino ainda rondava o local. Havia uma multidão à espera de Ahmose. Eles foram recebidos como dois deuses vindos do céu. Havia temor e reverência jamais vistos. Os habirus, na sua maioria, eram apenas pobres coitados apanhados entre interesses conflitantes e sem ninguém para insuflar-lhes o ânimo de resolverem por si seus problemas.

Aharon viu os líderes, que se adiantaram e os cercaram. O homem, que fora curado da atroz dor avantesma na mão, estava pre-

122 | A Saga dos Capelinos

sente e correu para beijar a mão de Ahmose, gritando em sua língua estropiada: "Ahmôsche, Ahmôsche". Ahmose o reconheceu e, quando indagou-lhe fraternalmente como estava passando, o homem derreteu-se em lágrimas. Nunca haviam falado com ele com tamanha doçura e consideração. Ele só sabia o que era o terror de ser tratado como pária de uma sociedade altamente estratificada, sem nenhuma mobilidade social.

Ahmose consolou-o, mas logo se viu cercado de mãos ansiosas em apertá-lo para sentir se ele era um homem de carne e osso ou um deus sem corpo físico. Aharon subiu num pedregulho, que lhe conferia um lugar mais alto para ser visto, e começou sua alocução.

Aharon, de forma histriônica, apresentou Ahmose aos presentes, valorizando-o ao máximo. Falou durante alguns minutos, discorrendo sobre seus milagres, suas curas e de como Yahveh, em pessoa, o havia escolhido para salvar e guiar seu povo.

Os que escutaram isso se maravilharam e levantaram as mãos aos céus. Alguns se ajoelhavam e gritavam que Yahveh fosse bendito, mil vezes bendito. Um povo simples, iletrado, crente, capaz das maiores sandices, se fosse guiado pela pessoa certa. Aharon sabia como atingir a mente simples daqueles homens e a fama de Ahmose apenas começava.

No outro dia, como um rastilho de pólvora, seu nome estava na boca de todos, até mesmo em Tjeku, onde um grupo de mais de trezentos mil habirus trabalhava em condições ainda piores, devido ao maior calor, vindo do deserto de Sur, que era obrigado a enfrentar.

Ahmose aproximou-se de um menino que estava no colo do pai. Parecia estar idiotizado. O genitor o segurava como se fosse uma pérola rara e olhava para Ahmose fixamente, como se mentalizasse para ele, orando:

– Senhor, meu Deus, sou a mais mísera das criaturas. Não mereço que olhe para mim sequer, porém meu filho não é culpado de meus pecados. Digne-se olhar para ele, mestre Ahmôsche. Digne-se olhar para ele e cure-o de suas dores.

MOISÉS, O ENVIADO DE YAHVEH | 123

Uma luz fulgurante havia chamado a atenção de Ahmose. Ele sabia que seus amigos espirituais estavam em volta do menino e que maravilhas haviam de fazer. Ele levantou a destra, até para tapar um pouco a luz radiante que estava envolvendo o menino e o pai, especialmente, umas chispas de fogo que entravam e saíam da cabeça do menino.

Todos pararam para vê-lo agir. Conheciam o garoto de quatro anos. Nunca falara ou andara. Defecava e urinava sem nenhum controle. Comida pouca lhe era empurrada boca abaixo, para ser vomitada pouco tempo depois. A criança era pele e osso.

Subitamente, o menino começou a se mexer e sua boca começou a se abrir desmesuradamente à procura de ar. Ahmose observava enquanto o espírito operava seu cérebro. Vindo do interior de seu corpinho esquálido, apareceram estranhas substâncias, que se volatilizaram em chispas fogosas. A criança acalmou-se e pareceu adormecer.

Todos os que estavam na praça apenas viram Ahmose de frente para a criança, que estava no colo do pai. Naturalmente, ninguém viu os fenômenos espirituais e, por isso, todos ficaram esperando algo espetacular por parte de Ahmose, mas ele estava parado, com um braço levantado, olhando para o menino, sem dizer palavra.

A criança mexeu-se e, depois, adormeceu. Tudo muito frustrante. O povo esperava ver o poder de Yahveh e não via nada, nenhum raio ou trovão ou algo fabuloso. Apenas uma criança dormindo no colo do pai.

Subitamente, a criança acordou em sobressalto, olhou para o pai, mexeu-se e remexeu-se no colo, como se quisesse descer e andar. Balbuciou sons – pois nem isso fazia – e Ahmose, olhando para o pai, fez um gesto para que ele pusesse o filho no chão. O homem obedeceu, mas, não tendo certeza do que iria acontecer, segurou o menino pelo ombro.

Ele colocou os pés no chão. Ainda vacilante, deu um passo, miúdo, quase sem mover o pé do chão, depois fez outro esforço e moveu o segundo pé, afastando-se do pai, que procurava cercá-

124 | A Saga dos Capelinos

-lo, caso caísse. A multidão mantinha-se silente, um silêncio tão profundo que causava a impressão de que não havia ninguém na praça. O garoto começou a andar, um pé depois do outro, ainda um pouco descoordenado, e todos o olhavam estarrecidos. Era um milagre, era o poder de Yahveh.

Neste momento, Aharon gritou do alto do seu improvisado púlpito:

– Alleluiah (louvai jubilosamente a Yahveh), pois ele demonstrou seu imenso poder, curando uma criança. Se ele é capaz de fazer essas maravilhas, por que não seria capaz de levar seu povo, os eleitos de Yahveh, para a terra que ele prometeu a Avraham, Itzchak e Yacob?

A população subitamente acordou do transe e começou a gritar: "Alleluiah, alleluiah, hoshi'anna (salva, nós te rogamos). Ahmôsche é nosso salvador, hoshi'anna, hoshi'anna."

Ahmose passou mais de seis horas seguidas atendendo às pessoas. Era um desfile de aleijados, mutilados, esfaimados, carentes de todos os tipos. Parecia que a Providência havia congregado ali o refugo da humanidade. Eram vítimas da pobreza, da insalubridade do lugar e dos péssimos hábitos higiênicos de que eram portadores. A fome e as doenças os haviam destroçado, e Ahmose, por mais que tivesse a ajuda de um batalhão de guias espirituais, médicos espirituais e obreiros do bem, era incapaz de sanear aquilo tudo.

No entanto, para os hebreus, Ahmose ou, como o chamavam, Ahmôsche, e depois, por corruptela, Môsche, era o refrigério para suas almas desesperançadas. Ele sentiu que poderia tudo com aquele povo humilde e faminto de liberdade e de alimentos para o espírito e para o corpo.

Entre os simples hebreus havia uma malta perigosa; uma súcia subordinada aos contramestres, que ganhava um prato de comida melhor para denunciar seus companheiros. Esses homens, nos dias seguintes, orientados pelos contramestres, que não viam nenhuma alteração do atual estágio dos fatos com bons olhos, começaram a denegrir a imagem de Ahmose: não passava de um kemetense bastardo, incapaz de especificar sua linhagem, filho de

MOISÉS, O ENVIADO DE YAHVEH | 125

uma meretriz do palácio – logo de quem – de Ramassu, com um pai desconhecido até da própria mãe; não passava de um espião do faraó, que os faria trabalhar em triplo se algo saísse errado.

A maioria dos fatos acontecidos na praça foi vista por pouco menos de oitocentas pessoas. O grande campo fervilhou de notícias e boatos durante a semana. Os partidários de Ahmose falavam bem, exagerando seus feitos e os detratores atacavam sua ascendência duvidosa.

Aharon, tomando ciência das graves acusações sobre a bastardia que corriam contra seu amigo, defendeu-o com a história de Ahmose ser filho de Amrão, seu meio-irmão, educado pela princesa Thermutis, depois de tê-lo resgatado do Iterou. Para tal, difundiu largamente, entre os hebreus do campo, a genealogia de sua família, inserindo Ahmose como seu meio-irmão, que, cada vez mais, ficava conhecido como Môsche.

Todas as tardes, eles iam ao acampamento e, durante horas, Ahmose atendia aos doentes e os curava na medida do esforço dos espíritos que os assistiam. Sua fama de homem santo e de grande mensageiro de Yahveh crescia. Aharon fazia proselitismo o tempo todo, arregimentando cada vez mais pessoas para a grande ideia de Ahmose tirar o povo hebreu do Misraim e levá-lo para Canaã. Em menos de um mês, os hebreus só falavam de partirem do campo de Perramassu. No entanto, os contramestres e seus asseclas voltaram à carga.

Barduh, além de ser um contramestre venal, tinha forte ascendência sobre os demais. No início da atuação de Ahmose, eles tentaram desmoralizá-lo, mas a genealogia forjada e propagada por Aharon surtiu o efeito desejado: ninguém levou os boatos a sério. Depois, eles se reuniram e discutiram sobre a proposta de Ahmose: levar o povo para a terra prometida. Obviamente, eles eram contra.

Os contramestres moravam em boas casas, criavam seus filhos com conforto e não tinham a menor vontade de se mudar para uma terra estranha. Por outro lado, não deixariam os seus escravos – os hebreus – irem embora. Era um situação interessante. O faraó do Kemet queria que partissem, mas os israelitas e os contrames-

126 | A Saga dos Capelinos

tres não queriam deixar o povo partir. Os hebreus, escravizados e vilipendiados, desejavam partir, pois a propaganda que Aharon e seu grupo de prosélitos faziam era de que Canaã era uma terra maravilhosa, onde corriam o leite e o mel. O povo simples anelava partir e achava que qualquer lugar seria melhor do que aquele enxurdeiro de excrementos e gente.

Barduh, um homem grosseiro, decidiu que seu problema devia ser resolvido mediante a destruição de Ahmose e Aharon, já que eles eram os mentores daquele insidioso movimento. Contratou alguns delinquentes e encarregou-os de assassinarem Ahmose em sua casa e, depois, dispor dos corpos no Iterou. Deviam atacar de manhã, quando Aharon passava para visitar o amigo e irem juntos até o acampamento, para as curas, que já estavam se tornando famosas.

No dia marcado, os quatro homens contratados por Barduh esgueiraram-se por um baixo matagal, que rodeava a mansão de Ahmose e, quando estavam para pular o muro, foram surpreendidos por uma patrulha kemetense que lhes deu ordem de prisão. Os homens opuseram resistência e lutaram contra o número superior de soldados do faraó. A gritaria do combate chamou a atenção de Ahmose e Aharon que correram, de dentro da casa, para ver o que ocorria. A guarnição kemetense matou dois e feriu os outros dois. Ahmose aproximou-se para ver o que estava acontecendo e, vendo o oficial, dirigiu-se a ele.

– Salve, comandante. O que foi isto?

O comandante o olhou e perguntou:

– O senhor é o nobre Ahmose?

– Sim, meu comandante, sou Ahmose.

O comandante empertigou-se todo e apresentou-se:

– Salve, mestre Ahmose, sou conhecido como Khaba, chefe de esquadrão da guarda do faraó. Esses homens pretendiam assaltar sua casa. Nós lhes demos ordem de prisão e eles resistiram.

O que intrigou Ahmose era como uma guarda do faraó estava providencialmente naquele lugar e naquele dado momento.

Moisés, o Enviado de Yahveh | 127

– Muito bem, chefe Khaba, mas, que ouse lhe perguntar, como sabiam que esse homens pretendiam assaltar minha casa?

O homem lhe respondeu:

– Os olhos de Hórus não descansam. Nossos espiões nos avisaram da tentativa de matá-lo e temos ordens de protegê-lo.

Ahmose meneou positivamente a cabeça, Então, Merneptah não se descuidara de nenhum aspecto. Estava ficando óbvio que o faraó via na missão dele algo de muito maior do que apenas ensinar os habirus a serem mais higiênicos.

Por sua vez, Aharon estava atônito. Então, seus passos eram observados e as autoridades do Kemet sabiam de tudo! O que ele achara o tempo todo que fora sedição não o era. Ele tinha sido usado por Ahmose que só podia estar conluiado com o poder constituído. De repente, na mente daquele homem inteligente e sagaz, tudo ficou muito claro. A viagem de Ahmose a Ouaset, a visita à sua casa, os milagres e, agora, os próprios kemetenses, que tudo sabiam, estavam protegendo Ahmose. Só podia ser assim, pois, se Ahmose estivesse contra o poder do faraó, ele já teria sido preso por felonia. Como fora ingênuo e estúpido!

Os guardas se retiraram com os dois feridos e levaram embora os mortos. Aharon estava cabisbaixo. Não sabia o que fazer. Ahmose, perspicaz, sentiu que o amigo estava taciturno e resolveu puxar conversa.

– O que o está incomodando? Abra-se comigo.

Aharon olhou-o furioso. Achava-se ludibriado e não gostava de se sentir usado e enganado. Não quis responder. Ahmose foi direto ao assunto:

– Você está aborrecido porque crê que foi usado e que eu o enganei. Em parte, você tem razão. Usei-o no bom sentido. Você é israelita e conhece todo mundo. Eu sou um kemetense que recebeu a missão do próprio faraó de ajudar os habirus. Acredita nisso?

– Claro que não. Por que o faraó iria se preocupar com uma súcia de miseráveis? Será que ele não tem mais com que se preocupar? Ou você quer me convencer de que Merneptah tornou-se bondoso e caritativo?

128 | A Saga dos Capelinos

Ahmose riu da fúria com que Aharon respondeu-lhe e, antes que o amigo o agredisse, falou:

– Claro que não. Ele é um chacal que sabe o que faz. Quer se livrar dos habirus. Ele nunca teve interesse neles. Ele quer inaugurar as cidades construídas por seu pai e quer aqueles infelizes distantes delas. Só que não tem mais o que fazer com eles. Ele teme que eles possam se tornar uma força devastadora no Kemet: uma invasão de mendigos, ladrões e degoladores noturnos.

Aharon começou a entender melhor o que estava acontecendo e, com um ar mais jovial, perguntou-lhe:

– Por que você não me falou antes sobre tudo isso?

– Falar o quê? Que trabalho para o faraó? Você me seguiria se eu tivesse lhe confessado isso? Por outro lado, agora que conheci os habirus, eu os amo como se fossem meus filhos. No entanto, confesso-lhe que eu mesmo não sei o que fazer para resolver esta situação. Sinto que os habirus irão para onde sugerirmos, mas os israelitas não desejam abandonar seus lares e partirem com seus irmãos hebreus.

– E daí? E se deixássemos os israelitas para trás?

– Os israelitas são importantes para a formação de uma nação.

– Como assim?

– Não podemos levar apenas os escravos e esperar que se construa uma sociedade sobre a ignorância. É preciso haver uma elite intelectual. Além disso, a riqueza e leis são o sustentáculo de um povo. Os israelitas têm riqueza, um código de leis e uma cultura baseada num único deus, Yahveh. Eles são importantes para moldar uma sociedade. Já os hebreus, os pobres habirus, são a grande massa que fornecerão mão de obra, trabalhadores braçais e soldados. Serão eles que irão fazer de Israel uma realidade. Sem eles, não haverá Israel.

– Não seria mais fácil ensinar leis e civilidade aos pobres do que levar os israelitas?

– Provavelmente. Tentaremos levar os dois grupos, mas, se não conseguirmos, os habirus devem ser a prioridade. Deixaremos os israelitas à sanha dos nobres.

MOISÉS, O ENVIADO DE YAHVEH | 129

– Ahmose, você acha que o faraó irá deixar os habirus saírem?

– Aharon, você não tem ideia da vontade e da necessidade que Merneptah tem de mandar embora os habirus. Eu creio que estaria disposto até a pagar para vê-los longe.

– Pagar?

Ahmose riu e meneou a cabeça confirmando o fato. Aharon ficou ensimesmado: o faraó estaria realmente disposto a pagar para se ver livre dos habirus?

Aharon voltou para seu bairro, ainda digerindo as informações que o tinham deixado completamente transtornado. Passou na casa de Miriam, sua dileta irmã mais velha, e, durante algumas horas, historiou toda a verdade a ela, sob o manto da jura de não revelar nada a ninguém.

Miriam era intuitiva e, sob o comando de seu guia espiritual, tudo escutou em absoluto silêncio e só falou alguns minutos depois.

– Yahveh sempre foi obscuro. Ele nunca se revelou por completo e de uma única vez aos nossos antepassados. Ele sabe que não pode contar com os benei Israel, pois somos arrogantes e cheios de preconceitos em relação aos nossos irmãos habirus. Ele sabe que seu salvador não poderia sair das fileiras dos habirus, pois são escravos e, pior do que isto, eles se acham abandonados por Yahveh, crendo que esta é sua sina e que devem carregá-la com aceitação.

Miriam levantou-se de sua cadeira, pegou uma ânfora de vinho fenício e despejou um pouco no copo do irmão e, posteriormente, colocou um pouco no seu próprio copo, e prosseguiu:

– Yahveh é um deus que tudo sabe. Portanto, foi buscar um homem de grande força moral e poderoso taumaturgo, não entre os nossos inimigos, mas entre o que há de melhor na estirpe da terra. Ramassu é descendente dos héqa-ksasut (hicsos), e Thermutis é sua filha, tendo se unido com um fenício, outro grande povo. Portanto, Ahmose é um espécime raro de grande pureza racial. Tão bom quanto nós, os benei Israel. Devemos aceitá-lo como o verdadeiro enviado de Yahveh.

Míriam prosseguiu sua alocução:

130 | A Saga dos Capelinos

– Você fez bem em inventar a história de que Ahmose é nosso irmão. Procure agora consolidar sua lenda com outros fatos.

Aharon perguntou-lhe:

– Como assim? Não basta dizer que é nosso irmão?

– Não, você deve ser convincente. Temos que criar uma história completa.

Míriam quedou-se, pensativa, até que começou a falar, lentamente, como se estivesse repetindo as palavras de alguém.

– Você lembra quando éramos adolescentes e houve uma briga terrível entre Amrão, nosso pai e nossa mãe, por causa de uma concubina de nosso pai? Nossa mãe, indignada, mandou que ela fosse embora com seu filho ainda menino. Ele devia ter oito anos, cerca de dez a menos do que eu e três a menos do que você. Nós mesmos não sabíamos que ele era nosso irmão. Esta história é muito conhecida pelo deboche que dela resultou contra a nossa pobre mãe.

– Sim, me lembro, e daí?

– Ora, meu caro Aharon, basta dizer que a pobre mulher foi trabalhar para Thermuthis como governanta e levou o menino. Após anos ele foi adotado pela princesa como sendo seu filho. Deste modo, ele é nosso irmão e, portanto, benei Israel.

– Você teve uma excelente ideia. Ele passa a ser nosso irmão, benei Israel, e, ao mesmo tempo, neto por adoção de Ramassu, sobrinho de Merneptah.

– Mais do que isso, temos que explicar que ele fugiu de Misraim por ter matado um filho do Kemet ao tentar proteger um habiru. Nada de falar que ele foi escravo dos madianitas. Toda a nossa história deve enaltecer sua procedência divina. Yahveh não mandaria um salvador que tivesse nascido pobre. É obvio que tem que ser um nobre, um homem de alta hierarquia. Não podemos ser uma raça de escravos guiados por um servo do faraó. Seria um ignóbil começo para nossa civilização.

Séfora ficou muito preocupada com o ataque e conseguiu convencer Ahmose a deixá-la partir para a terra de Jetro. Na realidade, a pobre mulher aproveitou-se do atentado para arranjar uma boa desculpa, visto que morria de tédio em Djanet. Ela não falava o copta e não conhecia ninguém. Além disso, Ahmose vivia fora de casa a maior parte do tempo, atrás dos seus estranhos habirus.

Ahmose recusou-se a deixá-la partir, e Séfora explicou-lhe que estava grávida novamente, querendo ter o filho em Madian e não numa terra estranha. Ahmose deixou-a ir depois de Aharon tê-lo convencido de que isto seria mais seguro. Aharon conseguiu que uma caravana patrocinada por um conterrâneo fidedigno a transportasse até Elat. Com isso, Ahmose ficara só em Djanet, e mais tranquilo quanto à segurança da família.

Aharon foi procurar Ahmose após alguns dias e conversaram. Aharon explicou-lhe o longo colóquio com Miriam e a que conclusão chegaram. Ahmose ficou inicialmente apreensivo, mas depois concluiu que seria uma mentira a mais no meio de uma série. Abominava a mentira, mas, neste caso, se não contassem uma história fantasiosa para demonstrar que ele era um habiru, um benei Israel, não teriam sucesso.

Ahmose e Aharon foram de tarde ao acampamento e as pessoas vieram recebê-lo com apreensão. Havia corrido um boato de que Ahmose fora morto pelos kemetenses e Aharon teria sido preso, sendo interrogado pelo faraó em pessoa. Ahmose, ao se apresentar, nada disse, mas Aharon, um alardeador de marca maior, aproveitou o ensejo para dizer que bandidos tentaram atacar Ahmose, mas que Yahveh mandara uma coorte de anjos protegê-lo e, deste modo, saiu ileso. Os contramestres ficaram enfezados, mas não podiam fazer nada contra os dois em público.

Khaba, o chefe da guarda, mandou torturar os dois homens capturados até que contassem tudo e, depois, mandou matá-los. Às altas hora da noite, Ahmose recebeu o comandante da guarda imperial, que lhe informou o que descobrira graças ao 'delicado' interrogatório. O mandante fora um tal de Barduh, que ele já mandara matar. Ahmose disse-lhe que não fizesse aquilo e o comandante respondeu-lhe que já estava sendo feito, e nada deteria a mão dos seus asseclas. Eles iriam envená-lo e ele apareceria

132 | A SAGA DOS CAPELINOS

morto no outro dia, o que seria um incentivo para que não houvesse novas tentativas.

O comandante Khaba sugeriu-lhe que armasse um grupo de habirus para serem seus guarda-costas. Aharon escutara tudo e achou muito boa a ideia do jovem soldado. Providenciaria isso na primeira oportunidade.

Na outra semana, Ahmose foi até Tjeku, que distava uns oitenta quilômetros. Aharon foi dois dias antes com uma escolta de vinte habirus – seus novos guarda-costas –, que aproveitaram para falar maravilhas de Môsche. Quando ele chegou, Tjeku o recebeu magnificamente bem, como sendo o mensageiro de Yahveh.

Ele passou oito dias no acampamento, tratando os doentes e conversando com os líderes. Como acontecera em Perramassu, os kemetenses não o perturbaram e, obedecendo a ordens superiores, fiscalizaram para que não houvesse distúrbios. Os contramestres, por sua vez, o detestaram. Já haviam ouvido falar dele e de como Barduh morrera misteriosamente. Diziam que o anjo do Senhor Yahveh o havia exterminado por ter tentado contra a vida de Ahmose. Mas, em Tjeku, ninguém tentara matá-los ainda.

No final dos oito dias, a figura de Môsche estava definitivamente implantada. Ele fizera tantas curas milagrosas, dera tantos sábios conselhos e discutira com os líderes locais a partida para Canaã, que nada mais havia a fazer senão partir para a terra prometida.

No caminho de volta a Djanet, o grupo de Ahmose foi atacado por vinte e poucos homens armados e foi com grande dificuldade que Ahmose e Aharon conseguiram fugir. De seu grupo de oito devotados homens, cinco foram feridos e dois morreram no local. O grupo de Môsche foi salvo por verdadeiro milagre. No momento crucial do combate, quando estavam completamente cercados e em desvantagem numérica, apareceu um grupo de nômades que se empenhou no combate ao lado de Môsche, matando e aprisionando quase todos.

Ahmose reconheceu o jovem comandante que o salvara na primeira vez. Ele e seu grupo os vinham seguindo desde que haviam

MOISÉS, O ENVIADO DE YAHVEH | 133

saído de Djanet para Tjeku e haviam se misturado aos quase duzentos mil habirus de Tjeku, vestidos de beduínos. Na volta, viram quando o grupo de atacantes manobrou para surpreendê-los por trás e, na hora certa, ele se engajou com sua pequena e eficiente tropa no combate, surpreendendo os agressores.

– Mais uma vez devo-lhe a vida – disse Ahmose ao kemetense.

– Só fiz meu trabalho, nobre Ahmose.

– Como é mesmo seu nome, meu jovem? – perguntou Aharon, que havia esquecido o nome do jovem comandante que os salvava pela segunda vez.

– Em Djanet, sou conhecido como Khaba, mas meu pai colocou-me o nome de Oshea.

Aharon olhou-o surpreso. Era um nome habiru. Será que aquele jovem comandante de tropa era israelita? Aharon pegou o jovem pelo braço e, afastando-se do grupo, perguntou-lhe em hebreu:

– Você é filho de quem, meu jovem?

Oshea respondeu-lhe baixinho, no mais perfeito hebreu que ele escutara:

– Sou filho de Nun, da tribo de Efraim, que era o filho mais novo de Tsafenat-Paneac.

Aharon sorriu e voltou para perto de Ahmose e disse-lhe em madianita para que os outros não o entendessem:

– Nosso amigo kemetense é israelita.

– Inacreditável! – exclamou Ahmose, espantado. Merneptah mandara que um israelita o protegesse. Naquele momento, um dos atacantes sobreviventes contava que fora contratado por um rico israelita para exterminar o grupo e não poupar ninguém, especialmente Ahmose.

"Então, os próprios israelitas é que não queriam que os habirus saíssem do Kemet. Muito interessante" – pensou Ahmose. "Uma situação completamente invertida. Eu, um kemetense, passando por hebreu, sendo ajudado por um soldado hebreu que se faz passar por kemetense, querendo levar os habirus para Canaã contra a vontade dos israelitas e apoiado secretamente pelo faraó."

134 | A Saga dos Capelinos

Eles chegaram no outro dia em Djanet, quase no crepúsculo, e Ahmose foi direto para casa. Estava cansado de andar em camelos balouçantes e agora queria tomar um banho e repousar. Aharon foi para sua própria casa e lá encontrou a esposa em polvorosa. Haviam-lhe dito que fora morto pelos habirus. Aharon, ciente de quem maquinara aquela armadilha, mandou que a mulher nada dissesse sobre seu retorno.

Oshea, contudo, não dormiu. Seguindo as ordens de que todo inimigo de Ahmose devia ser eliminado, ele e sua tropa de nove soldados altamente treinados e selecionados a dedo, entraram na casa dos quatro israelitas, naquela mesma noite, e degolaram todos, inclusive os filhos, filhas, esposas e escravos. Não ficou ninguém que pudesse reconhecê-los.

Eram cinco horas da manhã quando os soldados foram para o quartel dormir e Khaba foi fazer seu relatório verbal ao governador do hesep, que anotou, diligente, tudo num rolo de papiro e, assim que o sol estava no alto, enviou-o para Ouaset, num correio regular para a capital.

Três dias depois, Merneptah lia o relatório de Khaba, mostrado por Sahuré. Discutiram o assunto e resolveram chamar Ahmose para confabularem. Um outro papiro foi escrito por um escriba zeloso e enviado de bote para Djanet, que chegou em cinco dias. O governador chamou Khaba e lhe passou a mensagem verbalmente e depois queimou o papiro.

Khaba aproveitou a noite e chamou Ahmose, dizendo-lhe que o faraó queria conversar com ele e Aharon, sendo que Khaba os acompanharia. Ahmose não ficou particularmente satisfeito, no entanto concordou e o jovem soldado saiu para preparar a viagem secretamente.

Ahmose e Aharon saíram de Djanet e foram até On. Lá trocaram de bote, subiram o Iterou até Ouaset e foram levados até uma casa isolada. Esperaram por dois dias e, na terceira noite, um pequeno destacamento de soldados veio buscá-los. Ahmose subiu na biga de combate do comandante, junto com Khaba, enquanto Aharon subia em outra biga e partiram velozmente pela estrada poeirenta para o palácio. Entraram pela porta traseira. Passaram por extensos corredores vazios foram dar numa sala escondida atrás da sala do trono.

Entraram e esperaram. Ahmose já conhecia o local, pois havia brincado ali quando criança, mas Aharon e Khaba não conheciam o estranho e belo palácio. Alguns minutos depois entraram Merneptah e o general Sahuré. Ahmose e seus dois acompanhantes prostraram-se perante o faraó. O faraó mandou que se levantassem e convidou-os a sentarem em torno de uma mesa, onde dois escravos logo serviram vinho, cerveja, água e acepipes. Merneptah entrou direto no assunto.

– Ahmose, seu trabalho está indo muito bem. Só que estamos vendo que você enfrenta resistências de onde não esperávamos.

– Realmente, hemef. Pensei que os israelitas estariam dispostos a ir embora, já que foram tantas vezes vilipendiados. No entanto, são eles e os contramestres que nos complicam a vida. O povo simples está disposto a qualquer coisa para melhorar de vida. Há interesses muito fortes que estão em jogo e os israelitas resistem à ideia de ir embora do Kemet. Nem todos, a bem da verdade; há aqueles que estão ansiosos por partir.

Aharon baixou a fronte em sinal de assentimento.

Merneptah sorriu e disse em tom de moca:

– Alguns não foram suficientemente atingidos na parte mais sensível: a bolsa.

Aharon meneou a cabeça, assentindo.

O faraó virou-se para Sahuré e disse-lhe:

– Você deverá conversar com os seus amigos nobres de Djanet e do Norte para que pressionem os israelitas por novos empréstimos, que não serão devolvidos.

Ahmose sabia que isso colocaria os israelitas em profunda desesperança, o que facilitaria o seu trabalho de convencimento. No entanto, tinha medo de que os kemetenses levassem todo o ouro, os rebanhos e as riquezas dos israelitas, transformando-os num povo pobre. Desta forma, seu plano de criar um estado israelita, rico e poderoso, em Canaã, se transformaria numa utopia.

136 | A Saga dos Capelinos

– Hemef, eu lhe peço que reflita sobre tamanha pressão sobre os israelitas. Se esvaziarmos os cofres dos ricos, como poderemos estabelecer um novo país em Canaã? Uma pobreza generalizada não iria subsistir por muito tempo. Em alguns anos, os habirus voltariam ao Kemet, mais pobres do que agora.

– Ahmose tem razão, Hemef – disse Saruhé.

– Eu sei, Sahuré. Não é minha intenção empobrecer ainda mais os habirus. O que quero é criar facilidades para que Ahmose os convença a irem embora. Se eles aceitarem, poderemos restituir grande parte do que os nobres retiraram com donativos, na hora da partida.

Aharon, que se mantivera calado até então, arriscou falar algo e, com muito cuidado, pigarreou e estendeu as mãos levemente para se fazer notar pelo monarca, que o olhou e viu que ele queria falar. Fez um gesto com a mão como a dar-lhe permissão para falar. Aharon, então, cuidadosamente, indagou:

– Grandes mestres do Kemet, ouso perguntar se algum dos lordes já foi até Canaã.

Todos se entreolharam. A resposta parecia ser não. Merneptah jamais saíra do Kemet.

– Gostaria de lhes dizer que aquela terra é defendida por uma série de povos tenebrosos. Posso lhes afirmar que os habirus não serão capazes de conquistá-los.

O general Sahuré falou:

– Ele tem razão. Os povos que habitam Canaã são reticentes ao nosso domínio e têm pago muito mal os tributos. São grupos ferozes que terão que ser dominados à custa de muita luta.

E voltando-se para Khaba, perguntou-lhe de chofre:

– Os habirus poderiam ser ensinados a lutar, comandante Khaba?

O jovem respondeu sem pestanejar:

– Os habirus são homens mal nutridos e depauperados por uma vida sofrida. Não são soldados e levariam tempo para aprender. Seria necessário que se pudesse formar um exército a partir das crianças, dando-lhes boa alimentação, treinamento militar e disciplina. Levaríamos uns dez anos para isso.

Era um tempo enorme de que Merneptah sabia que não dispunha e, por isso, intercedeu:

– Vejo uma solução conciliatória. Os habirus saem do Kemet o mais rápido possível e são levados para o Sinai. Ficam lá por dez ou mais anos, preparando-se para atacar Canaã. Quando estiverem prontos, nós poderemos fazer um reide em Canaã e destruir algumas fortalezas, amansar alguns povos e expulsar os hititas, que são os inimigos mais perigosos. Depois disso, os habirus, já com um exército treinado por nós, poderão atacar, tomar a terra e fixar-se nela.

Ahmose achou a ideia de Merneptah excelente, mas havia sérios problemas.

– Acho a ideia do meu faraó absolutamente brilhante. No entanto, estamos falando de seiscentas mil pessoas e os desertos do Sinai não são generosos para com tantas pessoas. Precisaríamos alimentar esta quantidade de gente, assim como treinar este exército. Quem nos treinaria?

– O exército kemetense, naturalmente – respondeu Sahuré.

– Os habirus não devem ser treinados pelos seus atuais dominadores. Eles se sentirão prisioneiros e somente um povo livre pode construir um grande país.

As palavras de Ahmose, altamente inspiradas, ditas numa hora de grande tensão, não foram de todo felizes. Sahuré ia replicar em tom ameaçador, quando Aharon falou, mansamente:

– A tese do general Sahuré é correta, Ahmose. Nada impede que o comandante Khaba, com sua experiência militar, venha conosco e forme esquadrões de combate – replicou Aharon, apaziguando a tensão entre os dois que, visivelmente, se detestavam.

Merneptah, que sabia que Khaba era hebreu e, por isso, o colocara para proteger Ahmose, entrou na conversa e disse:

– A sugestão do nobre Aharon me parece perfeita. Khaba é a pessoa talhada para esta missão.

Khaba baixou sua fronte em sinal de agradecimento, submissão às ordens imperiais e assentimento em cumpri-las com determinação.

138 | A SAGA DOS CAPELINOS

Ahmose, assim mesmo, estava preocupado com o fato de ter que se embrenhar no deserto com quase seiscentas mil pessoas.

– Só há uma coisa que me preocupa; é o fato de ter que entrar no deserto com mais de seiscentos mil hebreus, sendo que a maioria está fraca e mal nutrida.

Merneptah respondeu-lhe:

– Ahmose, você está se esquecendo de que os israelitas têm enormes rebanhos de carneiro. Você terá que fazer uso dessas manadas. Além disso, use seus homens para caçarem, pois o deserto é cheio de vida animal. Os beduínos vivem lá desde o início dos tempos.

Ahmose aquiesceu, contrariado. Os beduínos estavam acostumados a aquele local inclemente, mas os hebreus haviam deixado de ser nômades há quatro séculos. Aharon sorriu, como a infundir-lhe confiança. Merneptah prosseguiu na sua alocução.

– Houve épocas em que pensei em enviar meu exército para conquistar um lugar para colocar os habirus, mas desisti da ideia; não tenho força suficiente para manter uma campanha contra os hititas em Canaã e os povos do mar na Líbia. Hoje o Kemet não é mais a força que foi no passado. Temos inimigos batendo em nossa porta e não serei eu que os deixarei entrar como entraram os hicsos. Sou feito de outro estofo.

Merneptah fez uma pequena pausa e, depois, prosseguiu:

– É preciso que você, Ahmose, diga aos habirus que eles estão saindo à revelia de minha vontade. Eles devem ter orgulho de partirem do Kemet. Mas também não quero que, dentro de dois ou três anos, os habirus se arrependam e voltem para o Kemet, cheios de humildade e desculpas. Quero-os fora definitivamente. Diga que, se voltarem, serão mortos, escravizados e expulsos para o deserto da Líbia, onde os brancos povos do mar irão trucidá-los. Por outro lado, se eles fossem oficialmente expulsos, jamais teriam orgulho e sentimento de nacionalidade. Pelo contrário, sairiam de cabeça baixa e com o rabo entre as pernas, como os cachorros sem dono. Sentir-se-iam escorraçados, porque hoje eles não são nada, nem kemetenses, nem israelitas. São uma massa de pessoas perigosas, sem consciência nacional. Esta é a sua maior missão, Ahmose, dar-lhes um sentimento de unidade, um espírito de corpo, uma nacionalidade.

Ahmose meneou a cabeça em assentimento. Compreendera o que a raposa do Kemet desejava.

Os cinco homens ficaram ainda algum tempo discutindo algumas estratégias para apressar a saída e qual a versão oficial que deveria ser passada para os hebreus e os kemetenses. Aharon, um verdadeiro mestre em propaganda, desenvolveu uma arguta história na qual Môsche iria aparecer como o grande salvador e o faraó seria o vilão.

Merneptah achou a história apropriada, dizendo que faria qualquer coisa para se ver livre daquela massa de pessoas o mais rápido possível. Para tal, era preciso pressionar os israelitas e fazer com que o povo ficasse com ódio do faraó. Até aquele instante, os habirus não tinham adoração fanática pelo monarca, mas, por outro lado, também não o detestavam. Agora deveriam odiá-lo, pois esse sentimento seria o alimento de suas almas; o ódio ao faraó e aos kemetenses em geral e a confiança em Yahveh e em seu enviado Môsche.

Os homens ficaram discutindo alguns pontos importantes por mais algum tempo. Entre eles, o trajeto passou a ser uma preocupação. Se os hebreus fossem retirados do Kemet e levados diretos ao Sinai, eles ficariam desconfiados. Provavelmente a maioria iria, já que não conhecia o caminho para Canaã. Mas os israelitas, por seu lado, conheciam os dois caminhos: o que viria a ser chamado de via dos filisteus, que beirava o mar, e o caminho de Sur, mais para dentro do deserto. Se eles fossem enganados, fariam um escândalo e, provavelmente, conseguiriam subverter a ordem.

Decidiram, então, que tomariam o caminho de Sur rumo a Canaã e que algo no caminho deveria desviá-los para o Sul, para o Sinai. Merneptah teve uma excelente ideia, que expôs ao grupo. Inicialmente, Aharon assustou-se, mas, logo que viu a extensão do assunto, observou que poderia criar uma excelente história que ressaltaria a divindade de Yahveh e a força de Ahmose.

140 | A Saga dos Capelinos

A viagem de volta a Djanet correu monótona e cansativa, sob intenso calor. Assim que chegaram à casa de Ahmose, um grupo de israelitas, que sabia que eles tinham ido conversar com o faraó, encontrou-se com os dois para saber o que tinha acontecido. Aharon, bem-preparado, havia desenvolvido uma lenda de como Môsche havia discutido asperamente com o faraó.

— O faraó resolveu que os hebreus não poderão sair do Kemet sob nenhum pretexto. Môsche lembrou ao faraó as pragas que assolaram o Kemet e que os sacerdotes de Amon-Rá haviam confirmado que foram mandadas por Yahveh. Neste instante, o monarca ficou lívido e perguntou ao nosso destemido herói se Yahveh iria mandar mais pragas e pestes sobre o Kemet, e Môsche respondeu-lhe que tudo dependia de sua atitude. Se deixasse o povo de Israel partir, nada aconteceria, mas, se os impedisse, a fúria de Yahveh se abateria com tamanho furor que exterminaria todo o Kemet.

— E daí, e daí? O que o faraó respondeu? — perguntou um dos assistentes, enquanto Aharon contava maravilhas e Ahmose recolhia-se, modestamente, para permitir que falassem bem dele sem a sua presença.

— Nesta hora, o faraó respondeu que pensaria e daria uma resposta em trinta dias. No entanto, pela expressão de terror quando Môsche falava de Yahveh, o monarca irá ceder. Disso não tenham dúvidas. Poderemos partir em breve, levando nossas riquezas e famílias.

Neste momento, iniciou-se enorme discussão entre os presentes.

— Quem é que lhes disse que vocês podem ser nossos porta-vozes? Eu não desejo sair de minha casa e muito menos ir para Canaã.

— Mas é a vontade de Yahveh, meu caro — respondeu Aharon. — Ele deseja que seu povo vá para a terra prometida.

— Pois, para mim ele não prometeu nada. Nem sei se vocês realmente falam por ele.

— Ora, Nadab, você viu que Môsche é iluminado. Ele curou a...

— Não sei de nada disso. Tudo não passa de embustes. Vi sacerdotes de On curarem pessoas também e sei que Yahveh não estava com eles.

– Isso é uma heresia, Nadab. Você está comparando nosso santo homem Môsche com aqueles sacerdotes de deuses pagãos.

Outras pessoas entraram na discussão, que estava se tornando acalorada e perigosa. Nadab, um dos líderes dos israelitas, era taxativo e não queria sair do Kemet a nenhum custo. Ahmose entrou na sala e tentou acalmar os ânimos exaltados. No entanto, ninguém lhe deu a menor atenção e ele pôde observar que aqueles homens eram estúpidos e não tinham nada de superior aos demais. Ele imaginara que os israelitas, pelo fato de terem um único deus, uma cultura mais sólida e centenária, eram mais senhores de si e tranquilos. Mas não o eram. Não passavam de homens rudes com um certo polimento que os fazia parecer sábios. Eram tão escória quanto os habirus, com a diferença de que eram mais gananciosos, ardilosos e truculentos.

Subitamente, Ahmose ficou com vontade de não mais levá-los. Se queriam ficar no Kemet e continuar a ser espoliados, então que ficassem. Ele levaria apenas os habirus e os pastores nômades que os kemetenses detestavam por comerem sua lavoura. Olhou para Aharon, vermelho de discutir, colocando o dedo em riste, e chegou-se para perto dele, segurou-o pelo ombro e falou alto:

– Pare de discutir, meu irmão Aharon. Quem quiser vir conosco que venha; serão bem-vindos. Quem não quiser vir não será obrigado.

Aharon olhou-o surpreso. Não era isso que tinham combinado com o faraó. Todos deviam partir. No entanto, ele entendeu que Môsche tinha outras ideias e não discutiu na frente dos demais. Nadab, retomando pulso sobre suas emoções, olhou Môsche com desdém e lhe disse:

– Ainda bem que você admite esta possibilidade. Não tenho a menor intenção de sair de Djanet e ninguém irá me forçar.

Ahmose olhou-o seriamente e disse numa voz forte e determinada.

– Nem você, nem ninguém é obrigado a partir. No entanto, quando Adonai determina algo, ninguém, nem mesmo eu, o faraó ou você, será capaz de recusar. Ouça o que digo, Nadab ben Iehu-

142 | A Saga dos Capelinos

dá. Você é um homem bem relacionado e querido entre os seus. É um nassi – príncipe – na tribo de Iehudá. As pessoas o escutam com respeito e consideração. A palavra de Nadab é lei em muitas tendas de pastores. Quando chegar o dia de partir, você será o primeiro a colocar seus camelos em movimento, pois Yahveh tem planos para sua pessoa e você não poderá se furtar.

Nadab olhou-o com surpresa. Esperava que Môsche o destratasse, mas ele apelou para seu orgulho e, neste aspecto, Nadab era vulnerável. Môsche acalmara os ânimos dos presentes e as pessoas começaram a sair, sendo que a maioria estava irritada com os acontecimentos. Os ricos não anelavam partir do Kemet.

Assim que as pessoas saíram, Ahmose virou-se para Aharon e disse-lhe:

– Creio que você tem razão, Aharon. Esses israelitas pernósticos não deverão ir. Só devem ir aqueles que desejam efetivamente partir.

– Se for assim, então não irá ninguém.

– Aguardemos o estratagema formulado por Merneptah. Em breve, os nobres irão achacar os israelitas e, então, veremos como eles reagirão.

Miriam, irmã de Aharon, sempre bem-informada pelo irmão, viria a ser de grande utilidade neste período conturbado. Ela também não queria deixar sua bem instalada casa, mas acreditava que Moschê era um enviado de Yahveh, pois somente Deus em pessoa mandaria alguém com tamanho poder de curar. Deste modo, Miriam, que era uma das decanas – a mais velha das mulheres – e que tinha enorme influência sobre as demais mulheres levitas, iniciou seu proselitismo, convencendo-as de que sair de Misraim era a única atitude a tomar antes de todos se tornarem escravos do faraó. Nos tempos que se seguiram, a influência das mulheres sobre seus maridos foi decisiva, seja pressionando os homens a aceiterem o comando de Moschê, seja aceitando o desterro, seja incentivando os homens a partirem.

Enquanto Moschê discutia com os anciãos, Sahuré estava indo pessoalmente arrancar dos banqueiros israelitas tudo o que pudes-

Moisés, o Enviado de Yahveh | 143

se, inclusive uma mulher, uma bela filha de Israel, que atormentara a cabeça do velho general. Rachel, filha de Ary ben Nadab, neta estimada de Nadab, havia sido vista por Sahuré alguns meses atrás e deixara o velho soldado alucinado em possuí-la. Ela tinha uma tez azeitonada, cabelos negros, olhos castanhos-claros, quase cor de mel; era alta, de quadril largo, seios fartos e cintura fina. Não passava de dezesseis anos e estava destinada a um casamento entre primos, consolidando ainda mais a riqueza da família.

Neste mesmo instante, os contramestres de Tjeku e Perramassu haviam se reunido, dispostos a terminarem com o movimento de sedição que corria entre os habirus dos dois grandes campos. Tendo sabido que Môsche fora até Ouaset a mando do faraó, desenvolveram a seguinte artimanha. O monarca ficara enfurecido com Môsche, pois ele ousara ordenar a saída do povo de Israel ao faraó. Deste modo, para vingar-se daquela afronta, os hebreus deveriam fazer a mesma quantidade de tijolos com menos palha. Os contramestres sabiam que isso irritaria os habirus contra Môsche, enfraquecendo sua posição e possibilitando que outras ações fossem encetadas até a completa eliminação dos dois intrometidos. As cartas do destino estavam sendo distribuídas e o ponto de retorno havia sido ultrapassado: o vespeiro fora sacudido e as vespas sairiam furiosas de sua casa.

CAPÍTULO 5

Os habirus ficaram indignados com a notícia de que deveriam fazer a mesma quantidade de tijolos com menos palha. Os amigos dos contramestres, infiltrados entre os hebreus, diziam que a culpa era de Môsche, que fora provocar o faraó. Os homens simples ficaram irritados e tramaram a morte de Aharon e seu irmão, assim que entrassem em Perramassu.

Oshea tinha distribuído seus espiões entre os acampamentos e todos tinham sido recrutados dos próprios hebreus. Muitos o conheciam como Oshea ben Nun e sabiam que, desde os tempos dos hicsos, todos os homens da sua família serviam ao exército. Já houvera soldados e oficiais habirus no exército do faraó, até mesmo quando os kemetenses arrasaram Jericó em 1545 a.C., \ derrubando suas altas muralhas, que nunca foram reconstruídas, deixando-as em petição de miséria. Os espiões alertaram para o perigo e Khaba avisou Môsche.

Ahmose não era homem de fugir do combate e programou sua ida a Perramassu com galhardia e coragem. No entanto, Khaba preparou seus homens de forma que ficassem de prontidão e tentassem proteger os dois mensageiros em caso de ataques.

Aharon e Môsche entraram em Perramassu ao meio-dia, quando os homens paravam para comer sua magra refeição. Na

146 | A Saga dos Capelinos

maioria das vezes aquela era a única alimentação sólida que eles ingeriam durante o dia. À noite bebiam uma espécie de sopa rala, que lhes dava sustentação até o outro dia. Quando os dois entraram, destemidos, a população logo os cercou. A maioria estava ansiosa por notícias, e alguns poucos estavam revoltados com a nova ordem. Aharon, seguindo orientação de Môsche, começou a falar para a população que acorria em massa para vê-los:

– Amigos, o grande dia de nossa libertação está próximo. O faraó ainda está reticente e deseja nos testar. Quer ver se realmente os hebreus são um grande povo que merece sua liberdade ou um ajuntamento de pessoas que mata seus profetas, trucida seus líderes e só se preocupa com as questões mesquinhas e imediatistas da vida.

A maioria ainda acreditava firmemente que Môsche era o enviado de Yahveh devido a todas as curas que fizera. Os que estavam irritados, especialmente os homens, começaram a vociferar, gritando que não fabricar os tijolos seria a ruína, pois não receberiam nenhuma comida. Não era, portanto, uma questiúncula qualquer. Tratava-se da sobrevivência deles até que pudessem partir. Se estivessem extremamente depauperados, não poderiam viajar e morreriam escravos no Kemet.

Aharon, que nunca perdia a cabeça, olhou-os e lançou um desafio:

– Até o final desta tarde, este ato será revogado. Se não o for, não creiam mais em nós e matem-nos ao primeiro sinal.

Os ouvintes – uns mil e poucos – estavam divididos. Alguns queriam enfrentar a pretensa ordem do faraó cruzando os braços – uma espécie de greve – e outros desejavam expulsar Aharon e Môsche. Ele se perguntava se aqueles homens, sem fibra e sem inteligência, de uma rudeza a toda prova, eram dignos da liberdade. Por outro lado, lembrou-se de que as pessoas simples são iguais em todos os lugares, sendo facilmente conduzidas a agirem de acordo com o que as elites determinam e sempre se queixando de que o Estado não faz nada por elas, apenas as escraviza e as suga.

Como o comando de suspender a distribuição de palha fora dado pelos contramestres e não era uma ordem do faraó, foi fácil para Khaba falar com os administradores do acampamento e providenciar que o material fosse fornecido. Os hebreus vibraram com a notícia. Os kemetenses que tomavam conta do campo disseram-lhe que não receberam a ordem do faraó e que foram os contramestres que os haviam ludibriado.

Havia contra os contramestres um ódio mal disfarçado. Todos sabiam que eles se aproveitavam de suas misérias para viverem à larga. Ninguém pensara em se vingar deles, porque, se matassem um contramestre, teriam que trabalhar com outro e não haveria mudanças radicais. Quando Aharon e Môsche apareceram, um sopro de esperança varreu os acampamentos de Perramassu e Tjeku. Eles achavam que, saindo do Kemet, iriam se livrar da opressão dos contramestres, que viviam lambendo as sandálias kemetenses. Ao descobrirem que haviam sido enganados pelos contramestres, uma raiva enorme foi se apossando deles e partiram para uma firme retaliação.

No outro dia, vários contramestres foram atacados por pequenos grupos de homens irados. Alguns foram surrados, sendo salvos pelos guardas, e houve dois ou três casos em que o contramestre foi morto.

Môsche soube do caos e foi procurar os homens junto com Aharon. Fizeram uma preleção em vários cantos do acampamento, explicando que, se o acantonamento continuasse matando contramestres, os kemetenses poderiam considerar que eles estavam fora de controle e mandar tropas imperiais para acabar com a revolta. Haveria mortes e derramamento de sangue inútil.

Môsche não queria se indispor com os contramestres. Ele sabia que teria necessidade deles. Eles eram pessoas acostumadas não só a mandar como também a organizar, coordenar e desenvolver trabalhos produtivos. Ele foi, portanto, procurá-los, pois desejava fazer uma aliança com eles.

Os contramestres de Perramassu moravam num bairro em Djanet. Viviam em casas confortáveis e não foi muito difícil encontrá-los. Môsche marcou um encontro num lugar neutro, perto do acampamento, dentro da cidade, onde estariam protegidos pela guarda kemetense.

148 | A Saga dos Capelinos

Eram pouco mais de quinhentos homens, muitos vindos de Tjeku para escutarem o que os mensageiros de Yahveh tinham para falar. De certo modo, os últimos acontecimentos – a morte e o espancamento de alguns contramestres – mostrava que os hebreus tinham Môsche em alta conta e que os contramestres haviam perdido o poder coercitivo e vil que mantinham sobre aquela população.

Aharon apresentou a proposta de Môsche, que estava presente e calado, como sempre fazia.

– Yahveh, por seu enviado Môsche, deseja que vocês se aliem aos hebreus e aos israelitas na formação da nação de Israel. Vocês também são filhos de Israel e, como tal, deverão unir-se a nós quando partirmos em breve.

Isto significava abandonar suas casas e parte da riqueza – aquela que não poderia ser transportada –, o que não os fez ficar muito felizes. Aharon continuou sua arenga:

– Vocês têm dois caminhos a seguir. O primeiro é vir conosco e juntos formarmos um único país. Não serão mais atacados pelos hebreus e nós os protegeremos de seus ataques. Por outro lado, não deverão fomentar sedição contra Yahveh e seu enviado Môsche. A segunda opção é ficarem aqui e enfrentarem a fome e a falta de trabalho, pois, quando formos embora levando os hebreus, não haverá mais construções e o faraó não os tolerará. Misraim terá grande ódio pelos hebreus e israelitas, e todos que ficarem para trás serão degolados ou escravizados. Sugiro, portanto, que venham em paz conosco para a terra prometida por Yahveh a Avraham, Itzchak e Yacob.

Um dos homens, um contramestre amigo de Barduh que fora morto envenenado, revoltou-se contra as palavras de Aharon.

– Vocês falam em Yahveh e matam na calada da noite. Eu bem sei que Môsche mandou matar Barduh e que ele amanheceu morto.

Aharon olhou-o com admiração e redarguiu:

– Nós não mandamos matá-lo e ninguém poderá nos acusar de tal coisa. Se Barduh amanheceu morto, foi por obra de Yahveh. Todos aqueles que ficarem contra Môsche e a saída do povo he-

MOISÉS, O ENVIADO DE YAHVEH | 149

breu estarão contra as determinações de Yahveh e terão que sofrer as consequências de suas decisões. Não cabe a nós decidirmos a morte de ninguém. Somos homens de paz.

– Pois não creio nestas bazófias. Conheço bem você, Aharon ben Amrão. Você não passa de um israelita da família dos levitas, que se acha superior a todos. Tive uma prima que trabalhou em sua casa e sei como você age com os habirus. Você os trata como escravos e menos do que animais, além de ter ganho muito dinheiro com a desgraça alheia.

Aharon respondeu prontamente, desarmando os espíritos dos presentes.

– É verdade. No passado, eu tratei as pessoas como se fossem menos que lixo. Eu era despótico e cruel. No entanto, Yahveh me fez ver a luz e, desde então, arrependido, tornei-me um homem de grande compaixão. Libertei todos os escravos de minha casa e aqueles que quiseram ficar tornaram-se meus amigos e não mais meus servos. Nunca mais ganhei uma peça de prata ou de ouro com a fome alheia, pois agora Yahveh é o meu caminho, é a luz que me guia na escuridão do mundo, é a coluna em que repousa o homem. Sejam como eu e libertem-se das mesquinharias do passado para renascerem como homens renovados.

Esse discurso inflamado, se não modificou a disposição dos contramestres, serviu, no entanto, para mudar o polo da conversa. Em vez de ficarem se acusando mutuamente de crimes que ambos cometeram, colocaram Yahveh como mediador da disputa. Môsche, que não havia falado nada e que estivera observando, disse, muito calmamente, em seu hebraico trôpego, mas que melhorava diariamente:

– Amigos, dentro de um mês, desejo movimentar o grupo de Perramassu até Tjeku. Conversei longamente com o faraó e ele me disse que eu poderia levar o povo para a terra prometida. Desejo convidá-los a irem conosco. No entanto, aqueles que não quiserem ir não precisarão fazê-lo. Devo, no entanto, alertá-los para o que o faraó pretende fazer.

150 | A Saga dos Capelinos

Nessa hora, todas as pessoas que estavam no local passaram a prestar atenção nas palavras de Ahmose.

– As cidades de Djedu, Tjel, Djanet e várias outras vão fornecer contingentes de população para Tjeku e Perramassu. O faraó deseja inaugurar essas cidades antes da cheias do Iterou e, desta forma, obter os bons augúrios dos deuses. Os soldados têm ordem de prenderem qualquer habiru que ainda esteja aqui e expulsá-lo para o deserto da Líbia.

Puro terror! O deserto da Líbia estava cheio de tribos indo-europeias vindas de Creta conhecidas pela ferocidade com seus prisioneiros: ou cortavam o pé, ou cegavam os escravos mais lépidos para que não tentassem fugir, castrando os metidos a valentão. Os contramestres ficaram agitados. Era melhor partirem do que enfrentarem os líbios. Môsche falou calmamente.

– Pessoas como vocês poderão ser úteis e enriquecerem na terra prometida. Teremos que construir cidades novas, abrir diques, represar rios, rasgar canais no deserto. São obras que só vocês, contramestres, acostumados a construírem cidades, poderão fazer e, com isto, enriquecerão ainda mais.

Um dos contramestres presentes, já sentindo que ficar iria significar grave perigo de ser expulso para a Líbia, perguntou a Môsche:

– Poderemos levar nossa riqueza conosco?

– Podem e devem levar tudo o que puderem carregar. Vendam suas casas e preparem-se para partir dentro de um mês.

– O faraó irá deixar?

– Nada se oporá à vontade de Yahveh – intrometeu-se Aharon.

Alguns contramestres tinham pensado em comparecer à reunião marcada e matar Aharon e Ahmose, pendurar seus corpos nas muralhas de Perramassu e mostrá-los aos hebreus. No entanto, havia guardas demais para tentarem algo. Môsche pareceu ler o pensamento deles e disse em tom conciliador e calmo:

– Sei que existem muitos de vocês que gostariam que eu morresse. No entanto, isso seria muito ruim para todos vocês. Recebi minha missão diretamente de Yahveh e, se eu for morto, ele mandará

MOISÉS, O ENVIADO DE YAHVEH | 151

outro, e outro, e outro, até que seu povo saia do Misraim. É melhor vocês tratarem comigo, que sou humano e sensível aos seus problemas, do que com um novo mensageiro de Yahveh, que poderá não ter a paciência e condescendência que eu tenho. Poderão enfrentar a ira de Yahveh, o que lhes custaria a vida, a fortuna e a felicidade. Além disso, o faraó simpatizou-se comigo, pois fui criado por sua irmã, e ele me conhece desde pequeno. No entanto, se eu morrer, ele poderá irritar-se com os hebreus e expulsá-los para o deserto da Líbia, onde o povo do mar já o está perturbando grandemente.

Um dos presentes, mais direto, perguntou:

– O que deseja de nós?

– A princípio, confiança. Quero que confiem em mim como num pai, que os levará seguro para casa. Misraim não é o nosso lar. Nascemos aqui, mas somos estranhos nesta terra. Os homens de Misraim nos detestam e nós a eles. O que nos prende aqui?

Houve um murmúrio entre os contramestres. Um deles falou rispidamente:

– O problema não é ficar; é para onde ir. Canaã foi prometida a Avraham, dizem as lendas, mas, se Yahveh realmente quisesse que aquilo fosse nosso, ele teria nos dado desde o início. Não teríamos que ser escravos em Misraim para depois partirmos e conquistarmos aquela terra. Se era para ser nossa, por que não o é desde o início da criação?

Aharon, versado nas lendas hebreias, respondeu acremente:

– Porque nós perdemos aquela terra de farturas com o assassinato dos inocentes de Siquém. Deste modo, perdemos Canaã e ela deve ser reconquistada com esforço e luta, mantida com o nosso sangue e construída com o nosso suor.

O povo hebreu sempre foi dramático, exagerando em cada situação, levando-a ao paroxismo do sinistro. As palavras ditas em tom melodramático surtiram seu efeito. Sim, eles deveriam reconquistar a terra prometida, perdida graças aos seus pecados, e o maior de todos foi o de ter matado os infelizes de Siquém, num massacre brutal e desnecessário, o que precipitou os acontecimen-

152 | A Saga dos Capelinos

tos e a ida a Misraim. Agora deveriam voltar e reconquistar à força aquela terra.

Muito poucos dos ouvintes não se deixaram contaminar pela empolgação reinante. A maioria aceitava a partida como fato irreversível, mas estava saindo com o coração opresso e com o germe da revolta em suas almas. Alguns raros, empolgados com um recomeço, estavam dispostos a aceitar a liderança de Môsche, já que não havia outra opção. Se ficassem, seriam deportados para o deserto da Líbia e as tribos brancas os escravizariam. Ir para o Sul, onde os núbios e os etíopes dominavam, também não era uma boa opção.

Ir com Môsche era tão inseguro quanto outra coisa qualquer, mas pelo menos estariam juntos. Aceitaram, pois, em não mais atacar Môsche nem atazanar a vida dos hebreus. Finalmente, Aharon obteve sua maior vitória: aumentar a ração dada aos hebreus e, com isso, fortalecer o subnutrido povo. Um mês de alimentação razoável os fortificaria para a travessia do deserto de Sur.

Enquanto Môsche conversava com os contramestres e conseguia deles uma trégua, e, até mesmo, um princípio de aliança, os nobres kemetenses, comandados pelo general Sahuré, atacavam os bolsos dos israelitas. Com o pretexto de comprarem novos grãos em Byblos, carneiros da Anatólia e bens de Damasco, Ebla e Ugarit, os nobres do Kemet forçaram os israelitas a lhes emprestarem por tempo indeterminado, uma imensa quantia. Naturalmente, alguns israelitas reagiram, tendo sido presos, e outros, impiedosamente surrados.

A casa de Nadab foi invadida por oito soldados acompanhados de Sahuré, que demandou verdadeira fortuna, surrou o filho Ary e levou a neta Rachel como refém, enquanto o total do dinheiro não fosse entregue por Nadab. Ary, o filho de Nadab e pai de Rachel, era um homem forte, com seus trinta e seis anos. Como reagiu ao assalto dos soldados à sua residência, levou duas fortes cacetadas na cabeça, o que o deixou desacordado.

Nadab chegou pouco tempo depois da saída de Sahuré e, tomando notícia do infortúnio que se abatera sobre sua casa, ficou desesperado. Num instante, tudo por que lutara por tanto tempo estava a ponto de ser destruído pelos nobres. A fortuna requisitada por Sahuré o obrigaria a vender todos os seus escravos, a casa, os rebanhos e, ainda assim, teria que pedir alguma coisa a mais aos outros israelitas. Para terminar, seu filho estava inconsciente e nada o fazia voltar daquele estado comatoso, e sua neta, a predileta de seu coração, aquela para quem desejava fazer um casamento de princesa, que lhe daria ainda mais tesouros e poder, tinha sido vilmente levada por aquele general asqueroso e corrupto.

A notícia espalhou-se pela cidade e Môsche soube do fato. Já sabia que o faraó havia mandado que os israelitas fossem extorquidos de forma a propiciar a partida imediata dos hebreus, só que não esperava tamanha fúria e ganância dos nobres. Por outro lado, vendo a oportunidade de se aproximar de Nadab, seu mais difícil adversário político, Môsche planejou uma visita imediata à casa dele, acompanhado de Aharon, que também fora extorquido em vultosa soma.

Nadab os recebeu de forma irritada e nervosa. Não sabia como iria pagar aquela enorme fortuna e reaver sua neta. Por outro lado, Ary estava morrendo lentamente. Já havia doze horas desde que fora golpeado e não reagia a nada.

Môsche pediu para ver Ary enquanto Aharon se lamuriava com Nadab, dizendo que também fora espoliado. Nadab respondeu-lhe, agressivamente, quase fora de controle:

– Aí está o resultado de sua sedição. Foram falar com o faraó e ele soltou seus chacais sobre nós. Ai de mim! Como irei pagar o que Sahuré me pede? Como reaverei minha neta?

– Tenha fé em Yahveh, meu bom Nadab.

– Que fé! Que fé! Tudo para você é fé! Yahveh não nos procura desde quando nossos pais trucidaram os habitantes de Siquém e se associaram aos hicsos, que tomaram esta terra. Somos uma raça amaldiçoada a não ter terra nossa, cama para repousar sem medo e comida para forrar o estômago.

– Nadab, não diga sandices. Môsche é o enviado de Yahveh para tirar o povo hebreu de seu cativeiro em Misraim e levá-lo à terra prometida a Avraham.

154 | A Saga dos Capelinos

– Baboseiras de crianças! Só um estúpido como você acredita nas histórias de um deus que nos abandonou por quatrocentos anos. Onde estava ele até então? Por que nossas preces e evocações não o encontraram, e agora, na pior época para sair de Misraim, ele se lembra de nós e nos manda um curandeiro, um feiticeiro, um manipulador de espíritos, um bastardo criado por Thermutis, cujo pai ninguém conhece?

Môsche estava entrando na sala naquele momento quando escutou as ofensas ditas por Nadab. Fazendo um esforço colossal para não voar no pescoço do velho e esganá-lo em sua própria casa, disse com a voz mais ácida e fria que o controle de sua raiva permitiu:

– Pois, velho Nadab, é este feiticeiro, este manipulador de espíritos, este curandeiro que você tanto detesta que acaba de salvar seu filho da morte. Vá até ele antes que Adonai se arrependa de tê-lo salvo e o leve para seu reino de glória.

Nadab ficou desconcertado. Não era para Môsche ouvir seus desaforos e também não esperava que aquele curandeiro pudesse salvar seu filho. No entanto, enquanto Nadab estivera vociferando contra tudo e todos, Ahmose fora até o quarto onde estava prostrado o corpo de Ary.

No momento em que entrou no quarto, viu que dois espíritos estavam trabalhando no cérebro do homem, tentando dissolver um pequeno coágulo, que estava impedindo o fluxo normal de sangue no encéfalo. Assim que ele viu os dois operadores e eles o viram, pediram-lhe que impusesse as mãos sobre a cabeça de Ary. Ele o fez e os dois operadores puderam retirar um pouco de seu fluido vital e injetá-lo no encéfalo do homem caído. Aquela operação não tomou mais do que dez segundos e, em menos de um minuto, Ary estava se movendo e começando a recobrar a consciência. Môsche chamou uma mulher, que lhe deu assistência, e foi contar mais um milagre de Yahveh.

Nadab entrou no quarto e viu que o filho já estava bem melhor, bebendo um pouco de água. Deitado, com o torso encostado na parede, sorria para ele. O infeliz ainda não sabia que sua filha havia sido levada como refém por Sahuré. Era melhor que não soubesse de nada por enquanto. Nadab abraçou o filho e tranquilizou-o com palavras e gestos.

Voltou logo para o salão onde Aharon e Môsche eram servidos por escravos de vinho e tâmaras secas. Nadab não era um homem dado a arroubos de gentileza, mas tinha que agradecer o milagre daquele homem grande e obscuro, que surgira em suas vidas como uma revolução. Baixou a fronte em sinal de humildade e, com um fio de voz, falou qualquer coisa que deu para entender que era uma desculpa e um agradecimento. Môsche, um homem eminentemente prático, viu nisso uma oportunidade de conseguir um grande aliado

– Ouça, amigo Nadab. Sabemos que o general Sahuré levou sua neta e que a guardará mesmo que pague tudo o que ele pediu. O velho sátiro a desejava há um certo tempo e, provavelmente, já deve ter feito suas ignomínias com a moça.

Nadab estava horrorizado. Sua neta estaria desgraçada. Era preferível que morresse do que pertencer a um egipã lúbrico.

– Há, no entanto, uma possibilidade e desejo tentá-la antes de qualquer coisa. Irei falar com Sahuré e trarei sua neta sã e salva.

– Faça isso e lhe darei o que quiser.

– Ouça suas próprias palavras, pois eu lhe cobrarei cada letra a seu próprio custo.

– Eu terei honra em pagá-la.

Aharon e Môsche não perderam tempo e saíram da casa de Nadab, dirigindo-se ao palácio do governador do hesep de Djanet, que era a antiga fortaleza de Khian, o hicso. Ao chegarem lá, pediram para falar com Sahuré que, após mais de meia hora de espera, os recebeu com profunda irritação. Sahuré abominava Ahmose antes mesmo que este tivesse surrado seu filho vinte e um anos atrás. Só o recebeu porque Ahmose possuía o sinete imperial, uma joia dada pelo próprio Merneptah em pessoa, para que ele usasse sempre que alguém do governo se intrometesse no seu caminho. Merneptah estava tão

156 | A Saga dos Capelinos

louco para se livrar dos habirus, que daria o sinete a qualquer um que o livrasse daqueles famintos que infestavam suas cidades.

– O que você deseja?

– Antes de mais nada, parabenizá-lo pela magnífica operação com os israelitas. Eles estão em polvorosa. Estou vindo da casa de Nadab, um dos seus membros mais influentes, e tive que salvar a vida do seu filho Ary, pois seus esbirros usaram de força demasiada. No entanto, há um pedido especial que quero lhe fazer.

– Diga.

– A moça Rachel, neta de Nadab, precisa ser devolvida. Se você não me entregar a moça, sairei daqui desmoralizado, pois me comprometi com os israelitas que devolveria a moça sã e intacta.

– Problema seu, Ahmose. Não se promete o que não se pode cumprir.

– Creio que o general não entendeu bem a questão que está sendo posta aqui. Se eu não levar a moça, eles não me obedecerão. Serei mais um profeta fanfarrão, desmoralizado perante o conselho dos israelitas, e, com isso, não poderei retirar os habirus do Kemet. Terei que ir até Merneptah e dizer-lhe que fracassei, e que parte deste malogro se deveu à lascívia de um dos seus mais renomados generais. Um escândalo de que Merneptah haverá de aproveitar-se ao máximo.

Sahuré e Merneptah, mesmo sendo parentes próximos, não se toleravam. O rei só não desterrava o general porque ele ainda tinha um pouco de prestígio junto à tropa. No entanto, o general sabia que, assim que fracassasse, ele teria que se afastar da corte, pois sua posição perante Merneptah se tornaria intolerável.

A vida dera muitas voltas. Sahuré e Khaemouast eram grandes amigos, mas, com a morte do sucessor, o décimo terceiro filho de Ramassu, Merneptah, assomou o poder e, agora, ele, o general Sahuré, se mantinha no cargo por um tênue fio.

Sahuré olhou Ahmose com profundo ódio. Aquele neto bastardo de Ramassu II ousava falar-lhe em tom duro e ameaçá-lo. Chamara seu desejo – quase amor – por aquela moça de lascívia. Só faltara lhe dizer que ele era um velho nojento. No entanto, sua posição com Merneptah já não era grande coisa e não deveria se arriscar por causa de uma habiru qualquer.

– Entendo sua posição. Mandarei vir a moça e você poderá notar que está inviolada. Levei-a apenas como garantia de que o velho Nadab iria pagar.

Sahuré chamou um escravo e mandou que trouxessem a moça o mais rápido possível. Assim que o serviçal saiu, Ahmose aproximou-se de Sahuré e lhe disse baixinho:

– Nadab e seus israelitas não irão pagar nada e isto é mais um trunfo em minha luta para retirá-los do Kemet. Você lhes dará um prazo de dois meses para levantarem o dinheiro solicitado e, neste ínterim, eles partirão comigo.

Insuportável! O bastardo estava a lhe dar ordens como se fosse um simples serviçal! Mas não era um simples filho espúrio; era o sangue de Ramassu que falava alto naquele homem. Que fosse, tomaria a casa de Nadab e a venderia por um bom preço.

– Que seja assim. No entanto, Merneptah espera que você leve esta corja para fora de nossa terra dentro de um mês. Se você falhar, sua vida não valerá nada.

– Não falharei – disse decidido e num tom de voz glacial.

Naquele momento, a moça entrou na sala e Aharon a cobriu com uma manto que trazia, levando-a embora, enquanto Ahmose despedia-se de Sahuré de forma seca e dura.

– Obrigado, general, por sua ajuda. Nós nos veremos.

– Sim, nós nos veremos.

O tom duro de Sahuré não o assustou. Sabia que não poderia fazer nada contra ele enquanto Merneptah fosse o faraó.

Ter voltado com a moça foi um triunfo que o colocou em posição fabulosa perante a família de Nadab e ter conseguido um adiamento do pagamento até dois meses foi outra vitória.

Aharon uniu a maioria dos israelitas, cerca de vinte e seis famílias importantes e as mais ricas, e explicou a real situação.

– Merneptah não deseja mais nenhum estrangeiro em sua terra. Quer que os hebreus saiam o mais rápido possível e, junto com

158 | A Saga dos Capelinos

eles, os filhos de Israel. Ele está disposto a nos dar dinheiro, armas e alimentos para atravessarmos o deserto de Sur e irmos para Canaã.

Um dos presentes disse:

– Conheço Canaã. Fui em peregrinação aos lugares santos de Betel e Gerara. Lá vi os maiores homens de minha vida. Verdadeiros gigantes. Além disso, os cananeus que ali moram são ferozes agricultores que odeiam qualquer nômade que invada sua terra com gado e ovelhas. Como, então, esperam que entremos na terra prometida? Não somos soldados e os hebreus escravos são magros, pequenos e não sabem guerrear. Quem os liderará em combate? Môsche é um mensageiro e Aharon, um porta-voz. Quem é o nosso guerreiro?

Aharon respondeu com voz altaneira:

– Os hebreus hão de se transformar numa nação guerreira e conquistar um espaço ao sol ou perecerão tentando. Se ficarmos aqui, a tendência é de nos tornarmos uma raça de escravos. Temos que sair e tomar Canaã. Se Yahveh nos prometeu, tenho certeza de que há de cumprir sua parte no trato. Cabe a nós cumprirmos a outra parte da aliança.

Naquele momento surgiu uma discussão descomedida entre os participantes. Nada parecia ser capaz de controlá-los. Um falava que sem exército não seriam capazes de tomar Canaã. Outro redarguia que, com o número de hebreus existentes, poderiam formar o maior exército do mundo. Môsche deixou que discutissem durante alguns minutos e, vendo que Aharon perdera o pulso da reunião, levantou-se e, com o olhar cheio de desdém e a voz cava, começou a falar. No início as pessoas não escutavam, porém logo pararam e passaram a prestar atenção em suas palavras candentes.

– Os senhores discutem como se fossem homens livres, donos de seu destino e que pudessem fazer isto ou aquilo. Perdoem-me a sinceridade, mas são tolos e néscios. Ainda não notaram que o faraó pode dispor de vocês com a facilidade de quem manda em escravos? Vejam como ele impôs um empréstimo compulsório que simplesmente os remeterá à mais sórdida pobreza. Enquanto isto,

MOISÉS, O ENVIADO DE YAHVEH | 159

vocês discutem se devem ou não patrocinar um exército. Com o
quê, se, dentro de sessenta dias, não terão mais nada?

Um silêncio havia tomado conta da sala e Môsche continuou
em seu tom de voz levemente triste, como se estivesse cansado de
tantas infantilidades:

– Ouçam minhas palavras, filhos de Israel. Vocês só têm uma única escolha: partir, pois os habitantes de Misraim são um povo condes-
cendente e gentil, e não desejam seu sangue. Se estivéssemos entre
os amoritas ou os assírios, eles já os teriam degolado ou escravizado
brutalmente. Muitos de vocês se queixam do destino dos habirus,
dizendo que os homens de Misraim os escravizam. Nada mais insen-
sato. Se eles se tornaram pobres é porque existe uma lei promulgada
por Israel que dá tudo ao primogênito e nada aos demais, a não ser
por discrição paterna. Tornaram-se pobres e miseráveis porque não
houve apoio do seu próprio povo e da família que os gerou. O faraó os alimenta, dando-lhes um trabalho braçal, mas são os próprios
contramestres e os israelitas que se locupletam de sua miséria, como
os chacais devoram a carniça dos animais mortos no deserto.

Palavras duras que arrancaram manifestações horrorizadas dos
presentes. Môsche levantou o braço e arrematou:

– Não tenho tempo nem paciência para discutir a noite inteira.
Hoje é noite de lua cheia e parto dentro de vinte e oito dias, quando
a próxima lua estiver cheia no céu. Quem quiser partir que me en-
contre em Perramassu, no portão principal. Partiremos para Tjeku,
onde incorporarei ao meu grupo os hebreus daquela cidade e partiremos pelo caminho de Sur para Canaã. Os que resolverem ficar
serão espoliados pelos nobres e expulsos para o deserto da Líbia ou
vendidos como escravos. Não me importarei com os que ficarem,
pois Yahveh só me atribuiu responsabilidades sobre os que forem
comigo e não sobre os que preferirem a defecção.

Levantou-se, dirigindo um olhar de profundo desdém à assembleia e partiu seguido por Aharon, enquanto um vozerio terrível
tomava conta do ambiente. No entanto, Nadab estava mudado. Começara a acreditar naquele homem que falava mal o hebreu, mas

160 | A Saga dos Capelinos

que salvara seu filho com uma simples imposição de mão – uma das mulheres o vira impor a destra sobre a cabeça de Ary e reestabelecê-lo prontamente – e trouxera sua neta sã e salva. Era óbvio que este homem era um enviado de Yahveh e também do próprio faraó, pois, senão, se estivesse fazendo todo aquele movimento de sedição sem a anuência do monarca, há muito tempo sua carcaça teria sido devorada pelos crocodilos do Iterou. Se Merneptah o apoiava era porque não os queria mais no Kemet, e Nadab, um homem inteligente, perspicaz, experiente e arguto, inferiu que o faraó também apoiaria as pretensões de retirar os hebreus de Misraim e a conquista de Canaã pelo neto de Ramassu II, já que ele não acreditava na história de que Ahmose era filho de Amrão e irmão de Aharon.

O discurso de Môsche fora curto e grosso. Ele tinha razão. Só havia uma única escapatória: sair do Misraim com vida. Ficar – ele já tinha provado o gosto amargo de ter sido vilipendiado por Sahuré – seria suicídio. E Nadab, do alto de sua força moral, convenceu os demais de que Môsche estava certo e que só tinham uma alternativa: o êxodo.

Môsche reuniu-se com Khaba e disse-lhe:

– De hoje em diante, você esquecerá que serviu nas forças do Kemet. Deixará seu cabelo e barba crescerem, tornando-se um hebreu. Não esquecerá, todavia, as técnicas guerreiras dos seus antigos mestres e as ensinará aos demais.

– Já esperava por isso e tenho um grupo de homens, cerca de vinte, de minha inteira confiança, que irá me acompanhar. São todos soldados do exército do faraó, descendentes de Tsafenat-Paneac. Irão comigo, pois precisamos organizar a saída de forma disciplinada e correta, sem o que corremos o risco de termos um entulho de gente que não seguirá ninguém.

– O que pretende fazer?

– Môsche, precisamos dividir o pessoal em grupos e contá-los. Irei precisar de homens fortes e corajosos para armar um exército e, como tal, terei que saber de quem disponho. Precisamos fazer um censo.

Aharon, presente à conversa, disse:

– O ideal é dividirmos Israel em doze tribos, pois doze são os filhos de Yacob. Desde que viemos para a terra de Gessém mantemos a tradição de afirmarmos que somos descendentes de Reuben, ou de Levi, ou de Iehudá, e assim por diante. Pedirmos para que as pessoas se organizem de acordo com este critério será facílimo.

Oshea, um homem de mentalidade de soldado, logo imaginou como iria montar a estrutura de seu comando. Cada tribo teria uma espécie de uniforme, que a distinguiria das demais, e formaria grupos destacados. Ele teria um subchefe, que se reportaria a ele e obedeceria a uma cadeia de comando.

Os dias seguintes foram de intensa atividade. Foram organizados doze grupos com soldados descendentes de Efraim e Manassés, filhos de Yozheph, o Tsafenat-Paneac, tati do faraó Khian. Cada família israelita forneceu grupo de pessoas letradas, capazes de recensearem os hebreus. Com isso, poderiam sair organizados em doze grandes tribos e, deste modo, poderiam facilmente se estruturar como uma nação, em doze territórios, em Canaã.

Môsche foi pessoalmente conversar e também enviou pessoas a Tjeku e Sukot, aldeia de pastores hebreus perto de Tjeku, para pedir que começassem a se organizar para a partida.

Iniciaram dividindo as pessoas de acordo com a sua ascendência. Se alguém afirmava ser levita ou de Benjamim, não se discutia muito o assunto e aceitava-se o fato como verdadeiro. Na realidade, para Môsche, não havia importância que a pessoa fosse da tribo tal ou qual. O que importava era poder dividir em grupos mais ou menos homogêneos e, desta forma, mantê-los coesos até chegarem ao destino.

Havia uma grande movimentação nos dois grandes acampamentos. Por força do acordo com o faraó, haviam conseguido dos kemetenses carroças e asnos para transportarem víveres, as pessoas mais velhas e crianças, que teriam dificuldade de andar. Foram enviados, secretamente, cerca de oitocentas espadas, dois mil e quatrocentos arcos e mais de dez mil flechas, o que era pouco.

162 | A SAGA DOS CAPELINOS

Oshea sabia que precisaria muito mais do que estava recebendo, se quisesse montar um exército capaz de combater em Canaã. Até lá teria que se contentar com o que havia! Convocou seus homens, mandando-os correr os acampamentos e retirarem cem homens de cada tribo. Esses cem homens seriam seus guerreiros e sua missão principal seria impedir desmandos nos campos hebreus e proteger as tribos de ataques externos.

Sahuré não ficara nada satisfeito com o fato de não ter podido ficar com a fortuna dos habirus, especialmente daqueles que se intitulavam filhos de Israel. Aceitara o fato de não poder ter possuído a bela Rachel, mas o dinheiro fora algo que não gostara de perder. Foi conversar com Merneptah e contou a sua versão dos fatos e conseguiu uma compensação excelente. Teria o direito de ficar com duas em cada dez de todas as propriedades dos hebreus. As demais ficariam para o faraó e os sacerdotes de Amon-Rá. Obviamente eles levariam todas as coisas que pudessem carregar, mas os imóveis não poderiam ser levados. Alguns conseguiram vender a preços vis, mas a maioria não conseguia obter preço algum para suas propriedades.

Sahuré trouxe uma ordem assinada por Merneptah, dando-lhe direitos sobre as propriedades dos hebreus. A ordem era clara, dizendo que o faraó e o clero tinham direito a oito de cada dez casas, que deveriam ser entregues ao raiar do dia da partida dos hebreus. Ele convocou Ahmose e, na calada da noite, os dois homens se encontraram. Sahuré mostrou-lhe a ordem assinada pelo poderoso da terra e Môsche anuiu. Não lhe importava que ficassem com todos os imóveis dos hebreus. Não havia nada a discutir quanto a isso. Merneptah aceitara a solicitação de Sahuré, porque isso lhe dava a certeza de que todos partiriam e não teriam para onde retornar. Era a certeza de que os israelitas haviam ido embora com os habirus.

– Quando você irá embora?

– No primeiro dia após a lua cheia.

– Como poderei saber quais são as casas dos habirus? – perguntou o ganancioso general.

Môsche havia marcado o êxodo para depois de uma festa denominada de chag ha-matsot (festa do pão ázimo). Tratava-se de uma festa pagã, que marcava o início da primavera, e era costume, entre os nômades do deserto, matarem um cordeiro e espalharem o sangue na entrada das tenda como oferta à divindade. Com a mudança dos hábitos, tornando-se mais sedentários, o sangue passou a ser aspergido na soleira da porta ou na própria porta. Môsche explicou o que pretendia fazer:

– Os israelitas e os habirus marcarão com sangue de cordeiro ou de cabrito a soleira da porta ou a própria porta. No outro dia, basta você ver a casa manchada e dela tomar posse.

– Quero avisar que, se encontrar algum habiru em casa, eu o farei prisioneiro e o venderei como escravo. Está bem entendido?

A ideia não poderia ser melhor. Sahuré ficaria visitando as suas novas propriedades por dois dias ou mais e não incomodaria os hebreus em sua partida.

Os fatos se encaixavam como num quebra-cabeça. A véspera da partida coincidia com o início da primavera no Kemet e os pastores costumavam comemorar o fato matando um cabrito ou um cordeiro. Tratava-se de velho costume tribal para que o cordeiro morto pudesse, com seu sangue doado à divindade, trazer a prolificidade e a prosperidade. Os israelitas também comemoravam o acontecimento, mas os pobres hebreus não tinham carneiro nem cabrito para ser imolado. Deste modo, Môsche poderia aproveitar-se desta data como um marco para a saída do Kemet e comemorá-la como uma festa não apenas de fertilidade, tão ao gosto dos pagãos, ou seja, uma festa religiosa, mas também de cunho nacionalista, marco da formação de uma nova nação.

Môsche conversou com Aharon sobre seu encontro com Sahuré e sobre o que combinara. Aharon entusiasmou-se com a ideia. Nada como substituir uma velha festa tribal por algo grandioso, que poderia passar de geração em geração, sendo comentado nas cidades, nos acampamentos e nas fogueiras acesas para espantar o frio do deserto e os animais selvagens.

164 | A Saga dos Capelinos

Durante a praga que atacara o Egito alguns anos antes, vários membros da família real foram atingidos pela doença, vindo a falecer. Khaemouast havia morrido muitos anos antes de velhice, mas o primogênito de Merneptah morrera recentemente de peste bubônica. Era um homem de trinta e cinco anos, já com filhos e filhas, mas a doença não o poupou.

Merneptah ficara aturdido com sua morte e de vários outros irmãos, filhos, primos e até de netos. Quando os sacerdotes de Ipet-Isout culparam os habirus pela doença, devido aos seus estranhos rituais, sua imundície e seu vingativo deus Yahveh, Merneptah, aliado a razões de Estado – livrar-se de um contingente perigoso de pessoas pobres, imundas e odiosas, além de constituir um Estado tampão para defender seu lado oriental – resolvera que se livraria da praga dos habirus.

Quando seu pai Ramassu morreu de velho, ele já havia negociado com os outros irmãos mais velhos, que tinham direito ao trono. Havia somente dois que podiam pretender o poder – o restante havia morrido de velhice, de doenças e em combates. Um estava senil, vindo a morrer em poucos meses, e o outro não tinha a têmpera para ser soberano. Cedeu seu direito ao trono por algumas regalias adicionais e propriedades luxuosas em diversos lugares do Alto Iterou. Deste modo, aos sessenta e um anos de idade, Merneptah assumiu o trono legitimamente, sendo abençoado pelos sacerdotes shem, tanto em On como em Ouaset.

Decidira livrar-se dos habirus o mais rápido possível. Ele os conhecia, tendo participado da revolta dos habirus em Djanet. Seu pai ainda era vivo e ele viu como foi difícil controlar a malta enfurecida, esfomeada e desesperada. O que viu em Djanet o deixou extremamente preocupado. Ele conhecia a guerra, pois era um guerreiro, tendo participado de vários combates. Conhecia os horrores das batalhas e tinha perfeita noção de que seu exército espalhado para defender as longas fronteiras não podia se deslocar com presteza e trucidar seiscentas mil pessoas subitamente revoltadas. Ele havia discutido o assunto com o próprio pai, que lhe recomendara pru-

MOISÉS, O ENVIADO DE YAHVEH | 165

dência ao extremo, pois ele também conhecia os horrores da fome, da desilusão e da desesperança, avisando ao filho que era preciso um estratagema, e ele o havia conseguido na figura de Ahmose.

Os hebreus lembravam-se das histórias que lhes haviam contado sobre a época da peste e das lamúrias em todo o reino, devido à morte de Ramassu, o primogênito do faraó Merneptah. Aproveitando-se disso, Aharon começou a explicar que a morte do herdeiro já fora obra de Yahveh e de seu anjo exterminador que, para intimidar o faraó, levou seu amado filho.

Aharon conseguiu convencer os hebreus de que aquela seria a grande festa dos israelitas e que marcaria o começo de uma nova nação. Para que todos fizessem a marca combinada, foi anunciado que o anjo exterminador de Yahveh estaria solto naquela noite, atacando todas as casas que não tivessem a marca de sangue no portão, levando consigo os seus primogênitos.

O medo foi o toque final para a anuência de todos. Naquela noite, para horror geral, houve uma forte tempestade com granizo e choveu copiosamente – coisa rara no Kemet –, o que deu um toque tétrico e assustador à noite. Os relâmpagos cortaram a noite e os trovões ribombaram fortemente. Se os hebreus não tivessem sido avisados de que Yahveh mandaria seu anjo exterminador para matar todos que não tivessem feito o pacto, provavelmente teria sido mais uma noite de tempestade absolutamente normal. No entanto, as histórias que cada um contou no futuro, não deixaram margens a dúvidas de que Yahveh em pessoa participou do grande morticínio.

Na véspera da partida, os israelitas fizeram a chag ha-matsot, onde Yahveh foi cultuado. No outro dia, eles estariam partindo da terra onde tinham nascido. Havia-se espalhado a notícia de que estavam sendo expulsos e as crianças do local eram as primeiras a rirem daqueles homens sisudos e vestidos com roupas pesadas de linhão rústico colorido. Os kemetenses preferiam o linho bem-tratado, colorido e quase transparente. Uma aberração para os hebreus, que não mostravam suas partes pudendas, enquanto os finos linhos dos kemetenses mal as escondiam.

166 | A SAGA DOS CAPELINOS

Na primeira hora do dia, quando o sol se levantou no horizonte, o acampamento estava em polvorosa. Muitas pessoas não haviam dormido, esperando o grande momento. Para os hebreus pobres e miseráveis, sair do Kemet era uma esperança; no entanto, para os contramestres e os israelitas, não era grande coisa. Estavam saindo contrariados. Havia a impressão de estarem sendo expulsos e de serem indesejados. Para Ahmose fora uma missão dura e perigosa que começara quase um ano antes. Era o ano de 1232 a.C. e Môsche estava com quarenta e dois anos, gozando de boa saúde física e mental.

Às nove horas da manhã, com duas horas e meia de atraso, as duzentas e cinquenta mil pessoas do campo de Perramassu começaram a se movimentar. Havia cerca de duas mil e duzentas carroças, seis mil camelos, quatorze mil cabeças de gado e dezenove mil cabritos e ovelhas.

Moveram-se a um quilômetro e meio por hora. Lento e desordenado, o grupo serpenteou o início do deserto em direção a Sukot. A aldeia ficava a cinquenta e dois quilômetros e, pelo andar da extensa caravana, levariam cinco dias para chegar lá. Após andarem oito horas, pararam e montaram acampamento. Haviam andado um pouco mais do que quatorze quilômetros e já estavam esgotados.

Naquela noite, Môsche reuniu-se com seus assessores diretos e estabeleceram nova forma de marcharem. A maioria saíra atabalhoadamente e chocara-se com os da frente. Era preciso que os grupos andassem de forma diferente. O grupo da frente devia sair primeiro, às seis horas, quando o sol nascia, e andar até as cinco horas da tarde. Os demais grupos sairiam com uma diferença de um quarto de horas, de forma a não pisarem nos calcanhares uns dos outros. O último grupo sairia às nove horas da manhã e pararia de andar às sete horas da noite. Com isto imaginavam que poderiam andar dez horas por dia, a uma velocidade média de três quilômetros por hora.

Tentaram fazer isto no outro dia e viram que parte do plano estava certa. Os grupos, ao saírem em horários diferentes, andavam de modo mais fácil. No entanto, caminhar por dez horas naquele calor era insuportável. Estabeleceram dois turnos de três horas

MOISÉS, O ENVIADO DE YAHVEH | 167

cada. Só que, em vez de andarem três quilômetros por hora, conseguiam fazer quatro, o que perfazia um total de vinte e quatro quilômetros diários. Uma grande melhora!

No quarto dia, chegaram a Sukot e acamparam por dois dias inteiros. Fundiram-se com os pastores do lugar, num número acima de cinquenta mil pessoas, dividindo-os de acordo com suas tribos. Remuniciaram-se de água e partiram novamente em direção a Tjeku, que ficava a poucos quilômetros de lá. Em Sukot, que queria dizer cabanas ou tendas em língua hebraica, encontraram-se com Hobab, o mesmo guia que os havia trazido de Madian. Viera recentemente, a chamado de Môsche, quando enviara a esposa Séfora de volta para a casa de Jetro, quase um ano atrás. Ele viera com a promessa de ganhar duzentas cabeças de cordeiro, uma fortuna para a época. Môsche contou-lhe parte do plano e mandou que traçasse um itinerário, de tal forma a combinar com o plano traçado com Merneptah.

Em Tjeku, o grupo inicial ajuntou-se com os quase trezentos mil habirus que viviam lá, totalizando pouco mais de seiscentas mil pessoas, divididas em tribos de acordo com a procedência. Durante quase uma semana, o grande grupo uniu-se em torno dos doze grandes agrupamentos, e, no final, os relatórios foram enviados para Môsche e Oshea.

O chefe da segurança destacou um dos seus mais fidedignos soldados ir ao destacamento de Sahuré, que estava acerca de quinze quilômetros, perto de Baal-Safon. Ele tinha cinco mil homens armados e montados em bigas de combates. Um dos comandantes da guarnição recebeu a informação do soldado de Oshea e reportou-a a Sahuré. A segunda parte do plano deveria ser executada com grande precisão. As peças já estavam colocadas no tabuleiro da vida.

No oitavo dia, tentaram fazer um censo, mas desistiram, já que a balbúrdia era grande e Môsche estava com inusitada pressa de partir. Os doze grupos foram divididos às pressas; no decorrer do tempo, haveria mudanças entre eles. Após esta primeira triagem, agora com todos os hebreus de Perramassu, Tjeku, Sukot, Baal-Safon e mais os pastores nômades e seus extensos rebanhos, o

168 | A Saga dos Capelinos

enorme grupo começou a se deslocar pelo caminho de Sur em direção a Canaã.

Môsche estava particularmente preocupado com os primeiros dias. Ele imaginava que a simples mudança de hábitos traria sérios inconvenientes aos mais velhos. Ele temia que os contramestres e os israelitas, que não queriam ter saído de Misraim, pudessem retornar às suas casas. Eles poderiam sair tanto furtivamente dos acampamentos como de forma revoltosa, negando-se a partir.

Merneptah havia lembrado, na última reunião que haviam tido, que os grupos de habirus e israelitas poderiam ressentir-se quando entrassem nos deshéret – terra vermelha –, pois o imenso calor, a inexistência de vegetação, a falta de orientação e os perigos latentes em cada duna poderiam levá-los à defecção e ao retorno às suas casas. Esta hipótese deveria ser combatida com um estratagema que definitivamente impedisse os hebreus de voltarem ao Kemet.

No final do segundo dia de marchas, já tendo passado pelo lago Timsah, avançando cerca de vinte e dois quilômetros em direção ao deserto de Sur, os israelitas começaram a observar que uma força militar os estava flanqueando. Môsche foi logo notificado e todos ficaram muito alarmados.

O exército do Kemet, sobre bigas, ia muito mais rápido do que os hebreus, que se arrastavam sobre a areia quente do deserto. Môsche deu ordem para que o grupo da frente, a tribo de Reuben, se desviasse em direção ao Sul, numa tentativa de fugir das tropas do faraó, que iam velozmente cortando à frente da imensa coluna.

Eles estavam a mais de três mil metros de distância, sendo apenas visíveis no meio das colunas de poeira que seus carros de combate levantavam. Muitos hebreus estavam assustados, acreditando que os soldados os estavam perseguindo e que iriam massacrá-los em pleno deserto, deixando suas carcaças para os abutres e chacais.

Môsche dirigiu-se para a última coluna, os da tribo de Benjamim, e disse-lhes que ficassem calmos, pois Yahveh os protegeria. Realmente, alguns minutos mais tarde, a coluna de carros de combates parou, fechando o caminho para Canaã, mas não perseguindo os hebreus. Os últimos homens da fila observaram que os soldados não os estavam vendo, pois olhavam na direção deles, e eles não se mexiam.

A noite caiu e podiam ver as luzes das fogueiras do acampamento dos soldados do faraó. Naquele instante, Môsche estava reunido com o Conselho de Anciãos, tentando deliberar sobre o que fazer.

– Não podemos ir pelo caminho de Sur, pois os soldados do faraó o estão bloqueando. O que faremos agora, Môsche? – perguntava um dos israelitas mais amedrontados.

– Será que o faraó mudou de ideia e resolveu nos levar de volta? – perguntava outro, ainda mais assustado.

Aharon, já totalmente prevenido, com o rosto preocupado e o cenho franzido de medo, dizia:

– Não há dúvidas de que o faraó mudou de ideia. Só existe um caminho para Canaã e ele está bloqueado. Para onde iremos daqui?

Começou uma discussão entre as pessoas do Conselho. Alguns queriam que os hebreus voltassem e outros, que fugissem, embrenhando-se pelo deserto de Etam. Môsche deixou que se cansassem de falar e, no final, ofereceu a resposta esperada:

– Se Yahveh está conosco, não devemos temer ninguém. Ele nos salvará. Devemos nos desviar das forças do faraó e irmos na direção do mar Vermelho, beirando-o até chegarmos à terra dos madianitas, porquanto sei que lá encontrarei guarida com Jetro, meu sogro.

– E os soldados do faraó?

– Se nos seguirem serão tragados pelo mar dos juncos que iremos beirar por toda a manhã. Se ficarem onde estão, sem conseguir nos enxergar, desistirão e voltarão para suas casas, dentro de poucos dias, quando terminarem suas provisões.

O Conselho ia voltar a discutir quando Môsche, com sua voz cava e olhar glacial, levantou-se e disse:

– Yahveh-Yiré.

Em hebreu, isto significava: o Senhor proverá. Ahmose lembrara-se da lenda de Avraham, que ia matar o filho Itzchak por ordem

170 | A Saga dos Capelinos

de Yahveh, quando o arcanjo Gabriel, no último instante, não permitiu e providenciou um cordeiro que estava preso pelos chifres numa espinheira para ser oferecido em holocausto.

E assim falando, saiu da tenda em direção a sua própria para descansar.

No outro dia, Oshea colocou a primeira tropa para mover-se e Môsche foi para o última fila dos benjamins. O imenso grupo começou a se mover lentamente e os kemetenses os seguiam a certa distância. Durante dois dias, os soldados seguiram os hebreus, que marchavam cada vez mais depressa, enquanto Môsche ficava na última fila.

No terceiro dia, viram o mar Vermelho e durante duas horas tangenciaram a praia, seguindo um roteiro preestabelecido. Oshea ia na frente, liderando o grupo, e Môsche, atrás do último dos hebreus.

O mar, seguindo a maré, recuara cerca de trinta metros, permitindo que as enormes colunas margeassem pela praia. Cerca de dois quilômetros atrás dos hebreus, vinha o exército do Kemet com seus carros de combate. No entanto, o que não se podia esperar – poucos conheciam aquelas remotas plagas – era que a maré do local subisse rápida. Deste modo, alguns carros kemetenses foram alcançados pelo mar, que refluía. Alguns desses carros, em manobras lestas, retiraram-se de perto da praia, mas outros atolaram-se na areia molhada. Cerca de vinte bigas ficaram molhadas, mas o grosso do exército estava mais à esquerda do mar e não foi afetado pela maré.

Os benjamins viram quando alguns carros do soldados do faraó atolaram, exigindo que seus ocupantes descessem para empurrá-los. Os animais ficaram agitados e, deste modo, criou-se um pequeno alvoroço na frente da tropa, o que, ao longe, visto pelos olhos dos amedrontados hebreus, fazia parecer que as águas do mar estavam tragando o exército. Um exagero, pois ninguém ficou ferido, tendo o exército perdido apenas um cavalo com a perna quebrada e um carro, que ficou atolado, tendo sido coberto pela água.

Naquele instante, Môsche disse aos últimos homens para que se apressassem, pois ele ficaria naquele lugar, junto com os anjos de Yahveh, e combateria o faraó. Estava montado num camelo e

Moisés, o Enviado de Yahveh | 171

não tinha nenhuma arma. Alguns queriam ficar com Môsche, mas ele foi taxativo:

– Vão e não olhem para trás.

Os homens partiram e Môsche ficou sozinho naquele pedaço do deserto.

Esperou por mais de uma hora quando uma biga foi avistada no horizonte. Algum tempo depois, a biga aproximou-se de Ahmose e o comandante do carro de combate reconheceu o neto de Ramassu II. Aproximou-se e disse-lhe em copta claro e perfeito:

– Salve, mestre Ahmose.

Ahmose cumprimentou-o com um aceno de mão. O oficial perguntou-lhe:

– Está tudo certo? Podemos voltar daqui?

Môsche respondeu que sim. E o comandante disse, em tom jocoso:

– O general Sahuré vai gostar de saber. Ele está com o humor péssimo por ter que andar neste forno. Mandou-lhe lembrar que o faraó Merneptah deverá atacar Canaã dentro de aproximadamente dez anos. Depois deste reide, você deverá levar seus habirus para lá e tomar conta daquele lugar.

Môsche sabia de tudo isto. Tudo fora minuciosamente planejado: o exército do faraó iria aparecer para forçar os hebreus a descerem para o Sul. Se eles fossem para Canaã, seriam destroçados pelos habitantes daquele lugar. Com aquela manobra, ele pôde levar os hebreus para o miolo do deserto sem que eles reclamassem ou se recusassem a ir. Por outro lado, com os soldados do faraó em suas traseiras, eles perderam qualquer vontade de voltar. Agora, que estavam enfiados profundamente no deserto de Etam, não saberiam voltar.

Môsche agradeceu ao comandante e disse-lhe que estava tudo certo, estabelecendo Serabit El-Khadim, uma importante mina de turquesas e outros metais no Sinai, como ponto de contato. O comandante olhou para o horizonte para ver se estavam sendo espionados e, não vendo nada de suspeito, despediu-se de Ahmose e partiu celeremente para encontrar-se com Sahuré.

172 | A Saga dos Capelinos

Eles retornariam ao Kemet naquele mesmo dia e Môsche iria se encontrar com seus hebreus, pois agora fazia parte daquele povo. Nada mais o prendia ao Kemet. Lá ele sempre fora um estranho, um bastardo. Sua mãe estava indo com ele, mas não passaria mais de três anos naquela fornalha. Ela fizera absoluta questão de ir com seu amado filho e morreria feliz em seus braços.

Môsche voltou o resto do caminho sobre o dorso do camelo que o levara. Chegou ao acampamento quando o sol já havia se deitado. Deram-lhe comida e água para beber e, quando lhe perguntaram onde estava o exército do faraó, ele falou laconicamente:

– O mar os tragou!

Capítulo 6

No outro dia, Môsche acordou um pouco mais tarde, já que os benjamins eram os últimos a se moverem. Estava moído de ter andado no deserto atrás dos hebreus e, assim que saiu do seu abrigo provisório na tenda de um dos homens de Oshea, foi aclamado pela população. Não só os benjamins como todas as tribos já sabiam que os kemetenses haviam sido engolidos pelo mar de juncos que havia sido aberto por Môsche, sob o poder de Yahveh, e que estavam todos mortos. Um dos rapazes que voltara de camelo por mais de dez quilômetros, bem cedo de manhã, não viu um kemetense sequer em todas as redondezas. Realmente, o mar deveria ter se aberto para deixar passar os filhos de Israel e se fechara matando os kemetenses. Era o grande milagre de Yahveh, feito por seu enviado especial, Môsche.

Môsche contou a verdade para Aharon e Oshea que riram da história, mas souberam aproveitar-se ainda mais deste milagre de Yahveh para fortalecer o ânimo do povo. Alguns já falavam em voltar para o caminho para Sur e ir até Canaã. Aharon convenceu-os de que seria melhor irem até o monte Horeb, onde Yahveh havia se manifestado a Môsche, e lá fazerem uma grande oferenda ao poderoso deus por ele ter permitido que seu povo saísse do cativeiro. A maioria obedeceu e as poucas reclamações

174 | A Saga dos Capelinos

desapareceram em meio à satisfação geral de terem se livrado do exército do faraó, há três dias no seus calcanhares.

O que Moschê e Aharon não sabiam é que haviam alguns outros "benei Israel" – filhos de Israel – distribuídos em outras cidades do Kemet. Eles não foram avisados da partida e lá permaneceram. Sahurê, três meses após a saída de Moschê, começou a persegui-los e acabou por expulsá-los. Era um contigente de cerca de vinte mil filhos de Israel que foram ajuntados às pressas e enviados para Canaã.

Como eles não sabiam que o grosso havia ido para o sul do Sinai, prosseguiram pela rota do mar e se instalaram em terras férteis e desocupadas no sul de Canaã, perto de Laquis. Deste modo, quando Merneptah fez seu projetado reide em Canaã, ele os arrasou, conforme consta de uma estela funerária do faraó, dizendo, entre outras coisas:

"Canaã é capturada com tudo o que tem de ruim. Ascalon é deportado, alguém apoderou-se de Gezer. Yero'am tornou-se como se não existisse. Israel é devastado, não tem mais semente."

O grupo de Moschê chegou no outro dia em Mara, onde o único poço da região estava um pouco seco e com a água levemente salobra. Alguns reclamaram da água e Môsche, já conhecedor das técnicas do deserto por ter morado lá por tantos anos, jogou uma tora de madeira e a água excessivamente salina tornou-se um pouco mais doce e palatável. No entanto, os beduínos de Mara indicaram que em Elim, a apenas vinte quilômetros, havia mananciais frescos e de água saborosa. Ainda era meio-dia, e o grupo movimentou-se até Elim, lá chegando à noite. Realmente encontraram água em abundância e resolveram ficar ali por dois dias para se recomporem da exaustiva travessia do deserto de Etam.

O guia Hobab estabeleceu, em conjunto com os chefes, um novo roteiro e dizia-se para todos que aquele era o caminho mais seguro e rápido para Canaã. Era o chamado Caminho Real, que ligava Elat a Dibon.

No terceiro dia, levantaram acampamento em direção a Dafca, a sessenta quilômetros de Efim. Levariam três dias para chegar lá. Já estavam há quase duas semanas em viagem e só viam o deserto, sentiam um calor abrasador e muitos estavam tendo sérios problemas de insolação, desidratação e infecções intestinais devidos à comida estragada e água salobra.

Naquela marcha para Dafca e de lá até Alus, a mais de sessenta quilômetros de distância e mais três dias de andanças, a água acabou, a comida rareou perigosamente e mais de seiscentas pessoas morreram, sendo enterradas de qualquer forma no caminho. Os animais eram poupados para que pudessem gerar, no futuro, grandes rebanhos. O sol estava torridamente abrasador, naquele início de primavera, e as noites eram especialmente frias, o que trouxe, entre Alus e Rafidim, uma epidemia de gripe que matou mais de mil e quatrocentas pessoas.

Chegaram no meio da tarde em Rafidim, terra de um povo beduíno cujo chefe chamava-se Amalec. O primeiro grupo que chegou foi o da tribo de Reuben, e Oshea, que vinha no comando, aproximou-se da aldeia para pedir guarida para a noite. Amalec pensou se tratar de um grupo pequeno de infelizes nômades e enxotou-os com palavras ríspidas.

O reizete tinha uns duzentos soldados, guerreiros aguerridos e bem-treinados nas artes militares do deserto. Oshea, sem consultar ninguém, reuniu seus soldados e voltou a Rafidim para lutar com Amalec. Ele não tinha mais do que seiscentos homens e somente uns trinta eram bem-treinados no exército do faraó, sendo que os demais eram homens escolhidos pela sua força e aparência feroz.

Iniciaram uma luta campal e, durante mais de uma hora, os beduínos levaram nítida vantagem sobre os israelitas. Mais bem-treinados, os seguidores de Amalec, sobre os camelos e cavalos árabes excepcionalmente bem-adestrados, derrotaram os israelitas com facilidade. Môsche, que estava num grupo intermediário, trouxe reforços, especialmente homens que sabiam manejar arcos razoavelmente bem. Eram quase todos israelitas acostumados ao esporte de caça ou pastores que se precaviam contra animais ferozes.

Eles entraram na luta perto das seis horas da tarde e, por sorte, o dia já se esticava até quase oito horas da noite. Os arqueiros, sob orientação de Môsche, que lhes apontava para onde atirar, rever-

176 | A Saga dos Capelinos

teram o quadro. Depois de meia hora de luta, Amalec foi morto a flechadas e os poucos beduínos dispersaram-se pelo deserto, deixando a cidade abandonada.

Oshea entrou em Rafidim e descobriu-a deserta. As mulheres e crianças haviam fugido para o deserto, não sem antes lançarem dois animais mortos dentro do único poço da cidade. Não havia água para beber. O povo ficou indignado com o fato de não existir água, e Môsche teve que se valer da palavra dura de Aharon e de alguns açoites de Oshea.

De manhã, houve uma revoada de codornizes que, depois de abatidas, foram a grande alegria de parte do acampamento. No entanto, faltava água e comida. Somente haveria água e comida em Horeb. Lá existia uma grande nascente que jorrava da rocha de onde Môsche havia dado de beber aos seus carneiros e aos de Jetro. Era preciso ir até lá o mais depressa possível. Teriam que cobrir pouco mais de vinte quilômetros e chegariam facilmente no outro dia.

Saíram cedo e ao meio-dia chegaram em Horeb. A grande montanha, muitas vezes chamada de monte Sinai, estava lá, imponente e majestosa. No entanto, havia pedras que rolaram e tamparam o acesso à fonte. Môsche olhou desesperançado as grandes rochas e se deteve cansado. Vieram de tão longe apenas para morrerem de sede em Horeb? Em dois dias não haveria mais hebreus, apenas carcaças.

Môsche vistoriou as pedras e junto com Oshea viu que a água escorria por vários pequenos filetes de debaixo das pedras, espalhando-se pela encosta do monte. Se as pedras a bloqueavam, a água que nascia do fundo da terra devia estar querendo sair por outro lugar. Môsche olhou e viu que a terra estava úmida em outro ponto, muito próximo da nascente original.

Aqueles que faziam parte do primeiro grupo estavam vendo a nascente seca e obstruída pelas rochas que haviam desabado. Concluíram que eles iam morrer de sede e começaram a se desesperar. Era para isso que Yahveh os havia trazido para o deserto? Para morrerem como animais? Uma gritaria começou a tomar conta do recém-formado acampamento. Faltava água. Iam morrer!

Môsche enfiou sua vara na terra úmida e começou a escavar lestamente. A vara tocou numa pedra que não se mexeu e ele continuou procurando uma brecha. Subitamente, uma outra pedra moveu-se e um filete de água saiu. Môsche bateu com a vara duas vezes no local, na tentativa de arrancar a pedra do local. De repente, com grande estrondo, a terra tremeu e a água, que estava represada no fundo da rocha, tentando sair, encontrou o caminho e jorrou com um repuxão tão violento que Môsche teve tempo apenas de tirar o rosto da frente do forte jato. A água esguichou a mais de oito metros de distância e começou a tomar as beiradas do buraco de onde saíra, amainando a sua força, a correr mansamente pela encosta. Havia água em abundância e Yahveh havia feito mais um milagre.

Durante o resto do dia e do outro, os hebreus foram se instalando em torno do monte Sinai, como era chamado por muitos, e Horeb, por outros. As tendas multicoloridas dos hebreus cobriam o pé do majestoso monte e estendiam-se por vários quilômetros.

Oshea e seus soldados eram os responsáveis pela distribuição da comida, uma espécie de massamorda que eles apelidaram jocosamente de maná. A farinha que eles haviam trazido do Kemet era previamente cozida para aguentar o calor insuportável do deserto, sendo misturada com sorgo, cevada e trigo. As pessoas recebiam uma espécie de pão ázimo – sem fermento – e os ricos o recheavam com a carne de carneiro e legumes comprados a preços extorsionários aos madianitas. As crianças apresentavam fraqueza geral devida à baixa nutrição recebida durante o período de servidão no Kemet, e aquela marcha de quase um mês não tinha feito nada bem a elas.

Môsche enviou Hobab para avisar Jetro, em Tabera, que chegara e que estava acampado com quase seiscentas mil pessoas e sessenta mil animais de todos os portes. Hobab partiu alegremente, levando sua paga, e informou ao sogro, que partiu imediatamente com sua mulher Séfora, Gersão e Eliezer, seu novo filho recém-nascido de seis meses, forte como um touro e mamão como um bezerro.

Jetro e seu grupo de madianitas chegaram três dias depois da partida de Hobab, e Môsche recebeu o sogro, a mulher e os dois

178 | A Saga dos Capelinos

filhos com toda a gentileza, amor e devoção possíveis. Descobrira, quando Séfora fora embora, que a amava muito e que seu filho Gersão era a luz dos seus olhos. O velho Jetro foi recebido com toda a pompa oriental, e Môsche, mesmo sendo chefe de milhares, prosternou-se perante o sogro, mostrando a todos os demais que o respeito pelos mais velhos era parte da nova cultura a ser imposta.

Desde a chegada em Horeb, Môsche era avassalado por pessoas e mais pessoas que o procuravam incessantemente para dirimir dúvidas, litígios e fazer curas. Seu dom de curar melhorara ainda mais e agora via os espíritos curadores e os reconhecia, como se fossem velhos amigos. Falava com eles em voz alta, assustando o povo ignorante. Mas como ele era considerado um homem santo, o povo achava que ele falava diretamente com Yahveh, e temia-o grandemente por isso.

As curas eram a parte mais interessante de sua atividade, todavia ele foi se assustando com os litígios e as diversas argumentações que cada um trazia. No final do segundo dia, ele confirmou algo que já sabia: ali não estava um povo, e sim um ajuntamento de pessoas das mais diferentes procedências, cultos e culturas.

Os habirus não eram todos descendentes de Yacob, pois havia inúmeros grupos que haviam se misturado com os hebreus, formando uma colcha de retalhos de vários povos. Ao saírem do Kemet, os grupos de nômades haviam se fundido com os habirus, pois todos eram assim considerados pelos habitantes das Duas Terras. Até mesmo a língua não era muito igual, havendo vários dialetos estranhos, o que obrigava até mesmo o versado Aharon a recorrer a pessoas que conhecessem aqueles estranhos linguajares.

Yahveh era apenas mais um deus cultuado por aquela matula e a variedade de deuses era assustadora, desde Khnum, o carneiro do Kemet, até os deuses estranhos dos hititas e dos citas, tais como Mitra, Varuna e Indra. Contudo, Yahveh era considerado o mais importante de todos, não por ser o mais apreciado, e sim o mais temido, pois as lendas que se contavam desta divindade eram as piores possíveis, fazendo dele um deus brigão, vingativo e até um terrível feitor.

Môsche conversou o assunto com Aharon e escutou uma teoria bastante plausível. Aharon era partidário de que os habirus – os hebreus pobres e miseráveis – foram se juntando, no decorrer de quatrocentos e tantos anos, e foram miscigenando sua cultura original com os kemetenses, citas, hititas e hurritas, que faziam parte do grande bloco chamado de hicsos. O único elo que os unia era a enorme miséria, que nivela todos os seres.

Môsche recebeu seu sogro e conversaram pouco, pois existia uma longa fila de pessoas que desejavam falar com ele. Seu sogro foi levado por Aharon para conhecer o acampamento e ficou escandalizado com a imundície que viu. Seu povo, os madianitas, por lenda, também era descendente de Avraham, mas, em momento algum, fora tão desasseado como aqueles hebreus. Eles estavam acampados há quatro dias e o lugar fedia a urina, fezes e vômito. Ele via as crianças nuas, sujas e com pequenas feridas no corpo, barrigas enormes e narizes escorrendo. As tendas fervilhavam de pessoas; o ar era abafado e irrespirável.

Jetro ficou indignado com aquele povo absolutamente nojento e voltou para falar com Môsche sobre tudo o que vira. No entanto, ele estava por demais ocupado com dezenas de pessoas que entravam e saíam com petições e solicitações, desde a mais justa até as mais descabidas. Môsche as escutava e deliberava de acordo com seu julgamento.

À noite, quando Khaleb, um enorme guarda-costas de Môsche, amigo fidedigno de Oshea, gentilmente expulsou as duas dezenas de pessoas que ainda queriam falar com Môsche, este pôde descansar e conversar com o sogro, enquanto comiam um magro cabrito assado.

– Por que estas pessoas vêm procurá-lo? – perguntou intrigado Jetro.

– Eles estão à procura de justiça. Afora isto querem que eu resolva inúmeras questões pendentes com seus vizinhos. Além disto, eles vêm atrás de curas para seus males.

– Vejo que você não perdeu o dom de curar.

180 | A Saga dos Capelinos

– Realmente não sei se é um dom que tenho ou que se manifesta por mim. Mas, de um modo ou de outro, continuo curando.

– Você pretende continuar fazendo estas sessões intermináveis de conselho e justiça?

Môsche olhou o sogro com atenção. O velho não era dado a essas perguntas à toa. Estava conduzindo a conversa para um objetivo.

– Por que você me pergunta isto?

– Acho que, se você continuar agindo assim, seu povo, ou seja lá que ajuntamento você conseguiu, não irá durar muito. Você é a argamassa que o sustenta e, em breve, estará prostrado como um camelo que se faz viajar de forma ininterrupta. Vejo em seus olhos profundas olheiras de quem está cansado, e eu gostaria de saber qual será o feiticeiro que irá lhe curar quando adoecer e não se levantar mais. Com sua desmedida bondade para com este povo, não vê que está se exaurindo?

Môsche estava ciente destes fatos e vinha meditando há certo tempo sobre estes problemas. Devia elborar uma estrutura de poder como existia no Kemet: os escribas especializados aplicavam a justiça e somente casos raros e extremos eram decididos pelo tati. O faraó quase nunca decidia problemas legais, a não ser se envolvesse a casa real ou nobres muito próximos do trono.

– Sei o que você está falando e lhe dou razão. Entretanto, há um grave problema que precisa ser resolvido.

– Qual é?

– Ouça, meu sogro e amigo Jetro, um povo deve ter uma única lei, uma única língua e um único ideal de pátria. É isso que eu acho. Aqui, os hebreus têm várias culturas, nenhuma lei e muitos deuses. Vocês, madianitas, têm vários deuses, mas têm um que acham que é o mais importante de todos, que é El. No entanto, falam uma única língua e têm um só costume. Os hebreus são uma variegada quase insolúvel de costumes e povos.

– Creio que são o contrário. Você tem uma turba com falta de cultura e de higiene. Não se consegue caminhar por aqui sem se pisar o tempo todo em fezes. Será que ninguém explicou a eles que isto traz insetos tenebrosos e animais pestilentos, que nos matam com febres e sonos dos quais ninguém consegue acordar? É preciso ensinar higiene.

– É preciso ensinar tanta coisa que eu mesmo fico desanimado. Concordo com a questão da limpeza e acho que eles comem coisas repugnantes, que trazem doenças. A fome é má conselheira e já os vi comer serpentes e lagartos do deserto. Uma abominação!

– Ótimo, você já tem o caminho. Faça um código estabelecendo o que eles podem ou não comer, fazer, e das multas e penalidades que serão aplicadas em caso de transgressão.

– Creio que estávamos pensando a mesma coisa, amigo Jetro. Pensei hoje, quando aplicava uma sanção a um pobre homem, em lhe dar um incentivo para que mudasse sua atitude com sua mulher e sogra, que ele surra diariamente. Se, ao invés de só punirmos, também pudéssemos premiar os corretos...

– Isto não cabe aos homens, e sim aos deuses. A punição dos homens é a aplicação da lei que cada tribo tem. Não se deve matar outro homem e aquele que mata deve ser morto. No entanto, como premiar aquele que deixa viver o outro homem? Isto não é o natural, o normal? Como premiar o normal, aquele que faz parte da natureza? Neste caso, o prêmio deve ser dado pelos deuses, com uma vida longa e próspera.

– Jetro, em parte você acaba de me dar o caminho – disse Môsche, subitamente iluminado. – Toda nossa lei deve ser divina. Deve nos ser dada não por um homem, mas por Deus, por Adonai, por Yahveh. Assim, o castigo e a recompensa serão dados por Deus e não pelos homens. No entanto, Deus haverá de designar alguns homens para fazer valer sua palavra entre eles. Esses homens serão os juízes e os sacerdotes deste deus. Poderão punir os faltosos e suplicar para que Yahveh possa recompensar os que cumprem suas leis.

– E como poderão recompensar os justos nesta vida?

– Com o mais poderoso e valioso de todos os presentes: a vida. Àqueles que se revoltarem, a lei punirá com a morte ou o desterro, o que nestas plagas equivale a uma morte lenta. No entanto, a lei

182 | A Saga dos Capelinos

não é de um só homem, ou de um só deus, e sim da congregação. Aos faltosos, a punição será dada pela assembleia, assim como a recompensa, ou seja, a aceitação tácita do justo e do correto entre os membros da agregação. Quando tiverem que aplicar a morte a um homem ou a uma mulher, a assembleia matará o faltoso de tal forma que o sangue do culpado não recaia sobre um algoz, mas sobre toda a congregação, se for injusta. Que ele seja dilapidado por seu crime pelos membros da tribo.

– Já escutei muitas histórias em minha vida, mas creio que matar o próximo para punir qualquer falta é uma violência tenebrosa.

– Não se trata de matar os culpados por qualquer falta, mas pelas mais sérias, como o assassinato, o roubo seguido de morte, o sequestro, o estupro e várias outros crimes efetivamente graves.

– E quem irá estabelecer este código de leis?

– O ideal é que fosse Deus em pessoa.

– Você deve estar brincando, não é?

– Claro que não. Deus não precisa vir falar comigo ou com quem quer que seja para que se saiba o que é certo ou errado. Basta ver as consequências funestas dos atos e saberemos o que é correto ou não. Caberá a nós, entretanto, graduar as penas de acordo com nosso julgamento. Não desejo usar o nome de Deus em vão. Apenas citei-o como inspiração, fonte de estímulo e guia nas dúvidas que irão sempre surgir nos conflitos humanos.

Jetro meneou a cabeça em dúvida e Aharon, que se mantivera quieto até então, interveio calmamente:

– Conheço este povo inculto e sei que só existe uma forma de fazê-los obedecer a uma lei: o medo. Môsche tem fama de falar com Yahveh e de que Yahveh fala com ele. Deste modo, Môsche deve se retirar para algum lugar ermo e formular as leis que regerão este povo. Depois de estabelecer estas normas de conduta, incluindo higiene, alimentação, formas de relacionamento sexual e de comportamento, elas devem ser apresentadas aos levitas para que sejam cumpridas.

– Por que os levitas? – perguntou Jetro.

Moisés, o Enviado de Yahveh | 183

– Os filhos de Levi são aqueles que mantiveram os costumes de Avraham, Itzchak e Yacob os mais puros possíveis e, desta forma, tornaram-se o repositório de toda a cultura de Israel.

Jetro, um inveterado irônico por natureza, disse-lhe:

– Pelo jeito, fizeram um péssimo trabalho.

– É verdade, caro Jetro. Os levitas só se preocuparam com os israelitas e tornaram-se sacerdotes de homens ricos, que podiam dar boas oferendas. Esquecemos os pobres .Agora teremos que trabalhar duro para consertarmos o mal que foi feito, ou, pelo menos, o bem que deixou de ser realizado.

Môsche voltou a falar, aproveitando um comentário de Aharon:

– Aí está o caminho. Combater o mal com dureza e incentivar o bem. Para este povo simples e ignorante, o bem é desconhecido. Só tiveram misérias e desgraças em suas vidas. Tornaram-se insensíveis ao caminho do bem. Até os seus deuses são cruéis, como eles também o são. Temos que inocular o bem neles, com recompensas, tanto aqui na Terra, como em outra vida.

Os três homens ficaram ainda algum tempo discutindo como Môsche iria preparar aquele código e quem seriam os aplicadores da justiça: os juízes e os promotores. Mais uma vez ficou determinado que seriam os nassi, sob a tutela dos levitas. Para tal, decidiram que integrantes da tribo dos levitas seriam remanejados para as demais tribos, para que cada um dos onze grupos tivesse alguém da tribo dos levitas para orientá-los na correta aplicação da lei.

Môsche explicou que aquela era tarefa para os homens santos e sábios de Israel; que ele sozinho não saberia todos os costumes e as leis consuetudinárias dos israelitas. Sugeriu que deveria ser destacado por Aharon e pelo Conselho dos Anciãos de Israel um grupo de homens inteligentes, cultos e eruditos, que seria coordenado por ele, Môsche, e que juntos fariam as leis do povo de Israel.

Aharon acreditava que, se as leis não fossem consideradas divinas, o povo não as seguiria. Portanto, complementou a ideia de Môsche:

– Eu volto a insistir que conheço bem a vilania do meu povo. Se dissermos que as leis foram feitas por você ou por um grupo de

184 | A SAGA DOS CAPELINOS

sábios, os homens irão discutir até o último dia de suas vidas, dizendo que tal lei deveria ser revista, que tal lei não deveria ter sido incluída, e assim por diante. Conheço a natureza do homem. É um eterno insatisfeito e tudo o que os outros fazem não presta. Somente se o atemorizarmos com a figura de Yahveh é que aceitará as leis, pois foram dadas por um deus e não instituídas por um homem.

Môsche, no entanto, queria que os sábios de Israel pudessem participar da elaboração das leis e disse:

– Entendo sua posição; no entanto, quero que os anciãos participem de forma ativa. Reunamos os sábios de Israel, levando-os até o monte Horeb, onde ficarão por quanto tempo for necessário, até que voltem com as leis com que instruiremos o povo.

Jetro disse-lhes:

– Eu creio que vocês levarão meses discutindo as leis que deverão ser implantadas e o monte Horeb é por demais inóspito para abrigar os homens santos de Israel. Escolham um lugar no início da encosta, façam ali um tabernáculo, sacrifiquem um cordeiro no altar para seu deus e peçam-lhe proteção, elucidação, coragem e inspiração para fazerem um grande código de leis. Depois, enclausurem-se em uma tenda ao lado do tabernáculo, pelo tempo que for necessário.

– E se o povo desejar vê-los e falar com Môsche? – perguntou Aharon.

– Dirão que estão no tabernáculo e não podem ser interrompidos. Coloquem homens fortes e protejam a entrada da tenda – respondeu Jetro.

– Parece-me mais um embuste – disse Môsche, pesaroso.

– Ora, Môsche, toda esta história é um embuste, do início ao fim. Conte-me como Merneptah, todo-poderoso, curvou-se à vontade de Yahveh através de pragas, pestes e mortes. Tudo isto que escutei até aqui não passa de histórias para serem contadas diante das fogueiras. Você e eu sabemos que, se você saiu do Kemet, foi porque o faraó quis e o ajudou. Caso contrário, as carcaças de milhares de hebreus estariam juncando o Iterou agora, especialmente

Moisés, o Enviado de Yahveh | 185

a sua. Não entenda mal minhas palavras duras. Embuste ou não, vocês dois conseguiram um feito notável, que foi o de tirar um povo tão incontável como as areias do deserto de um lugar onde era tratado como excremento de porcos.

E, dizendo isto, Jetro cuspiu com nojo e prosseguiu em sua sábia fala:

– O que vale é o bem que estão fazendo. Moloch, El, Amon-Rá ou Yahveh são deuses que nós, homens, inventamos para dominar os outros e também para apaziguar o nosso medo do futuro, do desconhecido, do destino, seja lá o que isto for. Façam suas leis e façam deste povo uma nação, pois é a lei e sua correta aplicação que fazem um povo. Portanto, usem a lei e estabeleçam para todo o sempre a primazia do bem sobre o mal. Não permitam idolatrias esdrúxulas prevalecerem. A coisa mais importante da terra é a vida. Deem sentido e razão a isto. O resto serão sempre embustes para cegar os homens tolos.

Môsche olhou o sogro e viu que uma parte do que ele falava vinha dele mesmo, de sua mente, e a outra, de um belo espírito que estava tão próximo de Jetro que ambos se confundiam. O sogro, como sacerdote, era dado a manifestações espirituais, mesmo que não as conhecesse e, muito menos, as controlasse.

No outro dia, Aharon chamou o Conselho de Anciãos com o intuito de participarem de uma oblação que seria feita por Jetro a El, pois o grande deus dos madianitas também era reconhecido como sendo o próprio Yahveh. Além dessa oferenda, eles iriam também discutir qual seria o grupo de sábios que iria com Môsche ao monte Horeb para receber as leis do povo hebreu diretamente da grande e poderosa divindade hebreia.

Os anciãos participaram com grande devoção do ato que Jetro instituiu e ficaram felizes em poder participar da implementação de um código de leis que traria uma certa igualdade de cultura e de procedimento aos hebreus. Os israelitas mais velhos estavam tão horrorizados com a forma de agir dos habirus, que procuravam manter-se afastados deles.

186 | A Saga dos Capelinos

Na realidade, os doze acampamentos eram divididos em dois grupos, um central e um periférico. O central era menor e mais rico, com tendas grandes e coloridas, onde as pessoas mais abastadas encontravam frescor e relativo conforto em coxins, tapetes e num mobiliário baixo.

O acampamento periférico era pobre e desmazelado. Os israelitas evitavam andar entre as tendas apinhadas de pessoas suadas, fétidas e em andrajos. Era natural que os pobres estivessem em situação de extrema penúria e muitos morressem de fraqueza e de doenças, provocadas pelo esforço de atravessar o deserto a pé. Os ricos haviam cruzado o Etam em lombo de burricos, deitados em confortáveis carroças ou montados em camelos.

Os anciãos escutaram as observações de Aharon, que explicou que Môsche recebera uma determinação divina para proceder a uma aculturação de todo o povo hebreu. Haveria somente um deus – Yahveh – e uma só lei ditada, por inspiração, a Môsche. Todos os quinze escolhidos iriam fazer uma oblação dentro de três dias e deviam afastar-se de qualquer pecado neste período. Deveriam manter castidade completa, não ingerir bebidas alcoólicas, não comer comidas condimentadas e manter-se asseados ao máximo.

Os jovens iriam com Môsche até certo local escolhido pelo líder, limpariam a área e montariam uma tenda. Naquele lugar, ficariam pelo tempo que fosse necessário até que pudessem retornar com um códice, de forma a poder servir de base a todo o povo. Cada tribo escolheu o seu representante, mais Aharon, Oshea e Môsche. Os únicos que poderiam sair da egrégia assembleia seriam Oshea e Aharon. Seriam servidos por quatro jovens que trariam a alimentação e as bebidas. Todos concordaram com o arranjo.

Môsche havia visto um platô pequeno, protegido do sol da tarde, virado para o nascente, num lugar não excessivamente íngreme e distante do sopé da montanha. Ele mandou cinco jovens, fortes e vigorosos, limparem a área em questão e montarem uma tenda que traria proteção e frescor em plena canícula, permitindo que os anciãos pudessem deliberar com certo conforto. O trabalho

MOISÉS, O ENVIADO DE YAHVEH | 187

levou dois dias e no terceiro o local estava pronto, com uma tenda multicolor colocada no centro do pequeno planalto.

No dia marcado para os anciãos subirem, todos se reuniram bem cedo e Oshea deu ordens expressas para que ninguém subisse o monte a fim de não atrapalhar os serviços. Quem desejasse subir para falar com Môsche deveria ser impedido, mesmo que à força. A ordem dada foi severa. Quem subisse seria abatido pela fúria de Yahveh, bem representado pelas flechas dos guerreiros de Oshea.

Os anciãos subiram a encosta lentamente até encontrarem a tenda. No momento em que chegaram ao lugar de trabalho, nuvens pesadas, negras e tormentórias enrodilharam-se no cume do monte Horeb. Poucos instantes depois uma série de estrondos e raios se precipitaram de dentro das nuvens, trazendo terror e espanto aos simplórios. Não havia dúvida de que era a palavra de Yahveh. Alguns minutos depois, um vento forte varreu a planície em volta do sopé do morro.

A areia subia e pedaços de arbustos eram arrancados pelo temporal. Os hebreus tremiam assustados dentro de suas tendas, orando, uns para Yahveh, outros para Seth, o deus da tormenta. Muitos hebreus tinham trazido consigo imagens de deuses do Kemet e, até mesmo, dos cananeus. Um dos mais notáveis deuses do Kemet era Khnum, simbolizado por um carneiro. Nada mais natural para pastores e seus descendentes. Muitos traziam como única fortuna a imagem desses deuses estranhos que eles sentiam necessidade de colocar em seus altares íntimos. A maioria desses ídolos era pequena, portátil e feita de barro cozido ou de metal precioso. Eram terafins que sempre foram tolerados. Poucos eram aqueles que tinham ídolos maiores, em tamanho natural. No entanto, no meio daquela tempestade absolutamente natural, mas estranha e violenta para os hebreus, muitos tiraram seus ídolos do meio de seus trapos e se agarraram a eles, como se um pedaço de barro pudesse salvá-los da morte súbita.

A tempestade durou poucas horas, mas o suficiente para fazer descer água do monte Horeb e amedrontar todos. Yahveh era um

188 | A SAGA DOS CAPELINOS

deus vingativo. Algumas vezes ele se confundia com o próprio deus Seth, assassino de Osíris, deus da tempestade e dos raios, condutor da barca de Rá. Era mais do que normal que os hebreus tivessem medo daquele deus. As suas histórias eram sempre fantásticas e terríveis. Todos aqueles que se opuseram aos seus protegidos, tivesse sido ele Avraham ou um simples hebreu escravo do faraó, foram terrivelmente massacrados por este deus de vingança e da guerra, condutor de exércitos e dizimador de povos. Todos os povos tinham deuses avassaladores e Yahveh, neste momento, lembrava o deus ariano Indra em sua faceta de Purandara, o destruidor de cidades.

Quando a tempestade amainou e os estragos foram vistos, não era de se estranhar que os hebreus tivessem tido um medo tenebroso. Várias tendas foram arrancadas do chão, alguns raios caíram sobre pessoas e animais, e muitos se machucaram, fosse fugindo da tormenta ou atingidos por tendas e pedaços de madeira que ocasionaram ferimentos de gravidade variada. Pedras rolaram do monte Horeb, machucando outras pessoas. No final, doze pessoas haviam se ferido no tumulto. Algo para ser lembrado para sempre, principalmente por ter coincidido, para terror dos ignorantes, com a subida de Môsche ao monte santo para falar com Yahveh.

Estranhamente, a tenda de Môsche recebeu algumas lufadas de vento, sentiu a água cair em catadupas e nada mais que causasse maiores preocupações. Naquela manhã, Aharon e Oshea desceram para ver o que estava acontecendo no acampamento, já que lá de cima era possível ver que havia uma agitação inusitada. Ao chegarem ao sopé do monte, receberam relatórios e Aharon sentiu que a situação estava descontrolada.

Inicialmente, foi relativamente fácil colocar as pessoas em estado mais calmo à medida que a tempestade acabou. No entanto, o fato fez com que muitas pessoas falassem que Yahveh havia se zangado porque havia idólatras em todos os lugares. Os relatórios foram chegando e pôde-se ver que havia um número relativamente pequeno de pessoas que mostravam ostensivamente ídolos de barro. A maioria dos idólatras – mais da metade da população – foi esperta o suficiente para esconder suas preferências religiosas, ocultando os ídolos entre seus pertences. Outros, sentindo que o ambiente estava turvo, podendo descambar para uma incontrolada violência, enterraram os ídolos, e alguns, extremamente precavidos, dissimularam-nos entre rochas e em lugares ermos.

Aharon sentiu que uma parte da população, especialmente os israelitas, estava irritada com os habirus idólatras. Oshea, sanguissedento, desejava uma forte demonstração de força e pressionava Aharon para que se aprisionassem os hebreus idólatras, dando-lhe, desta forma, um corretivo exemplar. Aharon permitiu que alguns hebreus – os ostensivos – pudessem ser justiçados de forma sumária. Aharon não tinha ideia do que estava a ponto de deslanchar.

Em poucos minutos, os grupos justiçosos lançaram-se à caça de idólatras. Alguns desses infelizes estavam festejando a vida, tendo colocado o deus-carneiro Khnum em lugar de destaque. Outros oravam para a deusa-vaca Hathor de forma compungida. Foram rapidamente mortos a pedrada pela malta desenfreada e a golpes de clava e espadas. Finalmente, após terem assassinado os idólatras ostensivos, a súcia infrene começou a procurar pelos suspeitos de idolatria. Entraram em tendas, revirando roupas e andrajos, à procura de evidências. Algumas foram encontradas e outras foram forjadas por pessoas ansiosas de se vingarem de seus desafetos.

A tarde e um pedaço da noite foram ocupados por uma matança descomedida. Oshea e Aharon, que já haviam perdido totalmente o controle da situação, rezavam para que os grupos de extermínio não passassem dos limites. Mataram doze mil pessoas, a maioria idólatras, alguns inocentes e inócuos, a não ser para seus rivais. Muitos inocentes corriam para o deserto para se abrigarem da sanha assassina. Enquanto isto tudo se processava sob uma gritaria babélica, Môsche, no alto da montanha, no interior da tenda, junto com os demais anciãos, desconhecia o que se passava, já que o vento contrário não trazia o som da algazarra até o lugar das grandes deliberações.

190 | A Saga dos Capelinos

No final do dia, Môsche parou com as discussões e já estava arrependido de ter trazido os israelitas para estruturarem o códice. Aqueles homens simplesmente adoravam arengar e passariam o resto da vida discutindo detalhes insignificantes, assim como se apegavam a antigas lendas para darem credibilidade às suas palavras. Cada lenda era contada de forma diferente por cada um deles, que jurava que era o verdadeiro repositório da inabalável verdade.

Môsche estava cansado e vira que sua presença pouco ou nada ajudara a desenvolver os trabalhos. Durante o tempo inteiro, ele servira de mediador, e, na maioria das discussões, ele foi o apartador de duelos verbais intermináveis.

A comida não veio e Môsche colocou o rosto para fora da tenda e começou a escutar, muito de longe, o rumorejo do enorme acampamento. Algo lhe dizia que alguma coisa errada estava acontecendo, só que não era capaz de definir o quê. Um indício era o atraso na entrega da comida. É verdade que era o primeiro dia, mas havia alguns sons estranhos abafados, longínquos, imprecisos, parecendo um planger, choro e gritos desesperados de mulheres.

Resolveu descer, mesmo contrariando suas próprias determinações. Teria que enfrentar o povo que o buscava para decidir as menores coisas, desde uma morte até o fato de alguém ter apontado para o outro com a mão esquerda – uma grosseria imperdoável –, já que era a mão que limpava as fezes depois da dejeção.

Lentamente, Môsche foi descendo a montanha, já que a noite estava escura. Devia haver uma bela lua no céu, mas as nuvens a escondiam. Não chovia, no entanto as nuvens não tinham ido embora. Desde o início da tarde uma bruma havia coberto a tenda de Môsche que, no seu interior, não havia se dado conta do fato. A descida era perigosa, pois, além de íngreme, havia pedras soltas que podiam fazer um homem perder o equilíbrio e cair. À medida que foi chegando mais perto, os gritos e imprecações foram ficando nítidos. Seu coração disparou. Algo grave havia acontecido.

A primeira pessoa que ele viu ao chegar ao acampamento foi Aharon, sentado cabisbaixo em frente à tenda, que era comum a

MOISÉS, O ENVIADO DE YAHVEH | 191

ambos. Soluçava, desesperado. Môsche dirigiu-se a ele, perguntando-lhe extremamente alarmado o que acontecera. Aharon, quando o viu, levantou-se num único impulso e correu para abraçá-lo, chorando e falando aos arrancos:

– Meu irmão, meu irmão, pus tudo a perder. Eles se mataram. Aos milhares. Aos milhares. Uma catástrofe. Yahveh nos abandonou.

Môsche ficou paralisado por um instante. Milhares de mortos? Como era possível tamanha carnificina?

Oshea, bem mais calmo, apareceu com a espada ensanguentada e, ao ver Môsche, relatou com brevidade tudo o que acontecera. Môsche, um homem eminentemente prático, raciocinou com rapidez fulminante e deu ordens a Oshea. O morticínio deveria cessar imediatamente. Os soldados deveriam policiar os campos e aprisionar qualquer um que estivesse fazendo desordens. Os assassinos presos em flagrante deveriam ser trazidos para o campo dos levitas, onde eles estavam, e colocados a ferro. Os ídolos, terafins e imagens deveriam ser trazidos para ele, que iria julgar a legitimidade de cada um.

"Deus usa o mal para o bem. Se houve esta terrível carnificina, devo utilizar este fato para que o povo saia mais forte e convicto de seu deus. Por um lado, este combate à idolatria foi ótimo, pois adorar deuses estranhos e diferentes não facilitaria o meu trabalho de dar uma única cultura a este povo ignóbil. No entanto, devo tomar providências enérgicas para que nunca mais este povo se subleve contra si. O inimigo deste povo é sua ignorância, sua vilania e sua rudeza. Devo transformar esta ganga impura em uma joia lapidada. O único temor que eles têm é deste deus terrível que eles tanto prezam. Pois então será ele que os colocará no eixo. Por outro lado, como direi que ele é caviloso e, ao mesmo tempo, um pai de serenidade, bondade e justiça? Como conciliar os opostos? Deverei então inventar novas qualidades para este deus? Deverá ele ser Seth e Osíris ao mesmo tempo? Deverá ele ser Rá e Hathor? Mãe e pai ao mesmo tempo? Se for esta a forma, que então seja."

192 | A Saga dos Capelinos

Môsche raciocinava, enquanto andava pelo acampamento, vendo o terror nos olhos dos vivos, pois de uma hora para outra todos haviam virado suspeitos de serem idólatras. Môsche pegou uma criança que chorava sozinha e colocou-a no colo com tamanha doçura que o infante parou de chorar e, abraçando-se ao pescoço viril do profeta, adormeceu placidamente. Entregou a criança a uma mulher, que veio correndo a chamar pelo filho, e continuou sua incursão pelo campo.

A presença do mensageiro de Yahveh trouxe uma certa calma e paz ao campo. Os homens que trucidaram os verdadeiros e falsos idólatras correram para se esconderem, pois sabiam que não era possível ocultar nada de Môsche. Ele sabia de tudo. Sua intuição havia se aguçado e os espíritos falavam com ele como se fossem pessoas de carne e osso. Ele passou a noite em claro e visitou praticamente todos os lugares. De manhã, foram providenciados o enterro dos mortos, o tratamento dos feridos e uma reunião. Quase trezentos mil adultos foram até o sopé da montanha e ouviram a voz de Môsche, agora sem Aharon, para falar por ele. Ele estava cansado da noite insone, mas antes de qualquer coisa estava furioso. Jamais estivera tão irado.

– Povo de Israel. Vocês são um povo de pouca fé. O senhor Yahveh fez maravilhas para tirá-los do Kemet. Dobrou a vontade do faraó, parou seu exército nas águas do mar de juncos e os trouxe para este local para prepará-los para conquistarem a terra prometida a Avraham. E como vocês reagem?

A sua voz não era alta o suficiente para que todos o escutassem claramente, mas até os que estavam mais longe podiam vê-lo no sopé da montanha e sentiam que ele estava colérico.

– Vocês reagem matando seus próprios amigos e irmãos. Por causa de quê? De ídolos? Não, esta foi a desculpa. Mataram porque tiveram medo de uma simples tempestade. Será que não confiam na força de Yahveh? Será que ele os tirou do Kemet, onde vocês eram uma raça de escravos, para matá-los aqui neste deserto? Se vocês pensam assim é porque a fé que têm em Adonai não é legítima, não

MOISÉS, O ENVIADO DE YAHVEH | 193

é verdadeira, não é aquela que vem do coração. É uma fé falsa, que se professa da boca para fora. Ela não existe no seu espírito. Por isso, precisam de ídolos e fetiches. Sem eles, sentem-se nus e mancos perante a vida. Ora, em que um objeto irá dar-lhes força que já não exista em suas almas? Não é necessário ter ídolos, santos, profetas, imagens ou amuletos para dinamizar esta força interior que existe em todos nós. Basta ter confiança em Adonai e em vocês mesmos. Esqueçam os ídolos e os talismãs, pois o único amuleto que poderá levá-los à vitória é a confiança de que fazem parte da enorme fraternidade das criaturas divinas, o povo eleito de Adonai.

Assim falando, Môsche virou-se e subiu lentamente a montanha. Naquele instante, ele, que estava em contato quase permanente com os espíritos de elevada estirpe sideral, parecia estar recebendo raios safirinos em sua testa. Muitos viram, naquele momento de grande emoção do excelso mensageiro, duas cornucópias a saírem do alto de sua fronte, atestando que apenas transmitia as mensagens dos maiores.

Môsche subiu até a tenda e a encontrou vazia. Os anciãos haviam descido quando souberam do massacre da noite anterior e o próprio Môsche permitira que eles ficassem no acampamento, cuidando de suas famílias.

Ele entrou na tenda vazia, sentou-se num tapete e quedou-se pensativo:

"Não foi isto que eu desejei para minha vida. Quando voltei para o Kemet, depois do longo cativeiro em Madian, pensei em viver sossegadamente em Djanet. Eu tinha riqueza suficiente para dedicar-me aos estudos e à cura, que tanto me apaixonam. No entanto, fui envolvido num redemoinho de fatos, de resoluções decididas por outros, de fenômenos espirituais e, subitamente, vi-me no deserto com um grupo de homens estranhos. Uma malta de ignorantes, sujos, celerados, cheios de empáfia, liderados por mim, um homem que aceitou a mentira e o embuste como fato corriqueiro. Eu não neguei quando Aharon disse que era meu irmão. Não neguei quando Aharon inventou as histórias mirabo-

194 | A Saga dos Capelinos

lantes de minhas pretensas discussões com o faraó. Não neguei quando Aharon contou que o mar dos juncos se havia aberto para engolir o faraó e seu exército. Eu participei da impostura ao não recriminar Aharon. Pelo contrário, eu incentivo estas bazófias com meu sorriso de aquiescência e, até mesmo, de calada complacência. Eu podia ter recriminado Aharon desde o início, mas não o fiz. Podia ter dito a ele que se ativesse à verdade. No entanto, com meu mutismo, minha concordância tácita, levei o empolgado Aharon a desenvolver uma lenda cada vez mais fantasiosa a respeito de mim e de tudo o que nos aconteceu."

Os pensamentos voavam na mente de Ahmose e ele sentia-se derrotado e só. Não podia contar com os israelitas. Eram um povo de tergiversantes que discutia por causa de uma palavra, esquecendo que o que vale na lei é o espírito e não a letra. Os habirus mais humildes eram uma ralé e precisavam ser totalmente reeducados, o que ele achava totalmente inexequível.

"Estes homens jamais servirão a meu propósito. São por demais abjetos e foram completamente conspurcados pela servidão, pela corrupção dos campos de trabalho, pela ignomínia da escravidão. Aqueles que eu achava que eram a elite são vãos, tolos, arrogantes e insensatos. Preocupam-se com lendas, interpretações de leis antigas e ultrapassadas. Querem que as leis ferozes dos amoritas, dos arameus e dos caldeus sejam aplicadas em sua totalidade. Ainda acreditam em histórias de que deus teria vindo para ditar as leis a Hamurabi. Querem seguir a pena de talião em tudo. Não há compaixão. Não há perdão. Só há vingança e fúria. Ódio e desprezo pelos que não são semelhantes. Este é o povo do qual me tornei rei? Era preferível ser o mais humilde dos escravos do faraó do que rei desta canalhada."

Ahmose estava com o espírito muito acachapado. As cenas de pessoas estripadas, mortas e feridas em estado agônico o levaram ao paroxismo da depressão. Tinha um profundo desprezo pelos habirus, por tê-los metido nesta história, sentia-se responsável por aquelas mortes e pela desesperança que lia nos olhos das pessoas.

MOISÉS, O ENVIADO DE YAHVEH | 195

Passou o dia inteiro em profundas conjecturas. Pensara em várias opções, desde abandonar aquele povo à sua sorte, fugindo daquele local, até separar os bons dos maus e abandoná-los à sua própria sorte. Mas como separar algo tão intangível? Não seria uma crueldade para os pretensos maus? Por sua vez, fugir não seria um ato de extrema covardia nestas circunstâncias?

No final da tarde, ouviu alguém chamá-lo, o que o tirou de sua morbidez. Era um rapazote que vinha lhe trazer uma papa fria de cevada e trigo, um pedaço magro de cabrito e um odre de água.

– Posso entrar, Môsche rabenu?

– Sim!?

O menino de doze anos entrou trazendo a comida e a bebida e colocou-a perto de Môsche. Ele o olhou com curiosidade e notou que o menino era forte, grande e bonito. Seus olhos eram vivos, demonstrando argúcia e esperança. Môsche dirigiu-lhe a palavra:

– Como é seu nome, menino?

– Eliahu ben Itamar, meu mestre.

Môsche lembrou-se de que era o neto de Aharon.

– Obrigado, Eliahu. Pode deixar tudo aqui e volte amanhã trazendo mais.

Ele resolveu brincar com o menino e disse-lhe:

– Não me esqueça aqui, Eliahu, e que Adonai o proteja.

O garoto sorriu de forma encantadora. Havia uma candura e uma doçura no seu olhar que poucos tinham, o que comoveu Môsche.

– Ó, Môsche rabenu, eu jamais o esquecerei enquanto viver. Pode estar certo de que voltarei amanhã com mais comida.

O menino retirou-se olhando para Môsche com inteira devoção. Para aquele espírito terno e brando, Môsche era um deus e, como tal, devia-lhe total veneração. Môsche viu o sorriso íntegro e amoroso do menino ao se despedir e comoveu-se.

Naquele instante, a tenda foi invadida por uma luz intensa que imediatamente Moschê reconheceu como a que o havia interpelado, ali mesmo, no monte Horeb. Ele prontamente ajoelhou-se e escutou a luz lhe falar.

196 | A Saga dos Capelinos

– Este é o seu povo, pois somos todos filhos do Senhor Altíssimo. Não existe a escória do mundo, apenas irmãos em desalinho com a lei maior. Todos, no entanto, retornam à senda de Adonai. Trate-os como a filhos que necessitam de leis que os governem e façam-nos seguir estas deliberações. Mas não se esqueça de que são as novas gerações que irão melhor aproveitar as luzes do progresso que você irá infundir.

A luz apagou-se lentamente, enquanto Ahmose refletia sobre o fato de que fora muito duro com este povo. Seu julgamento recaíra nos adultos. Aqueles que já tinham sido corrompidos e para os quais não existia mais esperança de modificação. No entanto, crianças como Eliahu e todos os infantes que viriam, geração após geração, eram a esperança. Para eles, é que valia a pena pensar num novo mundo, numa nova cultura, numa nova ordem estabelecida. Sua mente desanuviou-se como por encanto e, comendo o seu pedaço frugal de cabrito, começou a pensar no seu conjunto de leis.

Môsche ficou sessenta dias na tenda, e mandou que Aharon e alguns outros, entre eles Nadab, subissem para trocarem impressões. Nadab era um dos seus mais inteligentes interlocutores e suas sugestões eram muito bem-vindas. Aos poucos, o grande código dos hebreus foi-se formando e se organizando em vários capítulos.

No final de dezoito dias, Môsche tinha o arcabouço de todo o código e chamou novamente Aharon e Nadab, pois queria que os dois ouvissem suas ideias e dessem valiosas sugestões. Môsche organizou junto com Aharon e outros levitas a Torah she-beal-pé, ou seja, o ensinamento oral, que seria transmitido de geração em geração de levitas. Nada foi escrito, o que veio a acontecer quase setecentos anos depois, por Ezra. Tudo foi decorado e repetido com precisão quase perfeita.

Môsche sabia que o povo teria dificuldade em lembrar-se de todos os detalhes da lei e, como eles não sabiam ler, ele teria que desenvolver um sumário de tal forma que todos pudessem conhecer a essência da lei. O principal ponto era o poder, a magnificência e a unicidade de Yahveh, de Adonai, de Deus. Não aquele deus tribal

MOISÉS, O ENVIADO DE YAHVEH | 197

dos hebreus, mas sim o Deus universal de todos os seres, criador dos universos e doador da vida. Tudo dEle provém, dEle emana e para Ele retorna. Este era o conceito de Môsche da divindade suprema. Não um deus vingativo, mas um pai de amor e bondade. Deste modo, ele desenvolveu o decálogo, que era o resumo da Torah.

Mas como entender o sofrimento? Como entender a maldade? Como entender a violência e o opróbrio dos homens? Môsche concluiu que Deus havia feito um pacto com os homens e eles o haviam rompido. Ao se afastarem do caminho do justo, estavam sujeitos ao sofrimento, à maldade, à violência e à abjeção extrema. Retornando ao seio de Deus, renovando seu pacto diariamente pelo estrito cumprimento da lei, o homem tornava-se novamente candidato a ser reeleito por Ele como parte do Seu povo. No entanto, seria testado diariamente. Seria vergastado para fortalecer-se e, depois de inúmeras provas, seria conduzido pela estreita e espinhosa senda que leva ao Senhor. Esta seria a base de sua coalizão entre Deus e os homens, e o que iria consolidar tal pacto, tal aliança, seria a lei, principalmente, o decálogo, que todos deveriam memorizar.

Os kemetenses não tinham um código formal, baseando-se mais em leis consuetudinárias, que não eram quase alteradas, com exceção de um decreto régio ou outro de tempos em tempos. Os hititas, com os quais Môsche tivera algum contato, tinham costumes reparatórios, o que lhe deu alguns subsídios. Um homem que feria outro não precisaria necessariamente ser ferido de volta, mas devia-lhe uma reparação, um valor estimado de acordo com cada caso, que iria permitir que o ferido pudesse se sustentar. De nada adiantava ferir o agressor, pois seriam dois feridos a passarem fome, alimentando ódio recíproco.

Os amoritas, conhecidos como babilônicos, com seu código severo de Hamurabi – um olho por olho, um dente por dente – também serviram de base para alguns decretos, especialmente para aquele que feria a lei por iniquidade e crueldade. O agressor que intencionava com todo seu ódio matar um ser humano devia ser punido com igual crueldade. Môsche estava desenvolvendo uma

198 | A Saga dos Capelinos

moral utilitária. A primeira moral surgida era fechada: só se falava do mal e da punição do crime. A segunda a surgir foi a de Môsche, que era a ética utilitária: o mal era punido e o bem estimulado e premiado. O bem era fruto do pacto que Deus fazia com seu povo eleito, e as benesses eram decorrentes desse pacto.

A história da idolatria, porém, não lhe saía da cabeça. Môsche sabia que mais da metade dos hebreus eram de uma forma ou de outra idólatras. Havia terafins, pequenos talismãs de tamanho reduzido, que eram até mesmo aceitos pelos sacerdotes levitas, pois representavam ancestrais e anjos do Senhor, como o kerubin e o seraphim.

Era preciso combater a idolatria sem, no entanto, o uso da violência que fora desencadeada naquele fatídico dia da tempestade sobre o monte Horeb. Môsche discutiu o assunto com os dois, Aharon e Nadab, e ambos foram categóricos: era preciso exterminar a idolatria de forma completa, mesmo que fosse necessário usar de extrema violência.

Aharon dissera que já corria uma versão de que ele, Aharon, pressionado pelos idólatras, fizera um cordeiro de ouro e, enquanto o povo o adorava, Môsche desceu da montanha e surpreendeu aquela apostasia. Levantando as mãos para os céus, Môsche invocou as forças de Yahveh que, desapiedadamente, exterminaram com os idólatras.

Môsche pensou: "Lá vai novamente mais um embuste. Jogaram a culpa da insânia humana em Deus."

No entanto, Môsche pensou melhor e disse:

– Todas as vezes em que vocês inventam essas lendas para me glorificar, estão aviltando a verdadeira imagem de Deus. Como explicar às futuras gerações que Deus é pai de infinita bondade quando, por um sim ou um não, é capaz de destruir, como vocês mesmo dizem, desapiedadamente, os próprios seres que Ele escolheu para ser o seu povo e habitar a terra prometida?

Os dois homens olharam-no sem entender nada do que falara. De que deus Môsche estava falando? Pelas suas expressões bovinas, ele entendeu que, se nem os doutos de Israel, naquele tempo, eram capa-

MOISÉS, O ENVIADO DE YAHVEH | 199

zes de O entender, quanto mais a populaça. Môsche respirou fundo e suspirou, pensando que cada coisa devia acontecer em seu tempo.

Voltando à carga sobre o assunto dos idólatras, Môsche começou a falar e pensar simultaneamente, indo para onde seu pensamento o levava:

– A idolatria é um assunto que me preocupa. A velha geração não poderá ser mudada e creio que o susto que levou com o morticínio deverá coibir esta prática escandalosa, pelo menos em público. Precisamos combater a idolatria, substituindo-a por outros hábitos, como fizemos com a festa da primavera dos pastores quando a substituímos pela comemoração da saída do Misraim, gerando o Pessach. Ao invés de termos uma festa pagã que se confunde com o deus Khnum, teremos um memorial de nossa saída do Misraim, do jugo da escravidão e da libertação de nosso cativeiro.

Os dois acharam a ideia boa. Havia várias festas de origem estranha e que podiam ser facilmente substituídas por novas comemorações. Em duas ou três gerações, as festas antigas seriam esquecidas e as novas tomariam o lugar, sem maiores entreveros. Contudo, Môsche foi mais longe e continuou sua exposição:

– Quero que vocês procurem entender um conceito complexo e difícil de ser captado. Usem sua imaginação e entendam com o coração, e não com a mente.

Os dois homens olharam-no intrigados.

– Para mim, Deus é um espírito. Um ser pessoal. Não é uma força da natureza, assim como não é um homem ou tem formato humano. É algo maior que o espaço que nos circunda e, por isso, não tem forma. É maior que o tempo e, por isso, não tem começo nem fim.

Os dois homens, mesmo versados em teologia hebraica, não entendiam o conceito que Môsche procurava imprimir.

– Deus não pode, portanto, ser representado. Não há como mostrá-lo. Não pode haver figuras, nem desenhos, nem comparações. Mostrá-lo com atributos humanos ou animais ou mesclados é amesquinhá-lo. É tornar o infinito finito, limitado, apequenado. Deus é inefável.

200 | A Saga dos Capelinos

Aharon já escutara Môsche falar disso, mas para Nadab tudo lhe era incompreensível. Môsche, entusiasmado, continuou:

– No entanto, os homens vivem no mundo das formas, das sensações, das cores, dos sons e dos movimentos. Necessitam de algo para que possam identificar-se perante a fé. Precisam de um instrumento, de um objeto, de algo palpável e manifesto para que possam professar sua fé. Pedir que os homens, ainda materializados, alcancem o imaterial com apenas a mentalização pura e simples é exigir demais. Por isso, passou-me algo que creio que daria a plena materialização, não de Deus, mas sim do pacto, da aliança que Ele fez conosco. Eu preferia ser verdadeiro e dizer que este é um pacto unilateral que nós estamos fazendo com Ele ou propondo a Ele, no entanto o nosso povo não entenderia esta proposta. Portanto, mesmo mentindo, diremos que é a aliança que Ele faz conosco, ao nos eleger Seu povo. No fundo, não estaremos mentindo, já que todos os seres vivos são criaturas de Deus, e, portanto, Seu povo.

Aharon conseguiu entender a lógica irretorquível de Môsche, mas Nadab chafurdou num mutismo diante do incompreensível jargão teológico. Môsche mudou um pouco o tom da prosa e disse em tom mais intimista:

– Eu acredito que um objeto, que não represente Deus diretamente, mas que possa patentear a aliança entre o homem e Ele, poderia ser de grande utilidade para a união do nosso povo. Muitas vezes um objeto, seja ele de que forma for, é capaz de motivar mais um homem do que as palavras e os conceitos. Lembro-me, quando visitava On, da emoção estampada no rosto dos fiéis que podiam ver o benben no templo Hetbenben.

Nadab inquiriu, desconfiado:

– Você não pretende fazer um benben?

– Não, tive uma ideia muito melhor. Ontem tive um sonho fascinante. Sonhei com uma grande luz e dela saíam palavras amorosas dirigidas ao povo de Israel. Foi-me dito para fazer uma grande arca, a partir do ouro derretido dos ídolos, para ser carregada de forma especial.

Môsche passou algum tempo explicando o que vira no sonho. Além da arca, haveria uma mesa de pães, candelabros e tudo isso deveria ficar num tabernáculo que, no início, era bastante simples, mas que, com o decorrer do tempo, foi se sofisticando. Aharon aproveitou para pedir que houvesse um altar especial para as oferendas sangrentas, e Môsche aceitou, relutantemente. Para ele, Deus não se alimentava de vitualhas, muito menos de fumegantes partes específicas de animais mortos em holocausto. Mas o povo era simples e não entendia o verdadeiro valor de Adonai.

Os homens imaginaram que ele fora visitado por Yahveh em pessoa, que lhe dera uma ordem clara de fazer uma arca, objeto a ser transportado por homens santos, e que representaria a grande aliança que Deus havia feito com os homens. Para Môsche, não passara de um sonho. Em sua humildade, nunca imaginara que Adonai, em pessoa, viria visitá-lo para solicitar o que fosse.

No final de dezoito dias, Môsche tinha o arcabouço de todo o código e mandou chamar Aharon e Nadab, pois queria que os dois ouvissem suas ideias e dessem valiosas sugestões. Para Môsche, Deus era tão extraordinariamente prodigioso que não teria necessidade de absolutamente nada.

Os dias que se seguiram foram de grande faina. As leis foram recitadas pelo grupo restrito de levitas que haviam decorado a Torah para os sacerdotes e juízes, todos levitas, que fariam a aplicação das mesmas e, depois, foram recitadas para milhares de pessoas em dezenas de sessões. Ordenaram que todos os terafins, talismãs e ídolos fossem entregues diretamente a Aharon e Môsche. Não haveria retaliação se os idólatras fizessem um juramento de abandonarem os antigos ídolos, não cultuá-los mais e nunca, em hipótese alguma, transmitirem aos filhos ainda pequenos, nascidos ou a nascer, a noção e o culto idólatra. Deveriam jurar que aceitavam a aliança feita por Môsche em nome de todos os filhos de Israel e aceitarem Yahveh não só como o deus mais importante do mundo, mas como o único Deus do universo.

As pessoas, em grande número, afluíram à tenda de Môsche, que teve que delegar parcialmente a tarefa a outros para não tomar tem-

202 | A Saga dos Capelinos

po demais. Nunca imaginaram que houvesse tantos idólatras e que a maioria, ao ver a oportunidade de se livrar dos ídolos, terafins, talismãs e vários outros objetos de culto espúrio, o fizesse alegremente. Os forjadores experimentados que já haviam feito as formas para as diversas partes da grande arca não tiveram trabalho em derreter o ouro. Além disso, sobrou o suficiente para fazerem barras de ouro puro que serviriam, futuramente, para comprarem armas, utensílios e mantimentos. Môsche ficara surpreso em ver que um povo tão miserável pudesse ter tanto ouro em talismãs, amuletos, terafins e ídolos. Realmente a crendice popular era de tal sorte que eles preferiam passar fome a manter seus objetos de adoração.

Aharon e Oshea, seguindo estritas recomendações de Môsche, dividiu os levitas entre as outras onze tribos, já que essa tribo houvera se especializado nas tradições dos hebreus. As onze tribos restantes foram divididas em sessenta a oitenta grupos de pessoas e subordinadas a um levita que se fazia acompanhar de dois ajudantes, sendo dois da tribo em questão. Aharon e alguns homens especialmente treinados por Môsche, ensinaram a nova lei – a Torah – às tribos. A função dos levitas era distribuir a justiça no grupo que lhe era afeto e fiscalizar a distribuição de comida, prevenindo disputas.

Finalmente, após quatro semanas de árduo trabalho, os forjadores e os ourives terminaram seu trabalho e a arca da aliança estava pronta. Môsche, seguindo sugestão de Aharon, preparou uma grande cerimônia em que a arca seria abençoada. Daquele dia em diante, nenhum homem poderia jamais tocá-la a não ser com o risco de sua morte, sendo fulminado pelos raios de Yahveh. Era natural que não se devia incentivar qualquer tentativa de roubo de peça de tanto valor, pois só de ouro puro consumira pouco mais de cento e oitenta quilos. Além disso, se todos quisessem tocar a peça, não só haveria um tumulto inaudito como o risco de a peça ser derrubada e destroçada.

Môsche recebeu a visita de Jetro, seu sogro, que veio para a cerimônia e trouxe parte de sua tribo. Môsche havia preparado a

MOISÉS, O ENVIADO DE YAHVEH | 203

bênção especial a ser dada à arca. Depois disso, uma grande quantidade de cordeiros, bois e cabritos seria morta. Desta forma, aproveitava-se para eliminar os animais mais fracos e velhos das espécies, deixando espaço somente para os melhores.

Os israelitas haviam feito isso quando mataram os idólatras principais, aqueles que foram ostensivos e beligerantes em suas adoração. Para esses, as benesses que Môsche oferecera não teriam sido aceitas. No entanto, toda 'limpeza' não só tira a sujeira como também atua sobre inocentes, e foi com isso que Môsche mais se revoltara. Assim como mataram velhos 'bodes', mataram tenros 'cabritos' que podiam ter sido bons espécimens.

Jetro conversou longamente com Môsche e lhe fez ver que ele não poderia continuar com seu povo naquele lugar para sempre. Estavam lá há quase três meses e o local não oferecia grandes pastagens. Jetro disse a Môsche:

– Leve seu povo para o grande oásis de Kadesh-Barnea na terra dos edomitas e de lá você poderá entrar em Canaã com facilidade. Aqui você está esgotando a terra com seu rebanho e a água é pouca para seu povo. O racionamento que você impôs terminará, e o povo lhe agradecerá por levá-lo para lugar mais aprazível.

Jetro contava com o fato de que Oshea pudesse selecionar mais de dois mil homens, treiná-los e engordá-los com um regime especial de alimentação que era negado aos demais. Era natural, também, que Jetro estivesse preocupado com os pastos, poucos e raquíticos, ocupados por Israel, enquanto que seu próprio gado não tinha pasto bom em Tabera. Empurrar aquela turba para fora de suas terras, sem lutas e sem entreveros, era a função do sacerdote madianita.

Môsche sabia perfeitamente aonde ele queria chegar e negociou muito bem a sua saída, pedindo bastante gado, dizendo que os terneiros morreriam no caminho, e muitos camelos, afirmando que precisariam para transportar o seu povo. Jetro sentiu que estava em situação desvantajosa e não discutiu, mas ficou profundamente ressentido com seu genro. Deu tudo o que Môsche pediu, desde que saísse logo.

204 | A Saga dos Capelinos

Um mês depois de ter bendito a arca, o povo de Israel continuou seu êxodo, agora em direção a Kadesh-Barnea.

Nadab e Abiú, quando souberam que partiriam do monte Sinai, vieram conversar com Môsche e Oshea. Deram-lhe a ideia de fazer novo censo, já que haviam ocorrido várias mortes e que o primeiro censo não chegou a ser sido feito corretamente, devido à balbúrdia reinante na época. Realmente, o primeiro fora apenas feito para apartar os diversos grupos. Deste modo, seria interessante fazer um novo censo, cobrando um imposto para cada adulto e cada criança. Os levitas não seriam recenseados, naquele instante, para não terem que pagar o tributo.

Môsche organizou melhor os onze grupos, já que os levitas estavam misturados entre os demais. No dia da partida, à medida que cada grupo se deslocava em direção a Kadesh-Barnea, as pessoas eram recenseadas e pagavam o tributo de sua libertação. Cada grupo tinha um chefe guerreiro com um destacamento bem-estruturado, treinado por Oshea e seus amigos. Além disso, havia alguns homens, todos israelitas, ricos e poderosos, que eram chamados de nassis – príncipes. Cada grupo tinha seus comandantes, sendo que o principal era assim chamado, e os demais, de hierarquia inferior, eram respeitados, mas não aclamados como mandatários.

Capítulo 7

A longa caravana serpenteou por meses, passando por Tabera, Cibrot-Ataava, Haserot, e, finalmente, chegou a Kadesh-Barnea. Durante todo este tempo, Hobab, o guia, os acompanhou, mostrando os melhores poços. O povo que saíra há menos de um ano do Kemet estava revoltado com Môsche por causa das longas andanças e da enorme dificuldade das marchas pelo deserto. Não havia comida suficiente e a farinha que haviam comprado dos madianitas rareou e, no decorrer da marcha, terminou por completo. As pessoas tinham que se alimentar de cabritos e carneiros, quase todos esquálidos, incapazes de alimentar a famélica população.

Houve vários entreveros com a população esfomeada e Môsche teve que ser severo com o povo, mandando açoitar aqueles que insuflavam ideias pervertidas e sediciosas entre o povo. Era neste ponto que a personalidade severa e, muitas vezes, dura de Môsche aparecia com maior ímpeto. Sua personalidade básica, aquela que se manifestara ainda quando era jovem no Kemet, aflorava e ele se tornava violento com os recalcitrantes e pouco piedoso com os faltosos.

Os soldados israelitas, em alguns casos, foram mais violentos do que se podia esperar, e as várias mortes ocasionadas só serviram de estopim para recontros cada vez mais frequentes e sérios.

206 | A Saga dos Capelinos

A população estava profundamente descontente e as forças que Môsche conseguira aplacar ou com as quais conseguira se aliar, no Kemet, como os antigos contramestres e os nobres israelitas, começaram a se voltar contra ele.

Nada podia ter sido mais duro do que atravessar o deserto de Farã. Até mesmo o experiente Hobab, um madianita que atravessava aquele deserto desde pequeno, sentiu que aquela travessia tinha sido mais agressiva do que as demais. O sol estava mais inclemente, os ventos ou desapareciam ou se tornavam furiosos, levantando tormentas de areia de ensandecer qualquer um. Febres e infecções exterminaram grandes contigentes, especialmente de velhos e crianças.

Do monte Horeb até Kadesh-Barnea levaram sessenta dias, numa travessia que normalmente se fazia em quinze dias; cerca de oito mil pessoas morreram. Tiveram que parar, inúmeras vezes, devido a tempestades de areia, poços envenenados com água salobra e uma epidemia de cólera, principal responsável pela maioria das mortes. Dois pequenos levantes, obrigou os soldados a dispersarem os manifestantes a golpes de clava, o que originou mais mortes e aumentou a revolta e frustração do povo.

Chegaram a Kadesh-Barnea e Môsche chamou os chefes e a assembleia dos príncipes e anciãos para determinarem o que deveria ser feito a seguir. Após muita discussão, concluíram ser mister fazer uma expedição exploratória a Canaã e, conforme fosse o caso, tomar parte daquele país e se assentarem no território conquistado. Naquela tumultuada reunião, ficou estabelecido que Oshea seria o líder do grupo e que cada tribo enviaria um homem para fazer averiguações, espionar e reportar o que vira. Môsche, que amava Oshea, chamou-o e disse-lhe que, daquele dia em diante, ele seria chamado de Yoshua, pois ele, Môsche, colocara na frente do seu nome a inicial de Yahveh para protegê-lo nessa empreitada.

O grupo de quinze homens partiu e visitou Canaã. Passaram durante quarenta dias por peripécias dignas das maiores aventuras. Subiram o Negeb e encontraram-se com os amalecitas; andaram pelas montanhas e viram os hititas, os jebuseus e os amoritas;

MOISÉS, O ENVIADO DE YAHVEH | 207

junto ao mar e no rio Jordão, encontraram vários grupos de cananeus. Em Quiriat-Arbé viram alguns homens de dois metros de altura, de pele rosada e cabelos vermelhos como fogo, conhecidos como enacins – filhos de Enac. Esses homens gigantescos e fortes como touros eram de uma raça estranha, que se originara por volta de 3.400 a.C. a partir de uma deturpação genética causada pelo renascimento dos primeiros capelinos.

Os exploradores de Canaã voltaram com dois homens a menos, mortos pelos hititas, e um seriamente ferido por um cananeu. Com exceção de Yoshua e Khaleb, os demais foram categóricos em afirmar que Canaã era inconquistável. A descrição até certo ponto exagerada da fortaleza dos inimigos, do tamanho descomunal dos enacins, sem mencionar, entretanto, que eram um grupo pequeno – duzentos e cinquenta indivíduos –, fez com que a maioria ficasse assustada com qualquer aventura contra Canaã.

Khaleb era o único insuspeito – Yoshua era considerado o braço direito de Môsche – que falou bem da terra. Disse que seria difícil, mas com um bom e bem estruturado exército poderiam atacar, vencendo cada localidade, já que não eram unidas e não formavam uma nação.

Môsche, cauteloso e conciliador, disse que iria pensar numa estratégia para que pudessem atacar o mais fraco dos inimigos ou fazer alianças com algumas tribos. Yoshua queria ação imediata, mas havia um largo grupo que preferia voltar para o Kemet.

Naquela mesma noite, os inimigos de Môsche – os antigos contramestres e o próprio Nadab e Abiú –, agindo sob a influência das forças trevosas, articularam uma revolta de grandes proporções: matariam Môsche, Aharon e todos os que estavam do seu lado e voltariam para o Kemet, implorando ao faraó que os aceitasse de volta, dispostos a pagarem largos tributos para se tornar novamente vassalos do poderoso Merneptah. Fariam um grande movimento contestatório de forma a trazer a população para seu lado e, com isto, poderiam atacar o legislador e sua camarilha.

Havia um homem de Yoshua infiltrado entre os conspiradores que, quando os sediciosos terminaram seus planos, foi contar tudo

208 | A Saga dos Capelinos

o que o grupo pretendia fazer. Yoshua, rapidamente, mandou chamar seus lugares-tenentes e contou o que estava para acontecer. Ele distribuiu seus homens em volta da tenda da reunião e esperou que o dia nascesse. Não quis alertar Môsche nem Aharon, visto que o espírito muitas vezes conciliador e aglutinador do legislador iria encontrar uma forma de apaziguar os ânimos. Yoshua, no entanto, era um homem de guerra e prático. Queria, com uma cajadada só, matar dois coelhos: eliminar os dissidentes e fortalecer sua própria posição.

Por volta das dez horas da manhã, um largo grupo de pessoas estava à frente da tenda, chamando Môsche para um debate. Neste instante, saídos de trás das tendas, os arqueiros de Yoshua dispararam as flechas e, sem que Môsche, que estava saindo de dentro da tenda, pudesse impedir, os querelantes caíram flechados. Muitos tentaram correr, mas os soldados de Yoshua os mataram a golpes de clava e espada.

Môsche ficou abismado e, mesmo depois de ouvir as explicações de Yoshua, não aceitou o fato com facilidade. Mais de duzentos homens, inclusive alguns príncipes, foram mortos. Os soldados de Yoshua iam entre os feridos para que os que ainda estivessem com vida fossem degolados. Môsche havia perdido o controle sobre Yoshua, e Aharon, sempre melífluo, procurou colocar-se do lado vencedor.

Yoshua incitou, com a ajuda de seus soldados, a que atacassem Canaã já. Dizia ter um exército de vinte mil homens e que ninguém poderia vencê-los em combate. Começariam atacando os amalecitas no deserto de Negeb e iriam até o mar, passando por Ráfia, Gaza, Ascalão e Ashdod. Môsche, horrorizado com tanta matança, chamou Yoshua de lado e lhe disse:

– Nossas tropas não estão prontas. Você só tem algumas espadas e poucos flecheiros. A maioria dos seus pretensos soldados é composta dos antigos habirus que, neste ano, não engordaram nada e estão fracos de tanta viagem. Fiquemos aqui até que possamos nos fortalecer e, quando Merneptah atacar Canaã, nós iremos atrás e a conquistaremos sem derramamento de sangue.

Yoshua olhou-o com certo desdém e lhe disse:

Os Patriarcas de Yahveh | 209

– Sou apenas um soldado e meus homens querem combater. Iremos em direção a Beneh-Jacan e lá derrotaremos os amalecitas ou morreremos tentando.

– Não é hora de combater, Yoshua. Ouça minhas palavras.

– Sempre as ouvi e as conheço de cor e salteado. Todavia, você não vive entre o povo como eu. Está sempre metido em sua tenda, estudando leis e fazendo curas. Não ouve o clamor do povo, que quer carne fresca, peixes, cebolas, alhos, couves e trigo, e não aquele manah bolorento com gosto de coentro com que vem se alimentando durante quase dois anos. Esta pequena revolta de hoje é sinal de que outras virão, e cada uma mais séria e devastadora do que a anterior. Ouça o que eu lhe digo: ou atacamos logo ou seremos trucidados por nossa própria gente.

Môsche sabia que Yoshua falara a verdade. Mesmo afastado do dia a dia do povo, ele tinha sensibilidade para saber que o povo estava cansado de todas aquelas andanças. Tinha que deixar Yoshua atacar, mesmo pressentindo que não daria certo.

No outro dia, tendo reunido os seus vinte mil homens, a imensa maioria desarmada, Yoshua se pôs em marcha com seu exército de desvalidos. Ele ia na frente com o melhor de sua tropa, os dois mil homens que vinha treinando com afinco durante quase um ano. Passaram por pequenas aldeias amalecitas no caminho e as populações fugiram esbaforidas à vista de tantos guerreiros, indo avisar o rei dos amalecitas, que, ao saber do número monstruoso de soldados inimigos que lhe reportaram, conclamou não só todo o seu exército como também seus aliados cananeus, que lhe mandaram cinco mil homens.

Os vinte mil de Israel enfrentaram doze mil amalecitas e cananeus e foram rapidamente chacinados, visto que somente dois mil tinham armas. Os inimigos atacaram pelos dois flancos, onde estavam os homens desarmados que, com paus e pedras, tentaram detê-los. Foram rapidamente dominados, e a maioria correu do campo de batalha sendo perseguida pelos carros cananeus e sob uma saraivada de flechas amalecitas.

210 | A Saga dos Capelinos

O centro onde estava Yoshua teve, então, tempo para retroceder em ordem e se manter em certo alinhamento. A sorte de Yoshua foi que a batalha se deu no final do dia e, quando a noite caiu, ele pôde escapar com seus dois mil guerreiros razoavelmente intactos, deixando, no campo de batalha, mais seis mil feridos e seis mil mortos, que foram degolados pelos cananeus, e mais de três mil prisioneiros. Uma fragorosa derrota, conhecida como Horma.

Os hebreus voltaram para Kadesh-Barnea e lá estacionaram por algum tempo, recuperando-se de suas feridas. Coré, Datan e Abiron eram três dos revoltosos que escaparam de morrer naquele dia em que Yoshua os cercou e os flechou. Eles haviam se atrasado no caminho e não foram pegos na armadilha. Ficaram escondidos até a volta de Yoshua de Horma, e à medida que o povo ficou desesperado com a derrota, eles voltaram a agir. Inicialmente, atacaram Môsche no Conselho dos Anciãos, dizendo que ele não era o líder de que Israel precisava, pois, senão, não teria deixado Yoshua levar à morte quase quinze mil homens.

– Se nós somos o povo eleito de deus, é porque somos especiais. Todos fomos escolhidos e não somente você – vociferava Coré.

– Longe de mim tal ideia. Não sou mais especial do que qualquer um de vocês.

– Portanto, Yahveh também falará diretamente comigo ou com qualquer outro. Não creio que quem o veja face a face será morto, como você tanto alardeia.

– Nunca falei isso!

– Aharon nos disse que só você pode ver a glória de Yahveh sem morrer.

– Estamos discutindo sobre infantilidades. Não importa o que Aharon falou ou não; o que eu quero saber é o que você pretende.

– Pretendo tirar-lhe do poder e levar o povo de Israel de volta para Misraim.

– Quanto a me tirar do poder, isso é fácil. Basta o povo não me querer mais e me afastarei. Quanto a voltar a Misraim, isto não

Os Patriarcas de Yahveh | 211

será possível. O faraó nos detesta e alegremente nos mandaria matar ou nos deportaria para a Líbia.

– Isto é bobagem! Podemos comprar as benesses do faraó, doando-lhe ouro, e este metal compra qualquer coisa.

– Por mim, não há problema. Podem voltar imediatamente para o Kemet. No entanto, gostaria de saber o que o povo acha de tudo isso. Gostaria de saber o que Yahveh acha de sua atitude. Será que ele tirou o seu povo do Kemet apenas para dar uma volta pelos vários desertos que constituem esse inferno e depois voltar para o Kemet de onde saímos? Será que temos um deus louco que errou a rota e nos levou para um longo passeio apenas para nos torturar e, no fim, voltarmos a ser escravos?

– Quem é você para falar o que deus deseja ou determina? Se somos o povo eleito, ele poderá falar conosco também.

Môsche respondeu-lhe com calma e gentileza:

– Claro que pode. O que você deseja fazer?

– Quero poder entrar na tenda da reunião e falar com ele, sem intermediários, sem ninguém. Só eu e Yahveh.

Môsche riu-se intimamente. A lenda era levada a sério. Achavam realmente que Yahveh falava através da arca.

– Vá e fale com ele.

Coré, Datan e Abiron levantaram-se, encaminharam-se para a tenda e nela entraram. Nunca isto fora permitido por Aharon, e ele, agora impotente, diante da anuência de Môsche, temia que fosse desmascarado como impostor.

Subitamente, uma gritaria estentórica se fez ouvir do interior da tenda e os três homens de lá saíram gritando, como se estivessem sendo perseguidos por uma multidão de demônios. Passaram pela assembleia aos gritos e não pararam de correr. Môsche olhou e não viu nada, nenhum espírito, dibuk ou djin enfeitiçador. Por que os três homens corriam feito loucos?

Uma luz forte surge apenas para alguns presentes e uma voz grave, atroante e melodiosa se fez ouvir:

– Bendito seja meu mensageiro, Môsche.

212 | A Saga dos Capelinos

A luz foi gerando uma bruma estranha em volta e aumentando de intensidade e açambarcou a tenda, a assembleia e Môsche. Os poucos que conseguiam ver prostraram-se no chão e os que não podiam ver estavam certos de que havia algo de fantasmagórico acontecendo.

Coré correu um pouco e, de repente, como se houvesse passado o efeito da visão que tivera, voltou a si. Datan, mais velho, tropeçou numa das tendas, levou um tombo horrível e dilacerou a mão, que sangrou profusamente. Já Abiron, que vira a figura com maior nitidez e que tinha a impressão de que o monstro o estava perseguindo de extremamente perto, correu como pôde e, subitamente, teve um enfarte fulminante e caiu morto.

Coré, no entanto, conseguiu juntar as forças e chamando seus amigos, seus comparsas, muniram-se de paus, pedras e, até mesmo, de algumas espadas e dirigiram-se para a tenda da reunião com o intuito de matar o feiticeiro Môsche. Não era um deus que vira, e sim um tenebroso ser e, em sua mente, deduziu que fora enganado por Môsche esse tempo todo. Ele era, na verdade, um poderoso mago, um feiticeiro, um bruxo da pior qualidade. Deste modo, reunindo seus amigos, dirigiu-se para matar Môsche.

Eles queriam aproveitar o fato de que Yoshua estava fora do acampamento naquela hora e só voltaria dentro de algumas horas. No entanto, eles se haviam equivocado, pois Yoshua era um homem previdente e deixara a sua nova geração tomando conta do acampamento.

Fineias ben Eleazar era o segundo em comando na ausência de Yoshua e, vendo que o grupo de revoltosos iria trucidar Moschê, adiantou-se com seu grupo de jovens guerreiros e atacou os dissidentes. Fineias e seus homens foram extremamente cruéis e não pouparam a vida de ninguém, mesmo quando Moschê gritava para não matá-los. No ardor do conflito, a voz do mestre não podia ser ouvida e mais uma rebelião foi estancada à custa de sangue.

Yoshua chegou no outro dia, soube dos acontecimentos funestos e espantou-se. No entanto, existiam ainda muitas pessoas revoltadas com Môsche e, por isso, já falavam em sedição novamen-

Os Patriarcas de Yahveh | 213

te. Agora os incitadores eram Nadab e Abiú, pois Coré era neto de Nadab, filho de Zebulon, irmão de Ary, e ele ficara enfurecido com a morte do neto.

Um dos grupos tentou chegar perto da tenda da reunião e os soldados fiéis de Yoshua o interceptaram e travaram uma renhida pugna que terminou com a morte dos assaltantes rebeldes e com dois guerreiros levemente feridos. O povo estava em polvorosa e Môsche os convocou e gritou do alto de um morro para que todos pudessem ouvi-lo:

– Povo de Israel. Sou o que sou por obra de Yahveh. No entanto, a voz de Adonai se manifesta em todos pela vontade que sentem. Se não desejarem que eu os lidere, afastar-me-ei imediatamente. Se quiserem que eu continue, é preciso que cessem toda disputa, toda guerra e toda crueza.

Môsche estava arriscando uma perigosa cartada. Se fosse embora, os vários grupos se lançariam uns contra os outros para terem a dominação e o ouro da arca e dos tesouros. Se ficasse, por sorte, poderia trazer um pouco de paz. Ele precisava de tranquilidade para preparar a próxima etapa, a conquista de Canaã.

– Aqueles que querem que eu fique que gritem o nome de Yahveh.

O movimento foi feito em duas vezes. Uma grande maioria que acreditava que Yahveh se manifestava por intermédio de Môsche levantou os braços imediatamente e bradou o mais alto que podia. Os demais, ao verem que a maioria levantara os braços, também gritaram, sabendo que não haveria outra escolha a não ser aceitar a liderança de Môsche.

– Assim também o deseja Yahveh! – exclamou Môsche, alegrando-se com a vitória.

Algumas semanas depois, perto do meio-dia, ouviu-se um estrondo medonho. Das entranhas da terra vinha um som, um rugido amedrontador e a terra começou a tremer de forma terrível. Môsche perdeu o equilíbrio e foi derribado com a força do terremoto, que deve ter alcançado o grau máximo possível, pois a terra fendeu-se em vários lugares. Pessoas foram tragadas pelas fendas

214 | A Saga dos Capelinos

que se abriam como bocas vorazes e se fechavam ou se alargavam ainda mais em movimentos sistólicos imprevisíveis.

Com o terremoto, uma forte e ampla nascente de água pura e cristalina brotou entre as rochas e logo espraiou-se. Mais uma vez a coincidência favoreceu Môsche, pois a cabeceira do riacho nasceu a poucos metros de onde ele estava e todos imaginaram que foi ele quem abriu a rocha para deixar a água nascer e desalterar o seu povo, resolvendo de vez um problema aflitivo, gerador de muxuxos e insídias por parte dos mais velhos.

Os próximos anos foram de razoável paz. Nem tudo correu como Môsche desejava, mas ele soube preparar-se de forma adequada. Haviam se passado quatro anos desde que haviam saído do Kemet.

Dois anos depois que os hebreus haviam saído do Kemet, as tribos indo-europeias, que haviam se instalado há cem anos na Líbia, uniram-se e atacaram o Kemet. Entraram pelo ocidente no delta e encontraram o exército fortemente armado, treinado e comandado pelo próprio Merneptah. Após seis horas de renhida batalha, o faraó venceu, expulsando os povos do mar.

Esses indo-europeus haviam se dispersado a partir de pequenos grupos que saíram da Suméria no tempo de Nimrud e foram conduzidos pelos alambaques sob a tutela dos espíritos superiores para a Ásia Menor, onde miscigenaram-se com outras tribos indo--europeias de menor poder cultural do que os sumérios. Quinhentos anos mais tarde foram até a ilha de Creta e lá estabeleceram um verdadeiro império que ficaria conhecido como minoico devido ao mítico rei Minos de Creta.

A ilha foi devastada por um enorme tsunumi com ondas enormes de sessenta metros, que varreram a ilha, destruindo a grande civilização minoica, ocasionado pela explosão do vulcão na ilha Tera a poucos quilômetros de Creta. Os remanescentes foram saindo em levas, aos poucos, no decorrer dos anos, espalhando-se por quase todo o Mediterrâneo, sendo conhecidos com muitos nomes, entre eles de povos do mar, que arrasaram o império Hitita. Os indo-europeus de Creta lutaram contra os dórios, que ocupavam o

Peloponeso, e Platão confundiu os cretenses com os atlantes, que originaram-se de Ahtilantê, em Capela, dando início à lenda do continente perdido de Atlântida.

Entrementes, Môsche moldava em Kadesh-Barnea o seu povo. Inicialmente, ampliou o exército com jovens recrutas que eram apartados dos pais e treinados à exaustão e, principalmente, mentalizados para a vitória devido à superioridade dos hebreus como povo escolhido de Yahveh. Aproveitou para expulsar definitivamente a oposição que muitos lhe haviam feito. Tendo, com isto, a fidelidade dos levitas, pôde implantar o seu sistema de leis, e o fez de forma dura e sem complacência. Sua personalidade não permitia que nada interferisse em seus planos, pois agora estava mais forte do que nunca. Não desejava que os simples compreendessem a lei nem o espírito dela, pois sabia que eram ignorantes. Só desejava que a obedecessem fielmente e que se dedicassem ao seu único deus com todo o temor, já que lhes era difícil amar um ser tão terrível que matara tantos dos seus.

Naqueles tempos, entre revoltas, pestes, guerras e longas caminhadas pelo deserto, mais de cinquenta mil pessoas haviam perdido a vida. Uma em cada doze morrera de alguma forma brutal, fosse em função de terremotos, tempestades, chacinas ou pela espada em algumas das várias revoltas e batalhas. O povo não podia amar um deus tão sanguinolento como Yahveh, e Môsche sabia que, neste ponto falhara, e teria que esperar que outro profeta, quem sabe mais dócil, em circunstâncias menos duras, pudesse falar que o Pai era amoroso, e não um carniceiro sanguinário.

No décimo ano após a saída do Kemet, Aharon ficou gravemente doente e, antes de morrer, dissera a Môsche que não se arrependia de nada do que fizera; a única mágoa a lhe empanar a alegria da existência era a de não ter entrado na terra prometida. Dois anos após sua morte e logo após a morte de Míriam, a irmã de Aharon, Môsche concluiu que era chegada a hora de se movimentarem.

Yoshua tinha preparado um grupo de quase trinta mil homens extremamente competentes, bem-treinados, mas não havia armas

216 | A Saga dos Capelinos

de boa qualidade para todos. Muitos tinham sido treinados com espadas de madeira, o que não seria adequado para uma verdadeira luta. Faltavam armaduras, bigas, flechas e bons arcos. Era preciso adquirir o que faltava em outro lugar.

Môsche chamou Yoshua e conversaram.

– Creio que é hora de atacarmos Canaã e devemos primeiro ir até Elat para comprarmos mantimentos, armas e negociar tudo o que pudermos para fortalecer nosso exército.

– Poderíamos ir até lá somente com os guerreiros e voltaríamos aqui depois de fazermos as compras.

– Não, isso não será possível. De qualquer maneira teremos que contornar a terra de Edom. Eles nos negaram passagem.

– Como?

– Há dois meses, enviei um mensageiro secretamente e o rei edomita não quis deixar que tantas pessoas passassem por suas terras. Tem medo de que iremos destruir sua pastagem, que está muito seca. Não lhe tiro a razão.

– Podemos lutar e destruí-los.

– Podemos, mas não devemos. Os edomitas são poucos, mas lutam ferozmente e nós teríamos uma difícil vitória.

– Meus homens estão prontos.

– Eu sei disso e é por isso que não quero desgastar nossas forças com os edomitas, pois não temos interesse em suas terras ressequidas. Devemos guardar nossas forças para o verdadeiro inimigo.

– Mas creio que seria uma boa oportunidade de atacarmos os edomitas e derrotá-los.

– Engano seu, Yoshua. Derrotar os edomitas não nos traria vantagens. Ao contrário, quero mais tarde fazer aliança com eles, já que são descendentes de Itzchak, portanto, irmãos de Israel. Não devemos ter somente inimigos à nossa porta. Teremos muito que nos preocupar com os pequenos e perigosos povos que habitam Canaã.

– Olhando por este ângulo, você não deixa de ter razão.

Yoshua já havia se conscientizado de que Môsche era um estadista, um homem com senso político muito agudo. Sabia que

MOISÉS, O ENVIADO DE YAHVEH | 217

todas as vezes em que as pessoas foram contra o que ele pensava acabaram sendo derrotadas pelos acontecimentos. A sua própria teimosia em querer atacar os amalecitas havia custado muito caro. Foi por pouco que ele mesmo não perdera o comando do exército e se isto não aconteceu foi porque Môsche não tinha ninguém mais competente do que ele. Tornara-se mais humilde e obediente diante daquele homem amadurecido e sapiente.

Os grupos saíram com alguns dias de separação e foram em direção a Elat. Estavam mais fortes e dispostos. Novos animais haviam nascido e aguentaram a viagem. Chegaram a Elat após dez dias de viagem e tomaram a cidade sem lutas e resistências. Môsche, após trinta anos, entrava em Elat, não mais como um escravo para ser vendido, mas como um monarca de um povo que se multiplicara e nos últimos anos beirava os oitocentos mil. Os demais grupos foram chegando a Elat, terra dos madianitas, e Môsche soube que Jetro, seu sogro, já havia falecido alguns anos atrás.

Em Elat, o grupo ficou mais de um mês. Eles compraram todas as armas que podiam e mandaram vir de lugares distantes todas as outras que pudessem ter. Os ferreiros hebreus tomaram conta da cidade e a ordem era fornecer armamento para o exército de Israel. Além disso, carros de combate foram feitos, pois Yoshua sentira em sua carne, na batalha de Horma, a importância das bigas e de armaduras que impediam que as setas perfurassem os alvos importantes.

Israel preparou um exército com jovens que variavam de quinze a vinte anos. Gente que havia saído do Kemet ainda criança, não se preocupando mais com aquele lugar distante, pelo qual os mais velhos ainda suspiravam por terem saído, especialmente aqueles que haviam ocupado posições de destaque e de riqueza.

O exército saiu de Elat, subindo o Caminho Real em direção ao coração da terra de Moab. Subiram até Finon e o rei dos cananeus, Arab, que havia derrotado Yoshua e seus vinte mil guerreiros há dez anos, soube do grande movimento dos israelitas e pensou erroneamente que Israel vinha lutar novamente com ele. Avançou

218 | A Saga dos Capelinos

com seus aliados amalecitas e guerreiros cananeus e tomaram alguns soldados desgarrados de Israel.

A resposta de Israel foi rápida: Yoshua movimentou seu exército de quase trinta mil homens e os bateu perto de Obote, no caminho de Atarim. Após isso, continuou até encontrar o mar Morto e Môsche decidiu atacar Moab para não ter que se defrontar com os hurritas que, se não eram mais bem armados, tinham mais experiência de combate do que os jovens israelitas.

Houve um incidente que depois foi dramatizado ao extremo. Alguns jovens entraram num viveiro de serpentes venenosas e muitos foram picados, sendo que alguns morreram e outros conseguiram correr até Môsche que estava indo num camelo à frente do exército, e mais uma vez o incrível poder de cura do esculápio gerou uma bela lenda de curas da serpente de bronze. No entanto, houve algumas mortes e outros ficaram paralíticos devido à peçonha inoculada pelas víboras.

Israel desejava passar em paz pela terra dos amoreus e Môsche mandou um mensageiro falar com Seon, rei daquelas plagas. O rei aprisionou o infeliz e, após torturá-lo, enviou-o de volta, nu, morto, amarrado no dorso de um asno, com os testículos extirpados. Além disso, o rei, de pouca inteligência, pois nem sabia quantos guerreiros iria enfrentar, saiu com sua tropa e enfrentou os israelitas. Os amoreus não passavam de cinco mil guerreiros, que foram esmagados pelo rolo compressor de Yoshua.

Aquela tarde foi de triste memória já que, após a derrota, os amoreus foram todos passados ao fio da espada por terem sacrificado de forma tão vil o mensageiro desarmado. Não houve um amoreu que tivesse escapado vivo.

Môsche mandou que o exército avançasse rápido e tomasse Hesebon, a capital dos amoreus, e fosse até Basan para expulsar o restante dos amoreus daquelas terras, assim como da cidade de Ar-Moab. Yoshua, em dois dias de manobras, não só tomou as cidades sem incendiá-las, como também aprisionou a maioria dos homens combatentes e dominou as passagens para as estepes de Moab.

MOISÉS, O ENVIADO DE YAHVEH | 219

O rei de Moab, Balac, estava amedrontado. Ouvira falar de que forma os cananeus, os amalecitas e os amoreus haviam sido varridos das planícies pelas forças organizadas e disciplinadas de Israel. Ele não tinha gente suficiente para enfrentá-las e temia que seria rapidamente derrotado. Por sorte sua, os israelitas haviam entrado em Moab e pararam perto de Jaebarim, levantando um enorme acampamento que cobria extensa área.

Balac, sabendo que aquele povo tinha um único deus e que era feroz e iracundo como um leão, pensou, com sua mentalidade de homem da época:

"Se eu pudesse ter um grande feiticeiro do meu lado, que, sabendo quando o deus dos israelitas fica enfurecido e, aproveitando-se desta disposição belicosa da divindade, rogasse uma praga contra seu próprio povo, eu poderia triunfar sem sequer lutar. O próprio deus os eliminaria como se fossem uma praga de gafanhotos."

Conversando com seus imediatos, Balac resolveu chamar Balaão ben Beor, um famoso feiticeiro amonita que morava perto do rio Jaboc. Balaã era um bruxo que, desde a adolescência, dedicara-se à magia e ao comércio com os espíritos. No entanto, como era um homem amoral, podendo fazer tanto o bem como o mal, era coadjuvado em suas bruxarias por espíritos satânicos que fariam qualquer coisa por fluidos vitais de animais que lhes davam a falsa impressão de estarem vivos.

Balac chamou Balaão por diversas vezes. Somente após oferecer-lhe grandes quantidades de ouro e prata o feiticeiro resolveu ir até a terra dos moabitas. No caminho, seus tenebrosos assistentes espirituais foram aprisionados por guardas astrais e ele ficou só. Sentiu algo estranho e, como excepcional vidente que era, viu aparecer um ser espiritual de grande luminosidade que lhe disse que fosse até o rei Balac e que o convencesse a não se opor aos israelitas. Caso se unissem, poderiam formar uma confederação de povos que tinham a mesma origem em Tareh, já que os maobitas se diziam filhos de Lot, sobrinho de Avraham.

Balaão contou a Balac tudo o que lhe acontecera na viagem, exagerando os eventos, dizendo que seu asno lhe falara e que um

220 | A Saga dos Capelinos

anjo do Senhor de Israel lhe aparecera. O rei dos maobitas ficou irritado a ponto de ameaçar não pagar mais nada do que prometera. "Um absurdo", pensava ele, "pagar por uma maldição que podia virar uma bênção para os meus inimigos". Quando já estava despedindo Balaão com as mãos vazias, este, para não perder a viagem, deu uma sugestão muito interessante a Balac.

– Os israelitas são homens viris que adoram mulheres exóticas. Mande as suas mais belas prostitutas provocá-los e fazer com que adorem nossos deuses. O deus de Israel irá se enfurecer de tal ordem que irá refluir este povo miserável para longe de suas terras.

Balac achou a ideia excelente e, pagando metade do que combinara, enviou Balaão de volta para sua terra. Chamou seus assistentes e mandou vir as mais belas meretrizes de seu reino e deu-lhes ordens expressas de atiçarem o desejo carnal nos homens de Israel e, com isso, fazê-los adorar Baal, Moloch e Beelfegor. As mulheres se aproximaram do acampamento israelita e, junto com garotos homossexuais, montaram várias tendas. Os jovens adamados, aos gritos, rebolando voluptuosamente, de forma provocante, chamaram alguns israelitas que foram ver o que as moças estavam oferecendo.

Após alguns dias de fornicações e depravações jamais vistas, grande parte do lado oriental do acampamento estava em polvorosa. Não se falava de outra coisa. As mulheres de Moab eram de uma beleza rara e, à troca de muito pouco, faziam sexo da maneira mais alucinada possível. Os homens corriam para participar das festas que aquelas tendas ofereciam. O vinho era doce e gelado, sendo servido por róseos garotos de nádegas desnudas, que também estavam lá para darem satisfação plena aos convivas.

Yoshua foi avisado e compareceu para atestar a crueza dos fatos. No entanto, o que mais o assustou foi o fato de que, no interior das tendas, existiam ídolos de deuses escabrosos. Ora, isto era totalmente contrário à lei e Môsche foi chamado para dar sua opinião. Ele foi contra aquela idolatria disfarçada, mandando que as prostitutas fossem embora. Neste momento, aconteceu um incidente de

MOISÉS, O ENVIADO DE YAHVEH | 221

importância. Um dos homens mais velhos, antigo contramestre, inimigo disfarçado de Môsche, cheio de vinho, pegou sua meretriz e, seminu, dirigiu-se afrontosamente a Môsche e lhe disse:

– Diga-me uma coisa, Môsche rabenu, posso ter esta mulher para mim?

Môsche, desgostoso com a situação, respondeu-lhe secamente:

– Você sabe que não. Ela é uma idólatra.

– Mas você, Môsche rabenu – redarguiu Zamri ben Salu, enfatizando com deboche a palavra rabenu, que significa nosso mestre. – Você se casou com uma madianita; então, por que eu não posso ter uma moabita que me sirva de mulher?

Môsche respondeu-lhe secamente:

– Porque ela é uma idólatra e todo aquele que se mistura com esta raça de gente deturpa-se. Evite as mulheres de Moab e destrua os ídolos de Beelfegor, Baal e Moloch.

Zamri riu-se do homem envelhecido que, com quase sessenta anos, parecia ter oitenta. Virou-se e entrou na tenda agarrado à mulher, que ria às gargalhadas.

Subitamente, do meio da população de pessoas mais velhas que assistira à discussão com certo ar de zombaria, satisfeito em ver que Zamri havia debochado de Môsche, apareceu a nova elite de jovens de Israel, aqueles que foram treinados por Yoshua e Môsche para serem o novo povo. Vinham comandados por Fineias ben Eleazar, entraram na tenda dos moabitas e mataram todos os que estavam lá, incluindo mulheres e homens. Zamri foi trespassado por uma lança manejada por Fineias. A nova geração dava o seu ar da graça. Não fora conspurcada pela velha geração e desprezava-a por ter-se revoltado contra Môsche e Yoshua.

Os guerreiros reuniram-se sob o comando de Yoshua e atacaram os moabitas e seus aliados madianitas. Foram todos mortos num ataque fulminante. Balac foi trucidado e seu corpo esquartejado e jogado aos chacais, para ser devorado.

Môsche reuniu-se com Yoshua e conversaram sobre a melhor forma de conquistar a terra prometida.

222 | A Saga dos Capelinos

– Enquanto tivermos os madianitas nos nossos calcanhares e os amonitas na nossa frente, estaremos cercados e em constante perigo. Yoshua, divida sua tropa e mande Fineias ben Eleazar com uma tropa de doze mil para a terra de Madian e passe todos no fio da espada. Pensei que poderia contar com a simpatia deles. No entanto, eles têm mandado reforços para que os amonitas lutem conosco. Desde a morte de meu sogro Jetro, eles não têm consideração, nem por mim, nem por Israel. Pelo contrário, os madianitas desejam nossa morte.

Yoshua meneava a cabeça em concordância. Môsche continuou a falar, com uma voz pesarosa e o corpo moído, pois a guerra lhe era abominável. No entanto, não havia outra condição, já que eram quase oitocentos mil israelitas e precisavam de uma terra fértil para criarem seu gado e suas crianças. Os outros deveriam ceder, morrer ou se associar.

– Por outro lado, você deve atacar os amonitas com grande vigor e destruí-los, pois eles não cessam de tramar nosso fim e cada dia que passa tornam-se mais fortes e mais preparados. Leve dezoito mil homens e esmague a víbora antes que ela se torne adulta e lhe morda o calcanhar.

E assim foi feito. Uma guerra santa foi encetada contra os madianitas. Durante um ano, todos os lugares do Sinai e partes da Arábia, a terra dos madianitas, e a atual Síria, a terra dos amonitas, foram atacados por Fineias e Yoshua, respectivamente, demonstrando não só extrema destreza militar, mas, principalmente, brutalidade poucas vezes vista, não permitindo que mulheres e crianças fossem deixadas vivas. As mulheres muito belas foram mantidas vivas apenas para serem usadas como escravas sexuais dos captores, e finalmente mortas, quando demonstravam estarem velhas, cansadas, doentes ou grávidas.

Môsche procurou nortear os guerreiros que deveriam apenas combater os homens, mas anos de instrução mostrando que eles eram o povo eleito do Deus único, portanto os únicos a merecerem a complacência divina, fizeram com que não tivessem condescendência com mais ninguém, porquanto os demais eram os outros – goyim.

Aquele ano de sangrentos resultados foi minando a saúde de Môsche e, num dia, um dos muitos espíritos que lhe apareciam para ajudá-lo nas curas que continuava a fazer olhou-o com tristeza e lhe disse que se preparasse para a grande viagem. Môsche vinha sentido extremo cansaço e as pernas viviam inchadas. Sua urina estava turva e tudo parecia indicar que seus rins não estavam funcionando tão bem quanto antes.

Môsche chamou Yoshua e debateram por muitos dias o que devia ser feito. Môsche decidiu uma série de medidas e, numa cerimônia pública, passou o comando para Yoshua, que foi aceito com Amen – verdadeiro – por toda a congregação.

Môsche disse-lhe numa tarde em que o sol caía por trás do monte Nebo:

– Pensei muito na minha morte. Não entrei na terra prometida, pois não fui digno de tal. Deus é justo. Entrarei em espírito.

– Não diga isto, Môsche rabenu. Ninguém merece mais do que você.

– Não vamos discutir merecimentos. A Terra não é um lugar de merecedores. Haverá sempre vitoriosos que não merecem sê-lo e aparentemente derrotados, que deveriam receber os lauréis e são desprezados. A Terra é um lugar de evolução e muitos de nós terão que ir e voltar muitas vezes.

– Voltar outras vezes? Você crê nisso?

– Antigamente eu não acreditava. Em On, diziam que nós viemos de um lugar no céu de onde fomos banidos por termos praticado atos tenebrosos e aqui na Terra encontraríamos a redenção. Escutei uma história parecida em Babilônia e Ur. Se isto for verdade significa que temos muitas vidas, o que me parece justo.

– Será que isto pode ser verdade? Por que nunca escutei você falar disso antes?

– Ora, Yoshua, eu falo de um Deus de amor e o povo só consegue enxergar uma divindade tenebrosa. Eles colocam a culpa de tudo o que existe de bom e mau neste deus. Não conseguem com-

224 | A Saga dos Capelinos

preender a bondade inerente a este ser. Imagine se eu falasse em muitas vidas. Ninguém entenderia. Para lhe ser honesto, nem eu tenho certeza se tudo isto é verdade. São especulações. Os povos de Misraim, os de Sumer e de Aryan acreditam em muitas vidas, e não sei por que razão não acreditar. No meu íntimo, eu acho que creio nisso, pois faria de Deus um ser menos mesquinho, tirânico e zura.

Yoshua olhou-o surpreso, sem entender metade do que Môsche falava, o que o levou a mudar completamente de assunto.

– Escute-me com atenção e obedeça-me em tudo o que lhe disser.

O guerreiro olhou-o com seriedade.

– Vou morrer dentro de alguns dias e por isso quero que você monte minha tenda no monte Nebo e me leve até lá. Não quero que Séfora e meus filhos me vejam. Você irá comigo e mais dois ajudantes para fazer nossa comida, e eles ficarão numa outra tenda até que eu tenha passado deste mundo para as mãos de Deus. Faça isto agora e lá lhe darei outras instruções.

Suas ordens foram obedecidas em seus mínimos detalhes. Môsche despediu-se de sua adorada esposa, de seus dois filhos e de mais duzentas pessoas que lhe eram particularmente caras e, após o terceiro dia, partiu.

As tendas foram armadas no alto do monte e, de lá de cima, Môsche avistava a terra prometida por entre as brumas da manhã e a luz filtrada pelas nuvens da tarde. No quinto dia, quando conversava com Yoshua, ele lhe deu as últimas instruções:

– Devo morrer em breve, pois sinto uma fraqueza extrema, muitas dores e já não consigo urinar direito. O lugar da minha morte não deve ser considerado um lugar santo e deve ficar desconhecido de todos. Nosso lugar é no seio de Adonai e não no túmulo. No sepulcro ficará o corpo, mas nunca o espírito, nosso nefesh. Não quero que haja peregrinações ao meu túmulo nem que as pessoas venham adorar o lugar, pois isto também é idolatria.

Môsche começou a sentir que iria morrer. Um frio começou a invadi-lo e suas pernas estavam insensíveis. Ele estava deitado e coberto e, mesmo assim, sentia frio, um gelo mortal.

MOISÉS, O ENVIADO DE YAHVEH | 225

– Yoshua, quero ser enterrado em um lugar que seja desconhecido dos homens. Você abrirá uma pequena caverna na montanha e colocará meus restos mortais naquele lugar. Selará com uma pedra grande e não fará marco nenhum. Você e seus dois servos se esquecerão deste lugar e não deverão nunca mais voltar para mostrar o lugar a ninguém. Concorda?

– Se essas são suas ordens, eu as obedecerei. No entanto, preferia que seu lugar fosse venerado e que todos soubessem que ali está enterrado o maior dos profetas.

Môsche interrompeu e disse-lhe:

– É isso mesmo que quero evitar. Não desejo que o meu túmulo seja motivo de idolatria. Quero ser lembrado como um homem temente a Adonai e seu adorador incondicional, mesmo que nunca o tenha visto face a face.

Yoshua espantou-se.

– Como?! Todos dizem que Adonai conversa com você como nós estamos conversando. Como é possível que estejam todos enganados?

– Meu caro Yoshua, você se dignaria a manter uma conversação com um rato, um abutre ou um chacal?

– Claro que não!

– O mesmo acontece com Adonai. Nós não passamos de ratos, abutres e chacais perante a magnificência de Adonai. Você está espantado com o que lhe digo, pois acredite nas minhas afirmações. Nunca Yahveh se manifestou para mim diretamente, mesmo que o tenha feito indiretamente a cada instante de nossas vidas. Não creio que Ele se dignasse em vir falar com uma simples criatura como eu, quando Ele tem um exército de anjos, potestades, tronos e dominações que Ele pode comandar, com um simples pensamento. Não creio que Ele se perturbaria em vir nos dar nenhum complemento adicional ao imenso amor que Ele já nos dedica.

– Não entendo nada do que você está falando, Môsche. Será que você delira em sua agonia?

226 | A Saga dos Capelinos

– Delírio é o que tem o homem quando se acha melhor do que os outros, crendo-se eleito de Deus ou superior apenas porque foi capaz de executar algo de forma melhor do que outrem. Delírio é o que nós trará a desgraça e o infortúnio. Creio que ter usado esta figura – ser eleito do Senhor – foi um erro. Se por um lado nos uniu e nos deu orgulho como povo, nós que fomos expulsos de Misraim por sermos a escória de sua sociedade, por outro lado, desenvolveu em nós uma soberba, que não se apagará com o passar dos séculos.

Yoshua estava convicto de que Môsche estava em extrema agonia, falando sandices e divagando sobre assuntos mórbidos.

– Yoshua, você ainda tem uma chance de reparar o mal que eu fiz. Diga ao povo que nós somos todos filhos do Altíssimo, não importando nossa cor, nossa cultura, nossa religião. Diga que sejam tolerantes e, mesmo que os outros estejam errados, escute-os, pois é da diversidade que nasce a luz do entendimento e da fraternidade.

Yoshua nem sequer refletiu sobre o que Môsche falara. Não se deve dar muita atenção às palavras insanas de um moribundo. Môsche viu estampadas no rosto de seu sucessor a descrença e a apatia de quem não irá fazer nada para mudar. Sentiu que fracassara em passar a mensagem de fraternidade e de um Deus sumamente bondoso. Ele, no seu afã de obter resultados, usara as invenções criadas por Aharon e agora estava enredado em suas próprias mentiras. Como desdizer em segundos o que levara anos para construir? Como negar que os israelitas não eram um povo especialmente construído por Deus para ser seu único porta-voz no mundo?

Subitamente a luz se fez presente e Môsche, em sua vidência, viu, pela primeira vez, uma imagem no interior da intensa luminosidade. Algo que ele nunca vira em toda a sua vida. Ele tinha mais de três metros de altura, longos cabelos louros que caíam até os ombros, olhos dourados de um dulçor que jamais vira, e sua voz, grave, cheia, calma e meiga, ressoava em sua mente

MOISÉS, O ENVIADO DE YAHVEH | 227

como uma bat kol – filha de uma voz – divina e bela. Em sua primeira impressão, pensou: Yahveh!

– Não, não sou Yahveh nem sou digno de tamanha honra. Sou Orofiel e desejo que você saiba antes de morrer que Israel foi realmente o povo eleito pelos espíritos superiores que nos governam para difundir a ideia de um único deus, e nisso você foi corado de êxito. Descanse seu espírito, porquanto sua missão foi bem sucedida.

Naquele momento, Môsche morreu, tendo a visão de Orofiel, um dos mais importantes malachins – mensageiros – de Mitraton.

Yoshua enterrou Môsche como fora ordenado e desceu ao encontro do povo, que por trinta dias tomou luto fechado.

Após seu passamento, o enviado de Yahveh foi levado, desacordado, para o astral superior e lá internado num local de imensa beleza, onde foi convenientemente tratado. Alguns meses depois, completamente recuperado, tendo rejuvenescido, mostrando-se como um homem maduro, e não mais como o velho alquebrado de quando falecera, Moschê foi levado para um templo. Naquele local de indescritível beleza, junto com inúmeros obreiros, ele foi recebido por um alto hierofante, que lhe disse que em breve teriam a visita de grandes enviados.

Alguns minutos depois, sete imensas luzes se materializaram naquele plano, mostrando a magnificência de Mitraton, Orofiel, Mykael, Phannuil, Raphael, Kabryel e Samael. Nunca ninguém recebera tamanha deferência.

Ele se ajoelhou perante todos e foi abraçado pela doce e maravilhosa Phannuil, que lhe disse, meigamente:

– Yahveh, você foi coroado pelo mais alto laurel da espiritualidade. Você se tornou guia de um povo e assim continuará orientando-os por alguns séculos.

Moschê estranhou que Phannuil o tivesse chamado de Yahveh. Era óbvio que ela havia se equivocado. Orofiel lendo seu pensamento, disse-lhe:

228 | A SAGA DOS CAPELINOS

– Não, mestra Phannuil não se equivocou, pois você é o lendário Yahveh renascido como Moschê. Você foi Washogan, o ahtilante. Tornou-se Yahveh, o deus da guerra dos hurritas, tendo renascido entre os sindhis como Kalantara e depois evoluiu como o hitita Pusarma e, finalmente, renasceu como Ahmose, tendo-se tornando o inolvidável Moschê.

Orofiel, à medida que falava, usando seu grande poder mental, dava-lhe imagens mentais que, em segundos, o faziam entender tudo.

– E então quem foi a luz que me apareceu tantas vezes e me guiou na escuridão do meu ser para a claridade que agora me ilumina?

Mitraton, então, respondeu, com elegância:

– Esta luz foi nosso enviado Orofiel. Ele se tornou Yahveh após você renascer.

Orofiel havia montado uma vasta equipe de obreiros que o haviam ajudado a organizar e operacionalizar o êxodo. Entre eles tinham trabalhado também Samangelaf, importante guardião do Kemet que havia debelado uma organizada revolta de alambaques liderados por Apopis. Sansavi e Sanvi, dois importantes espíritos que tinham trabalhado para a formação da tribo de Israel durante a época dos patriarcas e dos conceitos de um Deus único, também haviam participado ativamente do êxodo.

Orofiel, olhou-o com extremo carinho e lhe disse:

– Juntos transformamos o conceito de um deus de terror e de guerra para um deus de força e justiça.

Phannuil, vaticinando, disse:

– No futuro, virá outro que transformará este Deus severo na verdadeira ideia do magnifico Pai, transbordante de bondade, providência e amor. Mas até lá, os homens terão que se contentar com um conceito ainda primitivo.

Após a morte de Môsche, Yoshua saiu das planícies de Moab e varreu Canaã, encontrando forças enfraquecidas e indispostas à nova guerra. Jericó, que já havia sido destruída trezentos anos

Moisés, o Enviado de Yahveh | 229

atrás por um faraó, não ofereceu resistência e, com suas muralhas arruinadas, foi um palco de atrocidades abomináveis, com quase toda a população sendo passada no fio da espada. E assim prosseguiu o sanguissedento Yoshua, conquistador de Canaã.

Depois de muitos anos de guerras e de algumas vitórias suadas e difíceis, Israel implantou-se em Canaã. Yoshua dividiu as terras entre as onze tribos e os levitas não receberam nada, pois estavam misturados entre todas as demais. Eram os sacerdotes e foram eles que realmente ficaram com a maior fatia, pois dominavam o povo com suas crendices e encantamentos. Yoshua aproveitou para ficar com a melhor terra sob a alegação de que era descendente de Efraim, filho de Yozheph ben Yacob, tendo sido abençoado por Israel antes mesmo do pai Tsafenat-Paneac e dos demais irmãos e tios. Deste modo, ficou com um trecho de terra fértil e extensa, digna de guardar a arca da aliança em Silo. Todavia, a conquista de toda a Canaã ainda perduraria muito tempo depois da morte de Yoshua, levando duzentos anos, repletos de batalhas, crueldade e chacinas.

As histórias do êxodo e as inúmeras lendas sobre Môsche continuaram a proliferar, até que, em 444 a. C., o sacerdote e escriba Ezra, com o beneplácito de Nehemias, escreveu o Pentateuco e a Torah tornou-se escrita. Deste instante em diante, cessaram as várias e conflitantes versões sobre o famoso legislador conhecido como Môsche, nascido Ahmose, neto de Ramassu II, mais uma das mais belas páginas da *saga dos capelinos*.

Coleção Completa de "A Saga dos Capelinos"

Pesquisas históricas demonstram que, num curto período de 50 anos, surgiram, numa única região, invenções como o arado, a roda, as embarcações, e ciências, como a matemática, a astronomia, a navegação e a agricultura. Que fatos poderiam explicar tamanho progresso em tão pouco tempo?

Leia "A Saga dos Capelinos" e conheça a verdadeira história da humanidade.

H
HERESIS

Esta edição foi impressa, em junho de 2015, pela Assahi Gráfica e Editora Ltda., São Bernardo do Campo, SP, para a Editora Heresis, sendo tiradas três mil cópias, todas em formato fechado 155x225mm e com mancha de 115x135mm. Os papéis utilizados foram o Off-set $75g/m^2$ para o miolo e o Cartão Supremo Triplex $300g/m^2$ para a capa. O texto foi composto em Berkeley LT 12/14,4. A programação visual da capa foi elaborada por Andrei Polessi.